# 들어가는 글

　낭월 박주현 스님의 여러 권의 책, 한동석 선생의 우주변화의 원리, 여러
선배님들의 저서들 그리고 한 시대를 아우른 고서(古書)들, 강호제현(江湖
諸賢) 여러 선배님들의 주옥(珠玉)같은 그 본질을 꿰뚫는 한마디 말들 모두
가 저에게는 스승 아님이 없었습니다.

　혹 그분들의 그 표현, 그 한마디 말씀을 잘못 이해하지 않았을까 하는
걱정이 앞서는 것도 사실입니다. 많이 부족한 저로써 나름대로의 관점에서
졸저인 이 책을 출간한다는 것에 두려움이 드는 것도 사실입니다.

　알고 있는 것을 말로써 또 글로써 표현하는데 그 한계성을 느끼면서 참
으로 내 자신이 부족하다는 것을 먼저 말씀드립니다. 지독한 말더듬이였다
는 한비자(韓非子)가 그의 저서에서 난언(難言)을 이야기 하였습니다. 말하
는 사람의 재주보다는 듣는 이의 마음이 무엇보다 중요하다고 하였습니다.
저 또한 글을 쓰다 보니 한비자와 같은 말더듬이라는 생각이 듭니다.

　독자 여러분들의 하늘같이 높고 바다같이 넓은 마음으로 읽어 주시고,
잘못된 부분이나 다른 고견(高見)이 있으시다면 주저치 마시고 질책(叱責)
을 가하여 주시기 바랍니다.

　부족함을 채울 수 있는 기회가 주어진다면 언제든지 강호제현(江湖諸賢)
의 말씀을 겸허(謙虛)히 받아들이겠다는 말씀을 올립니다.

## ☯ 명리학이란?

　동양철학에서 우주의 시작은 바로 무극(無極)입니다.

　무극(無極)이 운동 상태를 나타내기 시작할 때에, 즉 변화(變化)가 생기
기 시작할 때에 거기에는 서로 상반되는 기운(氣運)이 나타나게 되었는데,
이것들의 성질(性質)에서 상(象)을 취하여 음양(陰陽)이란 이름을 붙였습니

다. 무극(無極)에서 태극(太極)이 이루어집니다.

태극(太極)에서 음양(陰陽)이 음양운동(陰陽運動)을 함으로써 오행(五行)이 생기게 되었습니다.

이 우주(宇宙)의 오행(五行)이 다시 음양(陰陽)으로 분화(分化), 발전(發展) 함으로써 열 개의 천간(十天干)이 생겼습니다.

이 우주(宇宙)의 오행(五行)이 땅으로 내려오면서, 지구 자체인 토(土)와 합하고, 다시 음양(陰陽)으로 분화(分化), 발전(發展) 함으로써 12지지(十二支地)가 나타나게 되었습니다.

이 십천간(十天干)과 십이지지(十二支地)의 조화(造化)로 만물(萬物)이 생(生)하였습니다. 그러므로 만물(萬物)은 천지(天地)의 기운(氣運)이며, 오행(五行)의 기운(氣運)이며, 음양(陰陽)의 기운(氣運)인 것입니다.

인간(人間) 또한 음양오행(陰陽五行)의 기운(氣運)이며, 그 기운(氣運)들의 모인 형태에 따라 그 가진 성(性)과 질(質)이 다를 것이며, 흐르는 세월 속에 맞이하는 각기 다른 운(運)들에 따라서 그 성(性)과 질(質)이 변화(變化)가 일어 날 것입니다.

인간(人間)의 기본적인 성(性)과 질(質)을 알아보고, 그 성(性)과 질(質)이 변화(變化)하는 것을 살펴서, 우리 인간사(人間事)에 접목(椄木)한 것이 명리학(命理學)입니다.

명리학을 알고서 우리 생활에 접목하기 위해서는 먼저 알아야 할 기초 부분이 있습니다.

음양(陰陽)을 알고, 오행(五行)과 상생상극(相生相剋)관계를 알아야 하겠으며, 천간(天干)을 알고, 지지(地支)를 알아야 합니다.

사주를 뽑고, 자기의 성격을 알아볼 수 있습니다. 태어난 날의 천간(天干)인 일간(日干)을 자기 자신으로 삼고, 음양(陰陽)으로는 이분법으로 우리의 성격을 알아보고, 오행(五行)으로는 오분법으로 우리의 성격을 알아봅니다.

음양오행(陰陽五行)으로 인해 나타난 일간(日干)으로 10가지의 성격으로 나눌 수 있습니다. 일간(日干)이 앉아 있는 지지(地支)로 60가지의 성격으로 분류할 수 있습니다. 일간(日干)이 기거하고 있는 일주(日柱)가 어떤 달 즉 어떤 환경에서 태어났는가를 이해함으로 720가지의 성격이 나타나게 됩니다. 또한 천간지지(天干地支)의 합(合)과 충(沖)으로 변화되는 수많은 환경이 도출됩니다. 이 수 많은 환경(環境)이 일간(日干)에 어떠한 영향을 미치는가를 알아봅니다. 그러면 자기의 타고 난 성격을 알아볼 수 있습니다.

십신(十神)이란 일간(日干)과의 상관관계에 따라 명칭을 붙인 것입니다. 십신(十神)은 오행(五行)의 또 다른 이름이며, 십신(十神)으로 인간과 사물 관계의 길흉(吉凶)을 파악할 수 있습니다.

용신(用神)이란 그 사주의 주인공인 일간(日干)에게 가장 필요한 기운을 의미합니다. 넘치지도 아니하고 모자라지도 않는 중화(中和)의 길을 추구하는 것이 동양의 오래된 생각이고 철학이었습니다. 사주팔자에서 일간(日干)이 처한 환경을 자세히 살피다보면 일간(日干)에게 가장 필요한 기운이 있게 됩니다. 때로는 특정한 기운이 넘치기도 할 것이고, 때로는 부족하기도 할 것이며, 서로 싸우기도 하고, 병들어 아프기도 할 것입니다. 이런 상황을 종합적으로 판단해서 볼 때 가장 필요한 기운(氣運)을 말합니다.

십신(十神)은 음양오행(陰陽五行)의 또 다른 이름이고, 용신(用神)은 사주에서 일간(日干)에게 가장 필요한 글자이기 때문에, 십신(十神)이나 용신(用神)은 사주를 정확하게 파악하기 위한 방법입니다.

또한 대운(大運)과 세운(歲運)은 행운(行運)이라고 하는데, 우리가 살아가는 동안 흘러 지나가는 기운(氣運)을 말합니다. 이 행운(行運)에는 대운(大運)과 세운(歲運), 월운(月運), 일운(日運), 시운(時運)이 있으며, 일간(日干)에게 어떠한 영향을 미치는가를 알아보아야 합니다.

살아가면서 일간(日干)에게 가장 필요한 용신(用神)이 대운(大運)으로 들어온다면 좋은 운이 발현될 것이고, 용신(用神)의 기운(氣運)를 가진 사람이 주위에 다가 온다면 너무나도 큰 도움이 될 것입니다. 용신(用神)의 기운(氣運)을 가진 직업을 선택한다면 그 일을 하는 것이 힘든지 모르고 열심히 할 것입니다.

따라서, 사주팔자(四柱八字)로서 태어났을 때의 기운(氣運)을 살피고, 태어난 뒤에 찾아드는 운세(運勢)인 대운(大運)과 세운(歲運)으로 살아가는 중의 운세변화(運勢變化)를 판단하게 됩니다.

사주명리학은 사주(四柱) 즉 연월일시(年月日時) 네 간지(干支) 여덟 글자에 나타난 음양오행(陰陽五行)의 배합(配合) 및 생극화합(生剋和合)의 원리, 십간(十干), 십이지(十二支)의 합(合)과 충(沖) 등을 살펴, 부귀와 빈천, 부모, 형제, 직업, 결혼, 질병 등의 제반사항의 길흉화복을 판단합니다. 사주 오행(五行)이 균등하게 있는 것을 가장 좋은 길격(吉格)으로 하는 방식에 사주 판단법의 중점을 두고 있습니다.

사주에 근거하므로 사주학(四柱學)이라고도 하고, 사주(四柱)는 간지(干支) 여덟 글자이므로 팔자학(八字學)이라고도 합니다. 사주팔자로 운명(運命)을 추리한다고 해서 추명학(推命學), 산명학(算命學)이라고도 합니다.

## ☯ 무극(無極)에서 태극(太極)으로 (無極而太極)    '우주변화(宇宙變化)의 원리(原理)'에서

동양사상(東洋思想)에서는 우주(宇宙)의 시초(始初)를 무극(無極)이라고 합니다. 무극(無極)이 우주(宇宙)의 본체(本體)입니다.

우주(宇宙)는 무극(無極)에서 태극(太極)으로, 태극(太極)에서 무극(無極)으로의 순환(循環) 반복(反復)을 영원히 계속합니다. 이것을 일러 우주운동(宇宙運動)이라고 말합니다.

우주운동(宇宙運動)의 순환반복(循環反復)으로, 삼라만상(森羅萬象)이 있으며, 또 삼라만상(森羅萬象)이 무궁(無窮)한 변화(變化)를 일으킵니다. 그러므로 또한 무극(無極)은 우주(宇宙) 변화작용(變化作用)의 본체(本體)입니다.

변화(變化)란 음(陰)과 양(陽)이라는 이질적(異質的)인 두 기운(氣運)이 지닌 바의 작용(作用)으로 인하여 모순(矛盾)과 대립(對立)이 나타남으로써 일어나는 현상(現狀)을 말합니다.

## 1. 우주(宇宙)의 본체(本體) - 무극(無極)

우주(宇宙)의 본체(本體)는 상(象)이다.

우주(宇宙)는 지정지무(至靜至無)한 상태에서부터 태어났습니다. 삼라만상(森羅萬象)을 장식하는 모든 유형 물체(有形物體)는 그 시초(始初)부터 형체(形體)가 있었던 것은 아닙니다.

최초(最初)의 우주(宇宙)는 적막무짐(寂寞無朕)하여서 아무런 물체(物體)도 없었던 것입니다. 다만 연기 같기도 하여서 무엇이 있는 듯 하기도 한 진공(眞空) 아닌 허공(虛空)이었던 것입니다. 이 상태가 바로 '불'이라고 생각하면 '불'같기도 하고, '물'이라고 생각하면 '물'같기도 한 상태였던 것입니다. 이러한 상태를 '상(象)'이라 합니다.

### 상(象)이라는 개념

상(象)이라는 개념은 형(形)의 반대적 개념입니다.

상(象)을 설명하기 위해서 먼저 우리가 인지(認知)할 수 있는 형(形)부터 살펴보자면, 형(形)이라 하는 것은 형체(形體)가 있는 것을 말하는 것입니다. 형(形)의 반대적 개념인 상(象)은 형체(形體)가 없는 것입니다. 따라서 형(形)은 유형(有形)이고 상(象)은 무형(無形)인 것입니다.

여기서 말하는 유무(有無)는 상(象)을 설명하기 위해서, 형상(形象)의 구분(區分)하는 기준(基準)일 뿐이고, 그 기준(基準)을 형체(形體)에 두고 있는 것뿐입니다.

상(象)은 절대적 무(無)가 아니라 상대적 무(無)입니다.

[위의 도표 참고] 형상계(形象界)는 유무(有無)의 관점에서 보면 무(無)의 세계가 아니라 유(有)의 세계입니다. 형(形)과 상(象)을 설명하는데 형체(形體)를 구분(區分) 기준으로 보니, 형(形)은 형체(形體)가 있는 것이요, 상(象)은 형체(形體)가 없습니다. 그러므로 형(形)은 유형(有形)이고 상(象)은 무형(無形)입니다. 여기서 말하는 유형(有形) 무형(無形)의 유무(有無)는 형(形)과 상(象)을 구분하는 상대적 개념입니다.

정리해보면 유(有)의 세계인 형상계(形象界)에서, 상(象)은 형(形)과 비교해서 형체(形體)가 없으므로 무(無)라고 하는 것입니다. 즉 형(形)과 비교(比較)하니 무(無)이므로, 상대적(相對的) 무(無)라고 하는 것입니다. 따라서 유무(有無)의 세계에서의 무(無)를 상대적(相對的) 무(無)인 상(象)과 구별하기 위해 절대적(絶對的) 무(無)라고 하는 것입니다.

그러므로 형상계(形象界)에 있어서의 유무(有無)의 개념은 절대유(絶對有)와 절대무(絶對無)의 개념이 아닙니다. 우주(宇宙) 안에는 절대적(絶對的)인 무(無)라든지 절대적(絶對的)인 유(有)라는 것이 없기 때문입니다. 왜냐하면 유형(有形)은 언젠가는 무형(無形)으로 소멸될 운명에 놓여 있는 것이요, 무형(無形)의 상(象)도 언젠가는 형체(形體)를 갖추게 되는 것이기 때문입니다.

형상(形象)속에 있어서의 유무(有無)의 개념은 절대유(絶對有)나 절대무(絶對無)로 될 수도 없습니다. 우주(宇宙)에 충만(充滿)한 물상(物象)이 '절대(絶對)가 아닌 유무(有無)'의 형(形)과 상(象)으로 되어 있는 것은 바로 우주(宇宙)를 창조(創造)하던 적막무짐(寂寞無眹)한 상태가 그와 같은 유무(有無)의 화합체(和合體)였기 때문입니다.

상(象)의 사전적 의미(意味)는 – 어떤 사물(事物)의 변화(變化)가 구체적으로 드러나기 이전의 어떤 징조(徵兆)와 기미(幾微)입니다. – 이 말은 달리 생각해 보면, 변화(變化)가 구체적으로 드러나면 형(形)이므로, 형(形)과 상(象)은 변화(變化)가 구체적으로 드러나느냐 안 나느냐? 의 논점이지 유무(有無)의 논점이 아니라는 말입니다.

어릴 적 재미있게 보았던 '도깨비감투'라는 만화책이 있었습니다. 도깨비감투를 머리에 쓰면 보이지 않게 됩니다. 도깨비감투를 쓰지 않아서 눈에 보이는 것을 형(形)이라고 말한다면, 도깨비감투를 써서 눈에 보이지 않는 것을 상(象)으로 생각해 보았습니다.

## 무극(無極) - 의미의 형성 및 변천

노자《도덕경(道德經)》제28장에서 "참된 덕(德)은 어긋남이 없어 무극(無極)에 돌아간다 (常德不忒 復歸於無極)"라고 한 데서 최초로 나타납니다. 여기서의 무극(無極)은 만물(萬物)이 돌아가야 하는 근본적 도(道)라는 의미로 사용되고 있습니다. 장자(莊子)《남화경(南華經)》재유(在宥)편, 그 후《도덕경》에 관한 주석의 하나인《하상공장구(河上公章句)》에서 보이고, 이후부터 도교 수련가들 사이에 무극(無極)을 최고의 수련경계로 삼는 경향이 나타나게 되었습니다. 그러나 무극(無極)이 독자적으로 중요한 개념으로 사용된 것은 아니었습니다.

《주역(周易)》에서 태극(太極)과 함께 거론되면서 중요하게 부각되었습니다. 《주역》의 계사(繫辭)에서는 "역(易)에 태극(太極)이 있으니 태극(太極)에서 양의(兩儀[陰陽])가 나온다. 양의(兩儀)에서 사상(四象)이 나오며 사상(四象)에서 팔괘(八卦)가 나온다(易有太極 是生兩儀 兩儀生四象 四象八卦)"라는 내용이 있습니다. 여기서의 태극(太極)은 음양이기(陰陽二氣)가 나오기 이전의 근원적(根源的) 존재(存在)라는 의미로 풀이되어 한대(漢代) 이후 중국철학사에서 매우 중시되고 다양한 논의가 이루어졌습니다.

이러한 두 가지 흐름을 종합하여 무극(無極)과 태극(太極)을 연결시키며 중요한 철학적 개념으로 부각시킨 인물이 오대말의 도교사상가인 진단(陳摶)입니다. 그는 도교수련의 원리를 〈무극도(無極圖)〉와 〈선천태극도(先天太極圖)〉 등의 그림을 통해 함축적으로 표현했습니다. 진단(陳摶)은 《정역심법주(正易心法註)》에서 도(道)의 원초적 상태를 무(無)라고 보고 "무(無)는 태극(太極)이 아직 나타나기 이전, 한 점의 텅 비고 신령스러운 기운으로서 이른바 보아도 보이지 않고 들어도 들리지 않는다는 것이 그것이다(無者 太極未判之時 一點太虛靈氣 所謂 視之不見 聽之不聞也)"라고 말하였습니다. 기(氣)의 가장 원초적 상태를 무(無)라고 보는 것인데 바로 이어진 "양의(兩儀) 즉 음양(陰陽)의 두 기운(氣運)는 바로 태극(太極)이며 태극(太極)은 곧 무극(無極)이다(兩儀卽太極也 太極卽無極也)"라는 언급을 고려하면 무(無)는 곧 무극(無極)과 동일함을 알 수 있습니다.

북송대 성리학의 문을 연 주돈이(周敦頤)는 〈태극도설(太極圖說)〉에서 '무극이태극(無極而太極)'이란 표현을 통해 무극(無極)과 태극(太極)을 연결시켰습니다. 그에 의하면 태극(太極)은 우주(宇宙)의 근본원리(根本原理)로서 모든 이치(理致)의 근원(根源)이라면, 무극(無極)은 태극(太極)이 시공간의 제약을 넘어선 보편적(普遍的)이며 절대적 존재(絶對的 存在)임을 나타낸 표현이라고 보는 것입니다. 이후에 성리학자들의 정통적 관점으로 정착되었습니다.

> ★ **무극이태극(無極而太極)의 두 가지의 해석**
> '무극이태극(無極而太極)' "무극(無極)은 태극(太極)이다.'
> '자무극이태극(自無極而太極)' 자(自)'자가 생략됨.
> '태극(太極)은 무극(無極)으로부터 나온다.'

무극(無極)

무극(無極)이란 말이 우주(宇宙)의 본체(本體)인 '우주창조(宇宙創造) 초(初)의 상(象)'을 나타냅니다.

무극(無極)의 본질(本質)인 무(無)는 절대적인 것이 아니고 상대적(相對的)인 무(無)이고, 그것은 순수한 무(無)일 수는 없고 상(象)일 뿐인 것입니다. 연기 같기도 하여서 무엇이 있는 듯 하기도 한 진공(眞空) 아닌 허공(虛空)이며, 바로 '불'이라고 생각하면 '불'같기도 하고, '물'이라고 생각라면 '물'같기도 한 상태를 말합니다.

그러나 그렇다고 그것이 바로 우리들의 촉각이나 시각에 느껴질 수 있는 형(形)은 아닙니다. 그러므로 무극(無極)의 성질(性質)을 엄격하게 따진다면 형(形)의 분열(分列)이 극미세(極微細)하게 분화(分化)하여서 조금만 더 응고(凝固)하면 형(形)이 될 수 있는 직전의 상태에 있는 것입니다.

무극(無極)에서는, 이질적(異質的)인 성질(性質)들이 서로 융화(融和)되어서 아무런 투쟁(鬪爭)이나 반발(反撥)도 없이 공영(共榮)하고 있는 것입니다. 그러므로 무극(無極)은 어느 편도 들지 않는 불편부당(不偏不黨)한 중화(中和)의 본체(本體)이기도 합니다. 그런 의미에서 혹은 무(無)라고도 하며 혹은 중(中)이라고 합니다. 이와 같이 무극(無極)은 중(中)입니다.

이 상(象)을

일부 김항 선생은 '묘묘현현 현묘중(妙妙玄玄 玄妙中)' 우주의 본체(本體)가 통일(統一)하였다가는 분열(分列)하고, 분열(分列)하였다가는 다시 통일(統一)하는 그 '중(中)'인즉 이것은 우주창조(宇宙運動)의 본체(本體)인 것이라 했습니다.

송대(宋代)의 성리학(性理學)은 '적막무짐(寂寞無朕)' 아무런 동(動)하는 것도 없기 때문에 그 내용을 알 수 없다고 하였는데, 염계(濂溪) 주돈이(周敦頤)가 말한 무극(無極)은 그와 같은 중(中)을 의미하는 것인즉 이것은 우주창조(宇宙創造)의 중(中)이며 천지(天地)의 본체(本體)입니다.

무극(無極)은 형(形)이 아닌 상(象)이며, 우주(宇宙)의 본체(本體)이며, 중화(中和)의 본체(本體)입니다.


## 2. 무극(無極)에서 태극(太極)으로

무극(無極)은 절대 무(絶對 無)가 아닌 상대적(相對的) 무(無)이고, 그렇다고 형(形)도 아닌 유무(有無)의 화합체(和合體)였습니다. 또한 청탁(淸濁)이 화합(和合)한 비청비탁(非淸非濁 - 청기(淸氣)도 아니고 탁기(濁氣)도 아닌)의 중성적 존재(中性的 存在)입니다.

### 무극(無極)에서 시작(始作)

무극(無極)이 운동 상태를 나타내기 시작할 때에, 즉 변화(變化)가 생기기 시작할 때에 거기에는 서로 상반되는 기운(氣運)이 나타나게 되었는데, 경청지기(輕淸之氣)와 중탁지기(重濁之氣)입니다. 이것들의 성질(性質)에서 상(象)을 취하여 음양(陰陽)이란 이름을 붙였습니다.

경청지기(輕淸之氣)를 중탁지기(重濁之氣)가 감싸면서 포위하기 시작하여, 중성적(中性的)인 성질을 변화시키면서 음도(陰道)의 세력권(勢力圈)을 형성(形成)합니다.

무극(無極)에서 태극(太極)으로의 과정은 중탁지기(重濁之氣)인 음(陰)이 주도(主導)하는 세계로 정적세계(靜的世界) 즉 음도(陰道)의 세력권(勢力圈)인데, 무극(無極)에서는 음작용(陰作用)을 주(主)로 하기 때문에 그 목적(目的)이 기(氣)의 종합(綜合)이며, 무극(無極) 이후는 기(氣)로써 통일(統一)하고, 물(物)을 성숙(成熟)시키는 길입니다. 이를 내변작용(內變作用)이라 합니다.

### 태극(太極)의 창조(創造)

청기(淸氣)를 탁기(濁氣)가 완전히 포위하면, 내변작용(內變作用)을 통하여, 기(氣)의 통일(統一)을 완수(完遂)하여, 태극(太極)으로 변(變)하게 됩니다. 이로서 상(象)인 무극(無極)에서 유(有)인 태극(太極)이 창조(創造)되게 되는 것입니다.

역(易)은 이것을 감위수(坎爲水)라 합니다. 감(坎)자의 개념은 토(土)의 작용(作用)이 결핍(缺乏)되어서 수(水)가 된다는 것의 의미입니다. 그러므로 수(水)는 유(有)의 기본(基本)이며 형상계(形象界)의 모체(母體)인 것입니다.
통일(統一)하던 때의 주정세력(主情勢力)이었던 음기(陰氣)가 태극(太極)에 오면 그 세력(勢力)을 잃고 도리어 분산(分散)되어야 할 운명에 빠지게 됩니다. 이것을 음양(陰陽)의 승부작용(勝負作用), 상극작용(相剋作用) 이라 합니다.

무극(無極)에서 변(變)하여 이루어진 태극(太極)은 다시 투쟁 의욕을 내포(內包)하게 됩니다. 거기에서 태극(太極)은 자기 자체의 본성(本性)을 발휘하여 현실계의 모순(矛盾)대립(對立)을 나타내게 됩니다.

태극(太極) 속에 내포되었던 양(陽)은 표면을 포위하였던 음(陰)인 형(形)을 확장부연(擴張敷衍)하면서 세계는 양(陽)의 주도권 하에 들어갑니다. 온갖 모순(矛盾)과 대립(對立)이 나타나는데, 그러나 세계는 이 모순(矛盾)과 대립(對立)으로 인해 발전합니다.

태극(太極)에서 무극(無極)으로의 과정은 경청지기(輕淸之氣)인 양(陽)이 주도(主導)하는 세계로 동적세계(動的世界) 즉 양도(陽道)의 세력권(勢力圈)이라 하는데, 태극(太極)에서는 양작용(陽作用)을 주(主)로 하기 때문에 그 목적(目的)이 형(形)의 분산(分散)이며, 태극(太極) 이후는 형(形)을 분열(分列)시키고, 물(物)을 생장(生長)시키는 길입니다. 이를 외화작용(外化作用)이라 합니다.

### 태극(太極)이 다시 무극(無極)으로

양(陽)의 압박(壓迫)으로 인하여 분열(分列)되는 음기(陰氣)는 전진함으로써 분열(分列)의 극(極)에 이른즉 그 성질은 도리어 순화(純化)되어서 음양(陰陽)을 구별(區別)할 수 없는 경지에까지 이르게 되는 것입니다. 음양(陰陽)을 구별(區別)할 수 없는 경지란, 유(有)가 아닌 상(象)을 말하는 것이므로 무극(無極)입니다. 이렇게 하여 무극(無極)에서 태극(太極)으로 태극(太極)에서 무극(無極)으로의 순환반복(循環反復)이 일어나게 됩니다. 이것을 일러 우주운동(宇宙運動)이라 합니다.

정적세계(靜的世界)와 동적세계(動的世界)를 합쳐서 음양세계(陰陽世界)라 하며, 음양세계(陰陽世界)의 운동(運動)을 음양동정(陰陽動靜)이라 하고, 음양작용(陰陽作用)을 하는 것입니다. 이것이 음양설(陰陽說)이고 일음일양지위도(一陰一陽之爲道)입니다.

음양작용(陰陽作用) : 비단 태극(太極)이 이루어진 다음에만 있는 것이 아니라, 무극(無極)이 태극(太極)으로 변할 때에 중탁지기(重濁之氣)로써 경청지기(輕淸之氣)를 포위하던 때부터 이미 음양작용(陰陽作用)을 발판을 쌓았던 것입니다.

### 삼극론(三極論) – 황극(皇極), 태극(太極), 무극(無極)

양(陽)의 운동(運動)이 시간적 발전을 거듭함에 따라서 만물(萬物)이 세분화(細分化)되는데 그 세분화(細分化) 작용이 극(極)에까지 이르는 과정을 황극(皇極)이라 합니다. 즉 분열지기(分列之氣)가 아직 상존(尙存)하는 곳을 황극(皇極)이라 합니다. 다시 말하면 무극(無極)에 이르는 준비과정의 끝이 바로 황극(皇極)인 것입니다.

그러므로 만물(萬物)은 황극(皇極)에서 통일(統一)을 준비(準備)하고, 태극(太極)에서 화생(化生)을 시작(始作)하고, 무극(無極)은 바로 그들의 주재자(主宰者)인 것입니다.

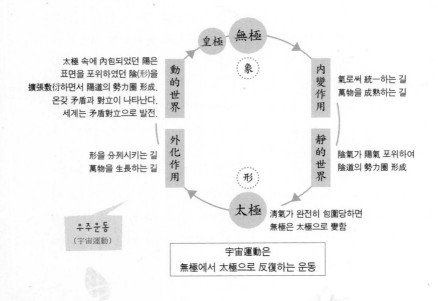

太極 속에 內包되었던 陽은 표면을 포위하였던 陰(形)을 擴張敷衍하면서 陽道의 勢力圈 形成. 온갖 矛盾과 對立이 나타난다. 세계는 矛盾對立으로 발전.

皇極　無極

動的世界

象

內變作用　氣로써 統一하는 길　萬物을 成熟하는 길

外化作用

靜的世界　陰氣가 陽氣 포위하여 陰道의 勢力圈 形成

形을 分列시키는 길　萬物을 生長하는 길

形

우주운동
(宇宙運動)

太極　淸氣가 완전히 包圍당하면 無極은 太極으로 變함

宇宙運動은
無極에서 太極으로 反復하는 운동

황극(皇極)과 무극(無極)은 실로 호리간발(毫釐間髮)의 차이입니다. 그럼에도 불구하고 우주가 두 개의 극(極)을 필요로 하는 것은 황극(皇極)은 무극(無極)과 동일 가치의 중(中)이 아니므로, 역(易) 건괘(乾卦)에 말한 바와 같이 항룡유회(亢龍有悔)의 경계를 요하는 위험한 자리인 것입니다. 그러나 이것은 무극(無極)의 보좌역인즉 만일 황극(皇極)이 없다고 하면 무극(無極)을 창조할 수 없고, 무극(無極)이 창조되지 못하면 세계(世界)는 조화(調和)와 통일(統一)을 이룰 수가 없게 되기 때문입니다.

우주운동(宇宙運動)은 무극(無極)에서 태극(太極)으로 반복(反復)하는 과정입니다.


## 3. 태극(太極)

무극(無極)은 태극(太極)이라는 상태로 변화됩니다.

무극(無極)은 우주(宇宙)의 시초(始初)이며, 우주(宇宙)의 본체(本體)이며, 우주(宇宙) 변화작용(變化作用)의 본체(本體)입니다.

또한 무극(無極)은 절대 무(絶對 無)가 아닌 상대적(相對的) 무(無)이고, 그렇다고 형(形)도 아닌 유무(有無)의 화합체(和合體)로서, 청탁(淸濁)이 화합(和合)한 비청비탁(非淸非濁)의 중성적 존재(中性的 存在)입니다.

무극(無極)이 운동 상태를 나타내기 시작할 때에, 즉 변화(變化)가 생기기 시작할 때에 거기에는 서로 상반되는 기운(氣運)이 나타나게 되었는데, 경청지기(輕淸之氣)와 중탁지기(重濁之氣)입니다. 경청지기(輕淸之氣)를 중탁지기(重濁之氣)가 감싸면서 포위하기 시작하고, 청기(淸氣)를 탁기(濁氣)가 완전히 포위하면, 내변작용(內變作用)을 통하여, 기(氣)의 통일(統一)을 완수(完遂)하여, 태극(太極)으로 변(變)하게 됩니다. 이로서 상(象)인 무극(無極)에서 유(有)인 태극(太極)이 창조(創造)되게 되는 것입니다.

무극(無極)

무극(無極)의
변화

무극(無極)에서
태극(太極)의
탄생

태극(太極)

『역(易)』에서 '태극 → 양의 → 사상 → 팔괘'(太極 → 兩儀 → 四象 → 八卦)라는 구조를 갖고 태극(太極)이란 용어가 최초로 등장하였습니다. 태극(太極)은 우주의 본체(本體)이고, 천지(天地)가 아직 열리지 않고 음양(陰陽)의 2기(二氣)가 나누어져 있지 않을 때 단 하나의 존재라고 하였습니다.

오대말의 도교사상가인 진단(陳摶)은 《정역심법주(正易心法註)》에서 "양의(陽儀), 즉 음양(陰陽)의 두 기운(氣運)은 바로 태극(太極)이며, 태극(太極)은 곧 무극(無極)이다(兩儀卽太極也 太極卽無極也)"라 했습니다. 태극(太極)은 "한 기(氣)가 서로 섞이고 융합(融合)하여 일만(一萬) 기(氣)가 갖추어져 있으므로 태극(太極)이라 부른다. 이는 바로 내 몸이 태어나기 이전의 모습이다(一氣交融 萬氣全具 故名太極 卽吾身未生之前之面目)"라고 하였습니다.

주돈이(濂溪 周敦頤)는 『태극도설(太極圖說)』에서 '태극 → 음양 → 오행 → 만물'(太極 → 陰陽 → 五行 → 萬物)이 되어 자연철학의 체계로 정리된 구조가 되었습니다. 태극(太極)은 음양(氣)을 낳는 모체라고 생각된 관념입니다. 태극(太極)은 우주(宇宙)의 근본원리(根本原理)로서 모든 이치(理致)의 근원(根源)이라고 합니다. 또한 무극이태극[無極而太極]이라 하였습니다. 천지 만물(天地萬物)이 이룩되기 전에 있었던 혼돈(混沌) 상태의 만물(萬物) 생성(生成)의 근원(根源)이 된 하나의 기운(氣運)을 태극(太極)이라고 하는데, 태극(太極)이 무미무취(無味無臭)하고 무성무색(無聲無色)하므로 - 아무것도 없는 상태 - 무극(無極)이라고 한다고 했습니다.

『역설(易說)』에서는 태극 대신에 태허(太虛)라는 개념을 사용하여, '태허즉기'(太虛卽氣)설을 주장하였습니다. 장횡거는 기일원(氣一元)의 입장에서 태극(太極)을 기(氣)의 본체(本體)라고 보았습니다.

정리하자면

적막무짐(寂寞無朕)한 혼돈(混沌)상태인 무극(無極)에서 음(陰)과 양(陽)으로 질서를 잡고, 즉 하나로 통일 된 자리가 바로 태극(太極)입니다.

태극(太極)은 음(陰)이 양(陽)을 둘러싸고 있습니다. 크게 생각해 보면, 태극(太極)은 음양(陰陽)을 내포(內包)하고 있습니다. 즉, 태극(太極)은 음양(陰陽)이 내재되어 있는 모습입니다.

태극(太極)은 음양운동(陰陽運動)이 시작되기 직전의 상태입니다.

태극(太極)은 우주(宇宙)의 근본원리(根本原理)로서 모든 이치(理致)의 근원(根源)입니다.

## 기(氣) 중심 우주발생론(宇宙發生論)

태극(太極)을 기(氣)의 본체라고 생각을 해봅니다.

"기(氣)는 크게는 음양(陰陽)의 두 개의 기(氣)로 되어 있는데, 이 두 종류의 기(氣)가 상호작용(相互作用)하는 과정에 세계의 기초를 이루는 다섯 가지 물질(物質) 즉, 목(木), 화(火), 토(土), 금(金), 수(水)의 오행(五行)이 생기었다. 이 음양오행(陰陽五行)이 조화(造化)되어 천지(天地)가 생겨나고, 천지(天地)의 기(氣)로써 만물(萬物)이 생겨났다."

우주만물(宇宙萬物)은 기(氣)에 의해 생성(生成)되고, 존재(存在)한다는 말입니다.

우주의 본질은 기(氣)입니다.

하나의 기(氣)가 충만(充滿)하게 존재(存在)하는데, 그 기(氣)는 변화(變化)가 있음으로 인해서, 크게는 음양(陰陽)의 두 모습으로 존재(存在)합니다.

우주(宇宙)는 음양(陰陽)의 운동작용(運動作用)으로 변화(變化)된 다섯 개의 모습을 생성(生成)하는데, 오행(五行)이라 합니다. 오행(五行)은 세계의 기초를 이루는 다섯 가지 물질(物質)입니다.

이 음양(陰陽)과 오행(五行)은 하나의 기(氣)의 변화(變化)입니다. 오행(五行)은 음양(陰陽)의 변화된 모습이고, 음양(陰陽)은 기(氣)의 존재모습이므로 오행(五行)은 음양(陰陽)이고, 음양(陰陽)은 곧, 기(氣)인 것입니다.

하나의 기(氣)인, 음양오행(陰陽五行)의 조화(造化)로서, 천지(天地)가 나누어지고, 천지(天地)의 작용으로 만물(萬物)이 생겨났습니다.


### 🌑 기(氣)는 무엇인가?

동양사상은 기(氣), 음양(陰陽), 오행(五行)의 개념 없이는 이론 체계가 성립할 수 없습니다. 그러므로 동양 사상의 가장 핵심적인 개념들은 바로 기(氣), 음양(陰陽), 오행(五行)입니다.

기(氣)란 무엇인가?

쉽게 말해서 '눈에는 보이지 않고, 손에도 만져지지 않지만, 우주만물(宇宙萬物)을 생성(生成)하고, 존재(存在)시키는 힘'을 말합니다.


### 1. 우주만물을 구성하는 기본요소로서 물질의 근원입니다.

기(氣)는 크게는 음양(陰陽)이고, 음양(陰陽) 두 개의 기(氣)가 상호 작용하는 과정에 세계의 기초를 이루는 다섯 가지 물질(物質)인 오행(五行)이 생기고, 이 음양오행(陰陽五行)이 조화(造化)되어 천지만물(天地萬物)이 생겨났습니다.

오행(五行)은 음양(陰陽)이요. 음양(陰陽)은 기(氣)이므로 오행(五行)은 기(氣)입니다. 그러므로 기(氣)는 우주만물을 구성하는 기본요소로서 물질의 근원이 됩니다.

## 2. 모든 생명(生命)의 근원(根源)입니다.

모든 존재현상은 기(氣)의 취산(聚散), 즉 기(氣)가 모이고 흩어지는데 따라 생겨나고 없어지는 것이므로, 모든 생명(生命)의 근원(根源)입니다. 즉, 생태계 일반을 두루 관통하고 있는 우주적 생명력입니다.

## 3. 우주만물이 작용(作用)하는 힘의 근원(根源)입니다.

항상 움직이는 기(氣)의 다양한 작용으로 해와 달과 별의 움직임, 계절의 변화, 기상의 변화, 등등 모든 자연 현상과 대우주의 천태만상이 변화와 운동, 성장, 발전, 소멸이 일어나므로 우주만물이 작용하는 힘의 근원이 됩니다.

子丑寅卯辰巳午未申酉戌亥
丑寅卯辰巳午未申酉戌亥
寅卯辰巳午未申酉戌亥
卯辰巳午未申酉戌亥
辰巳午未申酉戌亥
子丑寅卯辰巳午未申酉戌亥

# 제1장  음 양(陰陽)

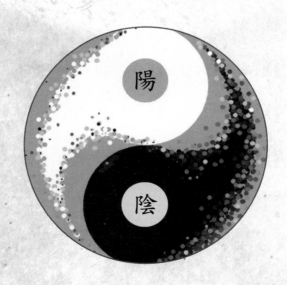

무극(無極)은 태극(太極)을 낳고,

태극(太極)은 음양(陰陽)을 낳습니다.

음양(陰陽)은 태극(太極)을 벗어나지는 않습니다.

음양(陰陽)은 서로 대립하면서도 서로 의존을 합니다.

음양(陰陽)은 따로 떨어져서는 존재할 수 없습니다.

음양(陰陽)은 둘이지만 그것은 하나입니다.

음양(陰陽)은 항상 움직이고 변화(變化)합니다.

음(陰)의 과정은 물질과 기(氣)를 모으는 수축(收縮)작용을 하고, 양(陽)의 과정은 물질과 기(氣)를 흩트리는 팽창(膨脹)작용을 합니다.

음(陰)이란 거두어들이고 저장(斂藏)하는 성질(性質)을 가지고 있고, 양(陽)이란 발산(發散)하고 드러내며 생장(生長)하는 기(氣)입니다.

음양(陰陽)의 이질적인 두 기운이, 서로 대립하고 의존하며 끊임없이 움직이는데, 하나가 커지면 하나가 작아지는 양적변화(量的變化)와, 극(極)에 이르면 다른 쪽으로 옮겨가는 질적변화(質的變化)를 일으킵니다. 우주는 음양의 끊임없는 변화운동으로 영원히 순환무궁(循環無窮)합니다.

우주만물은 음양(陰陽)으로 존재하고, 음양(陰陽)의 팽창(膨脹)과 수축(收縮)의 반복작용으로 인해 우주만물의 변화가 생기므로, 음양운동(陰陽運動)은 우주의 생명법칙(生命法則)입니다.

제1장 음양(陰陽)

# ❶ 음양(陰陽)의 뜻

음(陰)과 양(陽)이라는 말의 본뜻은, 언덕 위로 해가 떠오르면 응달과
양달이 생긴다는 말입니다. 즉 해가 비치는 곳이 양(陽)이고, 그늘진 곳
이 음(陰)입니다.

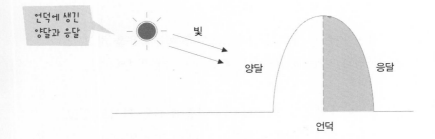

해가 있음으로 해서 양(陽)과 음(陰)이라는 개념이 나왔습니다. 해가
떠서 낮이 되고 해가 져서 밤이 되었습니다. 음양(陰陽)이 나타난 원인
은 해인 것입니다.

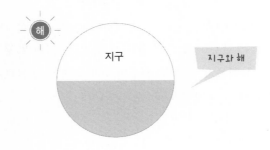

## ❷ 음양(陰陽)의 구조

### 1) 음양(陰陽)은 서로 대립(對立)하는 개념입니다.

양달이 없다면 응달도 없는 것입니다. 양달은 해가 비쳐 따뜻하고, 응달은 그늘져서 서늘하며, 낮은 해가 비치고, 밤은 달이 비추며, 여름은 햇볕이 강하고, 겨울은 햇볕이 약하고, 해는 하늘에 있고 그늘은 땅에 있습니다.

이처럼 양달과 응달, 낮과 밤, 겨울과 여름 등 음양(陰陽)은 서로 대립되는 개념으로 이루어져 있습니다.

### 2) 음양(陰陽)은 서로 의존(依存)합니다.

캄캄한 어둠 속에서 해가 뜨자 언덕에 양달과 응달이 동시에 생겼습니다. 양달이 없으면 응달도 없습니다. 어느 한쪽이 없으면 존재할 수 없는 의존관계를 가집니다. 음양(陰陽)은 서로가 서로에게 존재의 기준이 되며, 음양(陰陽)은 다른 하나와 분리되어 한쪽만 존재할 수 없습니다.

양달도 언덕이요, 응달도 언덕입니다. 언덕 하나에 음(陰)과 양(陽)이 동시에 존재합니다. 그 하나가 바로 태극(太極)이며, 음양(陰陽)은 하나 속에 들어있는 둘인 것입니다.

제1장 음양(陰陽)

## 3) 음양(陰陽)은 상대적입니다.

아침에 동쪽에서 해가 뜨면, 양달인 동쪽이 양(陽)이고, 그늘 진 서쪽
은 음(陰)입니다. 시간의 흐름에 따라 해가 일정하게 서쪽으로 넘어가
게 됩니다. 저녁 무렵이면 해가 서쪽으로 기울어 서쪽이 양달이 되고,
동쪽은 응달이 됩니다. 시간에 따라 동쪽이 양(陽)이 되기도 하고, 음
(陰)이 되기도 합니다. 서쪽 또한 마찬가지입니다. 양(陽)은 항상 양(陽)
이 아니고, 음(陰)은 항상 음(陰)이 아닙니다.

## 4) 음양(陰陽)은 움직이고 변화합니다.

해가 동에서 떠서 시간의 흐름에 따라 일정하게 서쪽으로 넘어가게
됩니다. 그 과정에서 언덕에 비치는 응달과 양달의 비율은 한쪽이 많아
지면 다른 한쪽이 적어지고, 또한 반대편이 많아지면 다른 반대편이 적
어지는 현상이 일어나게 됩니다. 응달과 양달의 세력이 균등하게 고정
되어 있지 않고 시간의 흐름에 따라 움직이고 변화합니다. 변화가 일어
나고 움직인다는 것은 곧 살아 있다는 것입니다. 언덕에 시간의 개념이
들어서면서 음양(陰陽)은 생명을 가지게 되었습니다.

## ❸ 음양(陰陽)의 모습

양달은 해가 비쳐 따뜻하고, 응달은 그늘져서 서늘합니다.
낮은 해가 있어 밝고, 밤은 해가 없어 어둡습니다.
여름은 햇볕이 강하고, 겨울은 햇볕이 약합니다.
해는 하늘에 있고 그늘은 땅에 있습니다.

이것을 陰과 陽이라는 개념에 대입하면,

하늘은 양이고,　　　　　　　땅은 음입니다.
위는 양이고,　　　　　　　　아래는 음입니다.
밝음은 양이고,　　　　　　　어두움은 음입니다.
낮은 양이고,　　　　　　　　밤은 음입니다.
여름은 양이고,　　　　　　　겨울은 음입니다.
덥고 따뜻함은 양이고,　　　춥고 서늘함은 음입니다.

한 단계 더 발전된 음양의 모습을 보면

남자는 양이요,　　　　　　　여자는 음입니다.
수컷은 양이고,　　　　　　　암컷은 음입니다.
강한 것은 양이고,　　　　　약한 것은 음입니다.
억센 것은 양이요,　　　　　약하고 부드러운 것은 음입니다.
뻗어 나가는 것은 양이고,　움츠러드는 것은 음입니다.
아버지는 양이고,　　　　　어머니는 음입니다.
겉은 양이고,　　　　　　　속은 음입니다.

드러나고 것은 양이고,　　음침한 것은 음입니다.

홀수는 양이고,　　　　　짝수는 음입니다.

기쁨은 양이고,　　　　　슬픔은 음입니다.


## ❹ 음양(陰陽)의 심리(心理)

긍정적인 것은 양이고,　　　부정적인 것은 음입니다.

희망은 양이고,　　　　　　좌절은 음입니다.

미래지향은 양이고,　　　　과거집착은 음입니다.

동적인 것은 양이고,　　　　정적인 것은 음입니다.

능동적인 것은 양이고,　　　수동적인 것은 음입니다.

적극적인 것은 양이고,　　　소극적인 것은 음입니다.

강건함은 양이고,　　　　　연약함은 음입니다.

대담함은 양이고,　　　　　소심함은 음입니다.

결단력은 양이고,　　　　　우유부단함은 음입니다.

활발함은 양이고,　　　　　차분함은 음입니다.

화끈함은 양이고,　　　　　냉정함은 음입니다.

외향적은 양이고,　　　　　내향적은 음입니다.

감정적은 양이고,　　　　　이성적은 음입니다.

즉흥적은 양이고,　　　　　계산적은 음입니다.

이타적은 양이고,　　　　　이기적은 음입니다.

육체적은 양이고,　　　　　정신적은 음입니다.

외향성(外向性)과 내향성(內向性)은 카를 구스타프 융에 의해
정의(定意)된 마음의 에너지 방향을 말한다. 외향성(外向性
Extraversion)은 흔히 '사교적(社交的)'으로 표현하는 것으로
에너지가 외부로 향하는 것이며, 내향성(內向性 introversion)
은 '내성적(內省的)'으로 표현하는 것으로 에너지가 내부로
향하는 것을 말한다.

## 내향성 [ 內向性, introversion ]

외계에 대한 흥미와 관심을 잃고 내부로 작용하여 억압되지
않은 상태를 말한다. 내향형의 특징은 결단을 주저하고 실
행력이 부족하며, 사물에 대해 회의적이고 비판적이며 추상
적, 이론적 사색을 좋아한다. 남에게 상처받기 쉬우며 감정
을 겉으로 나타내지 않고 소극적이다. 또 자기 설(說)을 고
집하고 까다로우며, 비사교적이어서 친구가 적다. 내향형인
사람도 무의식 내에는 그 역(逆)의 경향을 지니고 있어 자아
의 제어가 약해졌을 때 역전하는 경향이 있다.

## 외향성 [ 外向性, extroversion ]

주위의 객관적 사상(事象)으로 주의와 관심을 돌려 이것을
기준으로 자신의 태도를 결정한다. 사고는 능동적이고 판단
은 종합적이다. 외향형 성격의 특징은 감정 표출이 자유롭
고 활발하며 명랑하고 무엇에 구애되지 않는다. 또 적극적
이며 지도력(指導力)이 있다. 결단이 빠르고 행동적이나 사
려가 깊지 못하다. 자기 의견을 고집하지 않고 남의 의견도
잘 들으며 사교적이고 개방적이다.

# ❺ 음양(陰陽)의 성질

음양(陰陽)은 태양으로 인해서 응달과 양달이 생김으로 지어진 이름
입니다. 따라서 양(陽)은 태양의 기운 그 자체이며, 태양의 성질을 나타
냅니다. 태양의 열은 끊임없이 움직이며 지구에 생명을 만들어주는 힘
입니다. 하늘과 태양은 높고 밝은 반면, 지구와 물은 낮음을 뜻하며 태
양이 비쳐지지 않으면 어둡고 싸늘한 것이 음(陰)입니다. 그러므로 음
(陰)은 물을 가리키며, 물의 성질을 말합니다. 따라서 음양(陰陽)을 구체
적으로 물과 불로 나타내기도 합니다. 그래서 음양운동(陰陽運動)을 수
화운동(水火運動)이라고도 합니다.

음(陰)의 과정은 물질과 기(氣)를 모으는 수축(收縮)작용을 하고, 양
(陽)의 과정은 물질과 기(氣)를 흩트리는 팽창(膨脹)작용을 합니다.

음(陰)이란 거두어들이고 저장(斂藏)하는 성질(性質)을 가지고 있고,
양(陽)이란 발산(發散)하고 드러내며 생장(生長)하는 기(氣)입니다.

팽창(膨脹)하려는 힘과 수축(收縮)하려는 힘의 대립 상태인 음양(陰陽)
에서, 끝없이 팽창(膨脹)하여 폭발해 버리거나, 한없이 수축(收縮)하여
없어지거나 하지는 않습니다.

우주는 음양(陰陽)이 순환하고 변화하며 존재하는 거대한 태극체(太
極體)이고, 음양(陰陽)은 대립하지만 상호 의존하는 관계로서 끊임없이
움직이며 변화를 만들지만, 태극(陰陽)이라는 테두리 내에서 변화하기
때문입니다. 태극(太極)은 음양평형(陰陽平衡)을 이루기 때문입니다.

# ❻ 음양(陰陽)의 운동법칙

　음양(陰陽)은 움직이며 변화합니다.

　음양(陰陽)은 서로 대립하고, 의존하면서 하나가 커지면 하나가 작아지는 작용을 가지며, 극(極)에 이르면 다른 쪽으로 변화를 하면서, 우주 만물의 변화를 일으킵니다. 그러므로 음양운동(陰陽運動)은 우주운동(宇宙運動)이며, 음양(陰陽)을 대표하는 것이 물과 불이므로 수화운동(水火運動)이라고 말할 수 있습니다.


## 1) 음양의 소장(消長) - 양(量)적 변화

**음소양장 양소음장 (陰消陽長 陽消陰長)**
**陰이 작아지면 陽이 커지고, 陽이 작아지면 陰이 커진다.**

　소(消)는 소멸과 감소, 장(長)은 증강(增强)을 뜻합니다. 소장(消長)은 정지 불변의 상태에 있지 않고, 서로 대립하면서 끊임없이 '소멸(消滅)과 성장(成長)'이라는 운동과 변화를 반복합니다.

　그런데 음양(陰陽) 한 쪽의 소장(消長)의 변화는 반드시 다른 한 쪽에 영향을 줍니다. 음(陰)이 작아지면 양(陽)이 커지고, 양(陽)이 작아지면 음(陰)이 커집니다.

　겨울에서 봄으로, 봄에서 여름으로의 진행은 음(陰)이 작아지고 양(陽)이 커지는 것으로 음소양장(陰消陽長)이며, 또 여름에서 가을로, 가을에서 겨울로의 진행은 양(陽)이 작아지고 음(陰)이 커지는 양소음장

(陽消陰長)의 과정입니다. 하지만 일년(一年)을 통틀어 본다면 기후는 상
대적으로 더위와 추위가 음양평형(陰陽平衡)을 이루고 있습니다.

이 음양(陰陽)의 소장(消長)은 음(陰)과 양(陰)의 양적(量的)인 변화를
나타내는 말입니다.

## 2) 음양의 전화(轉化) - 질(質)적 변화

> **양극즉음생 음극즉양생** (陰極卽陽生 陽極卽陰生)
> 陽이 剋에 달하면 陰이 생기고, 陰이 剋에 달하면 陽이 생긴다.

서로 대립하고 있는 음양(陰陽)은 자기 자리에 머물러 정체하지 않습
니다. 양(陽)은 음(陰)을 향해, 음(陰)은 양(陽)을 향해 지속적인 변화를
꾀하다가, 극한의 단계에까지 발전하게 되면 반대방향으로 전화(轉化)
합니다. 음(陰)은 양(陽)으로 양(陽)은 음(陰)으로 바뀌게 되는데 이를 음
양(陰陽)의 전화(轉化)라고 부르며, 음양소장(陰陽消長)이 단순한 양적(量
的)인 변화라면, 음양전화(陰陽轉化)는 양적(量的)인 변화가 극한의 단계
에 이르렀을 때 나타나는 질적(質的)인 변화를 뜻합니다.

자연계에서의 기후의 변화가 겨울의 제일 추울 때로 부터 여름으로
가는 것은, 음(陰)이 극에 달하여 양(陽)으로 바뀌는 것이며, 여름의 제
일 더울 때로 부터 겨울로 가는 것은, 양(陽)이 극에 달하여 음(陰)으로
바뀌는 것입니다.

일음일양지위도 (一陰一陽之謂道)
'한번은 음(陰)의 운동을 하고, 한번은 양(陽)의 운동을 하면서
생성 변화하는 것이 자연의 근본 질서(道)이다'고 하였습니다.

> 주역 계사전
> (繫辭傳)

'일음일양(一陰一陽)은 천지(天地)의 도(道)인데,
물(物)은 음양(陰陽)으로 말미암아 생기고 음양(陰陽)으로
말미암아 이룬다.'고 하였습니다.

> 소옹(邵雍 소강절)의
> 관물외편(觀物外篇)

이 음(陰)과 양(陽)의 기운덩어리들이 움직이고 변화를 하면서(量的變化, 質的變化), 우주가 생기고, 우주 안에 있는 만물(森羅萬象)이 창조되었습니다.

우주(宇宙)란 인간과 만물을 둘러싼 시공간 전체를 말합니다. 그러므로 음(陰)과 양(陽), 이것이 인간과 만물을 지어내는 자연 속의 두 기운으로서, 한낱 아주 미세한 것에서 부터 광대무변한 것까지 모두 다 포함하고 있습니다. 따라서 우주와 만물은 음양(陰陽)의 변화에 따르는 것입니다.

## ❼ 음양중(陰陽中)

무극(無極)은 절대 무(絶對無)가 아닌 상대적(相對的) 무(無)인, 형(形)이 아닌 상(象)이며, 그 성질은 불편부당(不偏不黨)한 중성적(中性的) 존재(存在)라 했습니다.

제1장 음양(陰陽)

무극(無極)에서 변화(變化)가 일어나서, 음(陰)이 양(陽)을 완전히 감싸서 태극(太極)이 되었습니다. 태극(太極)은 자체의 본성(本性)을 발휘하여, 표면을 감싸고 있던 음(陰)을 양(陽)이 확장부연(擴張敷衍)시킵니다.

양(陽)의 압박으로 인하여 분열(分列)되는 음기(陰氣)는 분열(分列)의 극(極)에 이르게 되고, 그 성질은 도리어 순화(純化)되어서 음양(陰陽)을 구별(區別)할 수 없는 경지에까지 이르게 됩니다. 음양(陰陽)을 구별(區別)할 수 없는 경지란, 유(有)가 아닌 상(象)을 말하는 것이므로 무극(無極)입니다. 무극(無極)은 음(陰)도 아니고 양(陽)도 아닌 중성적(中性的) 존재(存在)입니다.

이렇게 하여 무극(無極)에서 태극(太極)으로 태극(太極)에서 무극(無極)으로의 순환반복(循環反復)이 일어나는, 이것을 일러 우주운동(宇宙運動)이라 합니다.

이 우주운동(宇宙運動)을 음양(陰陽)의 세계(世界)로 불러 들여 보겠습니다. 음양(陰陽)의 세계(世界)에서 일어나는 운동을 음양운동(陰陽運動)이라 하는데 음양(陰陽)의 성질이 음(陰)은 정(靜)하고, 양(陽)은 동(動)하니, 음양동정(陰陽動靜)이라고도 합니다.

그러므로, 음(陰)이 작용(作用)을 하여 태극(太極)이 되고, 양작용(陽作用)하여 분열(分列)이 극(極)에 이르고, 중(中, 무극(無極)이 되어 작용(作用)을 하고, 다시 음작용(陰作用)을 하고 이렇게 음양운동(陰陽運動)을 순환반복(循環反復)합니다.

삼극론(三極論)으로 보자면, 태극(太極)에서 양작용(陽作用)을 시작하여 시간적 발전을 거듭함에 따라서 만물(萬物)이 세분화(細分化)되는데 그 세분화(細分化) 작용이 극(極)에까지 이르는 과정을 황극(皇極)이라 하는데, 무극(無極)에 이르는 준비과정의 끝이 바로 황극(皇極)인 것입니다.

그러므로 만물(萬物)은 황극(皇極)에서 통일(統一)을 준비(準備)하고, 태극(太極)에서 화생(化生)을 시작(始作)하고, 무극(無極)은 바로 그들의 주재자(主宰者)인 것입니다.

황극(皇極)과 무극(無極)은 실로 호리간발(毫釐間髮)의 차이(差異)이지만, 황극(皇極)은 무극(無極)과 '동일 가치의 중(中)'이 아니라고 보는 것이 삼극론(三極論)입니다. 따라서 만일 황극(皇極)이 없다고 하면 무극(無極)을 창조할 수 없고, 무극(無極)이 창조되지 못하면 세계(世界)는 조화(調和)와 통일(統一)을 이룰 수가 없게 됩니다.

음양중(陰陽中)이라는 이론은, 중(中)을 토(土)라고도 합니다. 음양(陰陽) 둘 만으로는 음양운동(陰陽運動)이 일어나지 않으며, 음양운동(陰陽運動)이 일어나도록 '변화(變化)시키는 기운(氣運)'이 있다고 보는 것입니다. 이 기운(氣運)은 음양(陰陽) 본바탕의 기운(氣運)이며, 음(陰)도 아니고 양(陽)도 아니라고 봅니다. 하건충 선생께서는 이 기운(氣運) 즉, 중(中)이 음양(陰陽)에서 오행(五行)으로 발전(發展), 변화(變化)할 때 토(土) 기운으로 내려앉았다고 합니다.

　　음양(陰陽)은 대립된 개념이어서 변화(變化)를 추구하기 어렵지만, 음
양중(陰陽中)은 음양(陰陽)이 중(中)의 작용(作用)에 따라 생성(生成) 변화
(變化) 소멸(消滅)로 순환(循環)합니다. 우주만물(宇宙萬物)의 근원(根源)
인 음양(陰陽)은 음양중(陰陽中)의 삼원(三元−세 가지의 근본)으로 구성되
어야 비로소 온전히 변화운동(變化運動)을 할 수 있는 것입니다.

# 제2장　오 행(五行)

무극(無極)은 태극(太極)을 낳고,

태극(太極)은 음양(陰陽)을 낳습니다.

음양(陰陽)은 태극(太極)을 벗어나지는 않습니다.

음양(陰陽)은 서로 대립하면서도 서로 의존을 합니다.

음양(陰陽)은 따로 떨어져서는 존재할 수 없습니다.

음양(陰陽)은 둘이지만 그것은 하나입니다.

음양(陰陽)은 항상 움직이고 변화(變化)합니다.


음(陰)의 과정은 물질과 기(氣)를 모으는 수축(收縮)작용을 하고, 양(陽)의 과정은 물질과 기(氣)를 흩트리는 팽창(膨脹)작용을 합니다.


음(陰)이란 거두어들이고 저장(斂藏)하는 성질(性質)을 가지고 있고, 양(陽)이란 발산(發散)하고 드러내는 생장(生長)하는 기(氣)입니다.


음양(陰陽)의 이질적인 두 기운이, 서로 대립하고 의존하며 끊임없이 움직이는데, 하나가 커지면 하나가 작아지는 양적변화(量的變化)와, 극(極)에 이르면 다른 쪽으로 옮겨가는 질적변화(質的變化)를 일으킵니다. 우주는 음양(陰陽)의 끊임없는 변화운동으로 영원히 순환무궁(循環無窮)합니다.


우주만물은 음양(陰陽)으로 존재하고, 음양(陰陽)의 팽창(膨脹)과 수축(收縮)의 반복작용으로 인해 우주만물의 변화가 생기므로, 음양운동(陰陽運動)은 우주의 생명법칙(生命法則)입니다.

오행(五行)은 음양(陰陽)의 확장된 모습입니다. 음양(陰陽)의 팽창(膨脹)과 수축(收縮)의 반복 작용의 결과입니다.

팽창(膨脹)은 양(陽)의 운동으로, 1단계는 수축(收縮)되었던 생명이 처음에 한 방향으로 뚫고 나오는 기운을 말하며, 목(木)이라 하고, 2단계는 목(木)을 통해 한 방향으로 뚫고 나온 생명이 사방팔방으로 무질서하게 흩어지며 성장(成長)하는 기운이며, 화(火)라고 합니다.

수축(收縮)은 음(陰)의 운동으로, 1단계는 한없이 흩어질 수 없는 상태까지 분열된 화(火)를 토(土)의 도움을 받아 거두어 수렴(收斂)하는 과정이며, 금(金)이라 하고, 2단계는 금(金)을 통해 수렴되면서 외부와 굳어진 것을 그 속까지 단단하게 응고시켜 한 점으로 뭉쳐 저장(貯藏)하는 과정이며, 수(水)라고 합니다.

팽창(膨脹)하는 목(木)과 화(火), 수축(收縮)하는 금(金)과 수(水)를 중재(仲裁)하여 부드럽고 순조롭게 변화되도록 도와주는 것이 토(土)입니다.

음양(陰陽)이 우주만물의 본질이므로, 음양(陰陽)의 분화, 발전된 모습인 오행(五行) 또한 우주만물의 본질(本質)입니다. 이 다섯 개의 기운이 서로 모이고 흩어지면서 우주만물이 생성 소멸(生成消滅)하는 변화를 일으키면서 지속적으로 순환 운행을 합니다. 우주가 이 다섯 가지의 질서로 운행한다는 말입니다. 시간과 공간의 모든 법칙이 이 다섯 가지 원리로서 작용하고 있는 것입니다.

따라서 오행(五行)이란 음양운동(陰陽運動)으로 나타난 우주만물의 본질을 이루는 다섯 가지의 기운으로, 모이고 흩어지면서 우주만물이 생성 소멸(生成消滅)하는 변화를 일으키는 운동이 지속적으로 순환운행하는, 우주의 근본법칙입니다.

# ① 오행(五行)이란?

무극(無極) = 태극(太極)

태극(太極) = 음(陰), 양(陽)

음양(陰陽) = 목(木), 화(火), 토(土), 금(金), 수(水)

**무극(無極)에서부터**

무극(無極)은 절대 무(絕對無)가 아닌 상대적(相對的) 무(無)인, 형(形)이 아닌 상(象)이며, 그 성질은 불편부당(不偏不黨)한 중성적(中性的) 존재(存在)라 했습니다.

무극(無極)에서 내변작용(內變作用)을 완성하여 청기(青氣)가 탁기(濁氣)를 완전히 포위(包圍)함으로써 태극(太極)이 창조(創造)됩니다. 상(象)인 무극(無極)에서 유(有)인 태극(太極)이 창조(創造)되는 것입니다.

태극(太極)은 투쟁의욕(鬪爭意慾)을 내포하는데, 자기 자체(自體)의 본성(本性)을 발휘하게 됩니다. 태극(太極) 속에 내포되었던 양(陽)은, 표면을 포위하였던 음(陰)인 형(形)을 확장부연(擴張敷衍)시키고, 외화작용(外化作用)이 극(極)에 이르면 음양(陰陽)을 구별할 수 없는 경지에 이르게 되고, 무극(無極)으로 돌아갑니다. 이를 우주운동(宇宙運動)이라 합니다.

무극(無極)에서 태극(太極)에 이르는 길은, 중탁지기(重濁之氣)인 음
(陰)이 주도(主導)하는 세계로 정적세계(靜的世界) 즉 음도(陰道)입니다.
무극(無極)에서는 음작용(陰作用)을 주로 하므로, 기(氣)를 종합(綜合)하
려는 목적(目的)을 가지고 있으며, 무극(無極) 이후는 기(氣)를 통일(統
一)시키는 길이요, 만물(萬物)을 숙성(熟成)시키는 길입니다. 이를 내변
작용(內變作用)이라고 합니다. 다시 말하면, 음(陰)은 기(氣)를 수축(收縮)
시키고, 수렴(收斂) 저장(貯藏)시킵니다.

태극(太極)에서 무극(無極)으로의 길은, 경청지기(輕淸之氣)인 양(陽)이
주도(主導)하는 세계로 동적세계(動的世界) 즉 양도(陽道)입니다. 태극(太
極)에서는 양작용(陽作用)을 주로 하기 때문에, 형(形)의 분산(分散)하려
는 목적(目的)을 가지고 있으며, 태극(太極)이후는 형(形)을 분열(分列)시
키고, 물(物)을 생장(生長)시키는 길입니다. 이를 외화작용(外化作用)이라
합니다. 다시 말하면, 양(陽)은 기(氣)를 팽창(膨脹)시키고, 발산(發散), 생
장(生長)시킵니다.

이렇게 음도(陰道)의 정적세계(靜的世界)와 양도(陽道)의 동적세계(動的
世界)를 합쳐서 음양세계(陰陽世界)라 하며, 음양세계(陰陽世界)의 운동(運
動)을 음양동정(陰陽動靜)이라 하고, 내변작용(內變作用)과 외화작용(外化
作用)을 음양작용(陰陽作用)을 합니다.

음양(陰陽)의 이질적(異質的)인 두 기운(氣運)이, 서로 대립(對立)하고
의존(依存)하며 끊임없이 움직이는데, 하나가 커지면 하나가 작아지는
양적변화(量的變化)와, 극(極)에 이르면 다른 쪽으로 옮겨가는 질적변화

(質的變化)를 일으킵니다. 우주(宇宙)는 음양(陰陽)의 끊임없는 변화운동(變化運動)으로 영원히 순환무궁(循環無窮)합니다.

이것이 음양설(陰陽說)이고 일음일양지위도(一陰一陽之爲道)입니다.

### 오행(五行)의 생성(生成)

음양(陰陽)이 또 다시 각각 분합작용(分合作用)을 일으킴으로 다섯 개의 새로운 성질이 발생하게 되었으니 이것을 오행(五行)이라 합니다.

음양(陰陽)이 팽창(膨脹)과 수축(收縮)운동의 변화(變化)를 통해, 음(陰)과 양(陽)으로 분화되어 사상(四象)이 나타났는데, 목(木)·화(火)·금(金)·수(水)가 그것입니다. 이 사상(四象)은 정적이고 공간적인 개념을 말하는 것입니다. 이 사상(四象)을 돌리는 조화기운인 토(土)를 넣으면 오행(五行)이 됩니다.

음양(陰陽)이 우주만물(宇宙萬物)의 본질(本質)이므로, 음양(陰陽)의 분화, 발전된 모습인 오행(五行) 또한 우주만물(宇宙萬物)의 본질(本質)입니다. 이 다섯 개의 기운(氣運)이 서로 모이고 흩어지면서 우주만물(宇宙萬物)이 생성 소멸(生成消滅)하는 변화(變化)를 일으키므로, 지구위의 만물(萬物)의 성질(性質)을 따져보면, 모두가 오행(五行)의 성질이 아닌 것이 하나도 없습니다.

따라서 오행(五行)이란 음양운동(陰陽運動)으로 나타난 우주만물의 본질을 이루는 다섯 가지의 기운으로, 모이고 흩어지면서 우주만물이 생성 소멸(生成消滅)하는 변화를 일으키는 운동이 지속적으로 순환운행하는, 우주의 근본법칙입니다.

즉, 우주만물은, 토(土)의 중재를 받아 목화(木火)의 팽창운동(膨脹運動)과 금수(金水)의 수축운동(收縮運動)을 영원히 지속하는 오행운동(五行運動)으로 생장하고 소멸되며, 오행(五行)의 모이고 흩어지고, 많고 적음에 따라 그 성질이 결정되어 지므로, 오행(五行)은 우주만물의 변화(變化)와 자연계의 변화(變化)를 나타냅니다.

## ❷ 오행(五行)의 발생(發生)과 속성(屬性)

오행(五行)은 음양(陰陽)의 확장된 모습으로 존재합니다. 음양운동(陰陽運動)이 구체적으로 오행운동(五行運動)으로 펼쳐집니다. 음양(陰陽)이 체(體)라면 오행(五行)은 용(用)입니다. 음양(陰陽)이 기본이고 오행(五行)이 변화인 것입니다.

오행(五行)이란, 음양(水火)의 변화가 한 단계 더 세분화 된 것을 말합니다. 즉, 태극(太極)에서 음양(陰陽)이 나누어지고, 음양(陰陽)은 또 다시 음양(陰陽)으로 분화됩니다.

> 양(陽)의 음(陰)을 소양(小陽)으로 목(木)이라 합니다.
> 양(陽)의 양(陽)을 태양(太陽)으로 화(火)라 합니다.
> 음(陰)의 양(陽)을 소음(小陰)으로 금(金)이라 합니다.
> 음(陰)의 음(陰)을 태음(太陰)으로 수(水)라 합니다.

소양(小陽), 태양(太陽), 소음(小陰), 태음(太陰)을 조절하고 변화시키는 작용을 하는 것을 일러 토(土)라고 합니다.

음양(陰陽)운동인 팽창(膨脹)운동과 수축(收縮)운동으로 살펴보겠습니다.

태극(太極)의 움직임에 따라 음양(陰陽)이 나타나게 되는데 그 음양(陰陽)이 또 다시 갈라지고 합하여지는 분합(分合)작용을 일으킴으로, 다섯 개의 새로운 성질이 발생하는 것을 오행(五行)이라고 합니다.

우주는 오행(五行)을 통해 끊임없이 변하고 있는데, 그러한 변화 과정은 수축(收縮)과 팽창(膨脹) 운동 원리에 의한 것입니다.

삼라만상(森羅萬象)은 음(陰)과 양(陽)이 맞물려 있는 태극체로서, 양(陽)의 과정에서는 팽창(膨脹)을 하며 물질과 에너지를 흩고, 음(陰)의 과정에서는 물질과 기를 모으는 수축(收縮)작용을 합니다.

팽창(膨脹)은 양(陽)의 운동으로, 1단계는 수축(收縮)되었던 생명이 처음에 한 방향으로 뚫고 나오는 기운을 말하며, 목(木)이라 하고, 2단계는 목(木)을 통해 한 방향으로 뚫고 나온 생명이 사방팔방으로 무질서하게 흩어지며 성장하는 기운이며, 화(火)라고 합니다.

수축(收縮)은 음(陰)의 운동으로, 1단계는 한없이 흩어질 수 없는 상태까지 분열된 화(火)를 토(土)의 도움을 받아 거두어 수렴(收斂)하는 과정이며, 금(金)이라 하고, 2단계는 금(金)을 통해 수렴되면서 외부와 굳어진 것을 그 속까지 단단하게 응고시켜 한 점으로 뭉쳐 저장(貯藏)하는 과정이며, 수(水)라고 합니다.

이런 팽창(膨脹), 수축(收縮)의 네 가지 변화 과정이 쉽게 이루어질 것 같지만 그 이면을 들여다보면 고통 속에서 이루어지는 것을 알 수 있습니다. 이것은 팽창(膨脹)하는 목(木)과 화(火), 수축(收縮)하는 금(金)과 수(水)는 제각기 자기의 운동 상태를 고수하려는 성질 때문입니다. 이런 팽창(膨脹)과 수축(收縮)을 중재하여 부드럽고 순조롭게 변화되도록 도와주는 것이 토(土)입니다.

오행운동의 핵심은 토(土)의 중재를 받아 팽창(膨脹)과 수축(收縮)을 영원히 지속하는'수화운동(水火運動)'이라 할 수 있습니다.

수(水)가 분열 팽창하면 화(火)가 되고, 화(火)가 수렴 저장하면 수(水)됩니다. 수(水)가 화(火)로 분열 팽창하는 과정에서 목(木)이 생겨나고, 화(火)가 수(水)로 수렴 응축되는 과정에서 금(金)이 생겨납니다.

이처럼 오행의 변화는 수(水)가 목, 화, 금, 수(木,火,金,水)로 모습을 바꾸며 순환하는 과정으로 볼 수 있습니다. 그러므로 이 수화운동(水火運動)이 우주변화를 이루는 중심축이 됩니다.

수화(水火)가 음양(陰陽)의 변화운동을 통해 목화금수(木火金水)의 사상(四象)으로 펼쳐지면서 만물이 탄생, 성장, 수렴, 저장하는 봄, 여름, 가을, 겨울의 사계절 질서를 빚어내는 것입니다.

목(木)은 인간과 만물을 싹트게 하는 생명의 기운이고, 화(火)는 분열 성장시키는 기운이며, 금(金)은 만물을 수렴시키는 기운이고, 수(水)는 저장하는 기운입니다.

그러나 이 사상(四象)의 힘만으로는 만물이 태어나지도 자라지도 못하고, 성숙해서 열매를 맺지도 못합니다. 목화금수(木火金水), 이 네 가지 기운이 순환하면서 만물의 생명 창조 활동을 할 수 있게 하는 음양 (陰陽)의 상극(相剋)을 조화시키는 능력을 지닌 '변화(變化)의 본체(本體)' 기운이 있는데 그것이 바로 토(土)입니다.

　오행(五行)은 정신적(精神的)인 형상과 물질적(物質的)인 형상, 즉 무형 (無形)과 유형(有形)을 모두 포함하므로, 모든 사물에 적용됩니다. 우주 만물이 모두 다 오행(五行)으로 이루어져 있습니다. 그러므로 우주만물 이 비록 그 수에서 이루 다 헤아릴 수 없이 많다 하더라도, 어느 하나할 것 없이 오행(五行)의 성질이 아닌 것이 하나도 없습니다.

　우주만물(宇宙萬物) 즉 자연과 인간은, 이 오행(五行)의 모이고 흩어지 는 오행(五行)의 소장(消長) 활동에 의해서 생장하고 소멸되는 것입니 다. 그리고 오행(五行)이 있고 없고, 많고 적음에 따라 그 성질이 결정되 어집니다.

오행의 발생

| 氣 | 陽 | 소양(小陽) | 목(木) |
|---|---|---|---|
| | | 태양(太陽) | 화(火) |
| | 中和 調節 作用 | | 토(土) |
| | 陰 | 소음(小陰) | 금(金) |
| | | 태음(太陰) | 수(水) |

木火土金水의 특성

| 陽 | 팽창 | 小陽 | 木 생명이 뚫고 나오는 첫 기운 |
|---|---|---|---|
| | | 太陽 | 火 생명이 최대로 분열하며 성장(成長)하는 기운 |
| | | | 土 수축과 팽창을 중재(仲裁)하여 부드럽고 순조롭게 변화가 이루어지도록 도와주는 기운 |
| 陰 | 수축 | 小陰 | 金 생명을 수렴(收斂)하는 첫 기운 |
| | | 太陰 | 水 생명이 완전히 수렴된 한 점으로 뭉쳐 저장하는 기운 |

## ☯ 문왕팔괘(文王八卦)와 오행(五行)

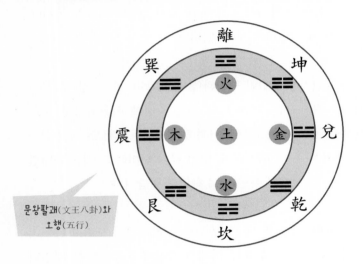

문왕팔괘(文王八卦)와
오행(五行)

오행(五行)의 이해를 돕기 위해 문왕팔괘도(文王八卦圖)를 빌려와서 설명을 해 보겠습니다.

> 감위수 감중련 (坎爲水 坎中連)　　진위뢰 진하련 (震爲雷 震下連)
> 리위화 리허중 (離爲火 離虛中)　　태위택 태상절 (兌爲澤 兌上絶)

감괘(坎卦)는 수(水)를 말하며(坎爲水), 그 모양이 아래와 위는 끊어져 있고 중간은 이어져 있습니다(坎中連). 끊어진 상(象)은 음(陰)을 나타내며, 이어진 상(象)은 양(陽)을 나타냅니다. 중간에 있는 양(陽)이 아래와 위에 있는 음(陰)에 쌓인 모습입니다.

진괘(震卦)는 우뢰(雷)를 의미하며(震爲雷), 그 모양이 위와 중간은 끊어져 있고 아래는 이어져 있습니다(震下連). 위와 중간에 두 개의 음(陰)이 있는데 밑에서부터 양(陽)이 올라오는 모습입니다. 목기(木氣)는 뚫고 나오는 분출(噴出)하는 기운인데, 진괘(震卦)에서 음(陰)을 뚫고 나오는 목(木)을 느껴봅니다.

리괘(離卦)는 화(火)를 말하며(離爲火), 그 모양이 아래와 위는 이어져 있고 중간은 끊어져 있습니다(離虛中). 감괘(坎卦)와는 반대의 모습입니다. 중간의 음(陰)이 위아래의 양(陽)에게 둘러싸여진 모습입니다.

태괘(兌卦)는 연못(澤)을 의미하며(兌爲澤), 그 모양이 중간과 아래는 이어져 있고 위는 끊어져 있습니다(兌上絶). 중간과 아래에 양(陽)이 있는데 음(陰)이 양(陽)을 위에서부터 감싸면서 내려옵니다. 금(金)은 수렴(收斂)하는 기운이고, 그 외부를 단단하게 만드는 역할을 하는데, 양(陽)를 감싸는 금(金)의 마음을 느껴봅니다.

## ❸ 오행(五行)의 모습

음양(陰陽)이 분화하여 오행(五行)이 발생하였는데, 그 모습들을 살펴보도록 하겠습니다.

음(陰)은 추운 겨울이며 밤에 해당하고, 양(陽)은 더운 여름이며 낮에 해당합니다. 여기서 다시 팽창(膨脹)과 수축(收縮)운동에 의한 변화가 이루어지는데, 이 변화(變化)를 통해 오행(五行)의 기운이 작용을 합니다.

양의 운동인 팽창(膨脹)의 단계에서 1단계를 소양(小陽)으로 목(木)이라 하며 양기(陽氣)의 시작이고, 2단계를 태양(太陽)이며 화(火)이며 양(陽)의 기운이 왕성한 것이고, 음의 운동인 수축(收縮)의 단계에서 1단계를 소음(小陰)으로 금(金)이라 하며 음기(陰氣)의 시작이고, 2단계를 태음(太陰)으로 수(水)라고 하며 음(陰)의 기운이 왕성한 것입니다.

이런 팽창(膨脹)과 수축(收縮)을 중재하여 부드럽고 순조롭게 변화되도록 도와주는 것이 토(土)라고 하였습니다.

계절에 비유하면, 목(木)은 양의 기운이 태동하는 봄을 상징하고, 화(火)는 양의 기운이 가장 강한 여름을 상징하고, 금(金)은 음의 기운이 시작되는 가을을 상징하고, 수(水)는 음의 기운이 가장 강한 겨울을 상징하고, 토(土)는 계절이 바뀌는 환절기에 해당합니다.

방향에 비유하면, 목(木)은 동(東)쪽을, 화(火)는 남(南)쪽을, 금(金)은 서(西)쪽을, 수(水)는 북(北)쪽 나타내며, 토(土)는 중앙(中央)을 나타냅니다.

오행의 발생과
계절과 방위의 배치

| 氣 | 陽 | 소양(小陽) | 목(木) | 봄 | 東 |
|---|---|---|---|---|---|
| | | 태양(太陽) | 화(火) | 여름 | 南 |
| | | 中和 調節 作用 | 토(土) | 사계절 | 中央 |
| | 陰 | 소음(小陰) | 금(金) | 가을 | 西 |
| | | 태음(太陰) | 수(水) | 겨울 | 北 |

| 오행의 갖가지 형상들 | | | | | |
|---|---|---|---|---|---|
| | 木 | 火 | 土 | 金 | 水 |
| 기본형 | 나무 | 불 | 흙 | 쇠 | 물 |
| 성질 | 생성 | 성장,분열 | 조화,완성 | 수렴,결실 | 응집,휴식 |
| 방향 | 東 | 南 | 中央 | 西 | 北 |
| 계절 | 봄 | 여름 | 사계절 | 가을 | 겨울 |
| 하루 | 아침 | 한 낮 | 고루 분포 | 저녁 | 한 밤 |
| 색깔 | 靑 | 赤 | 黃 | 白 | 黑 |
| 五變 | 生 | 長 | 造化 | 斂 | 藏 |
| 기후 | 바람(風) | 더위(署) | 장마(濕) | 맑음(燥) | 추위(寒) |
| 숫자 | 3,8 | 2,7 | 5,10 | 4,9 | 1,6 |
| 맛 | 신맛(酸) | 쓴맛(苦) | 단맛(甘) | 매운맛(辛) | 짠맛(鹹) |
| 오장 | 肝臟 | 心臟 | 脾臟 | 肺臟 | 腎臟 |
| 육부 | 쓸개 | 소장, 삼초 | 위 | 대장 | 방광 |
| 인생 | 소년기 | 청년기 | 중년기 | 장년기 | 노년기 |
| 얼굴 | 눈 | 혀 | 입 | 코 | 귀 |
| 五常 | 仁 | 禮 | 信 | 義 | 智 |
| … | … | … | … | … | … |

오행(五行)의 여러 형상들

# ❹ 오행(五行)의 분석

오행(五行)을 바라볼 때, 그 오행(五行)의 기운(氣運)의 성질(性質)과 그 기운(氣運)에 의해 이루어진 자연형질(自然形質)을 다 같이 살펴보아야 제대로 파악할 수 있습니다.

오행법칙(五行法則)에서의 목(木)이라는 하는 것은 본질적(本質的)인 면을 나타내며, 물질(物質)의 변화현상(變化現象) 자체(自體)이고, [나무]

53

라고 하는 것은 양적(量的)인 면을 나타내며, 변화(變化)의 완결(完決) 즉, 변화를 완결한 응고되어 있는 것을 말하기 때문입니다. 그러므로 목(木)이나 [나무], 어느 한 쪽만을 본다는 것은 당치 않은 말입니다.

일반적으로 오행법칙(五行法則)이라고 하는 것은 본질적(本質的) 법칙(法則)이며, 관념(觀念)의 산물인데, 이것이 현실적(現實的)인 사물(事物)과 부합(附合)되지 않는다면 오행(五行)이 '변화(變化)의 법칙(法則)'의 진리(眞理)가 될 수 없고, 단지 공허(空虛)한 메아리가 될 뿐입니다.

[나]는 누구인가요? 마음이 [나] 인가요? 육체가 [나] 인가요? 마음과 육체가 함께 만들어 낸 것이 바로 [나] 입니다. 사람이 사람으로서 제 구실을 하려면, 정신(精神)과 육체(六體)가 모두 다 온전해야 합니다.

목화토금수(木火土金水)라는 것은 나무나 불, 흙, 쇠, 물과 같은 자연형질(自然形質) 자체를 말하는 것도 아니고, 이것을 배제(排除)한 것도 아닙니다. 왜냐하면 목화토금수(木火土金水)의 실제에는 형(形)과 질(質)의 두 가지가 공존(共存)하고 있기 때문입니다. 이렇게 함으로써, 오행(五行)의 법칙(法則)이 우주만물(宇宙萬物)의 생성(生成), 소멸(消滅)하는 일반적 법칙(法則)이 될 수가 있는 것입니다.

오행운동(五行運動)이란 것은 목화토금수(木火土金水)의 순서로 발전(發展)하는 만물(萬物)의 운동형태(運動形態)입니다. 그것을 피상적으로 보면 만물(萬物)은 천변만화(千變萬化)하지만, 그 내용을 잘 살펴보면 물의 5단계(木火土金水) 운동(運動)인 것을 알 수 있습니다.

앞에서 오행(五行)에 대한 발생 원리와 모습에 살펴보았습니다. 원리와 모습을 바탕으로 오행(五行)이 가지는 성정(性情)을 알아보도록 하겠습니다.

우리가 알고자 하는 주된 목적은 오행(五行)의 성정(性情)을 알고서, 우리의 생활에 접목하는 것이니, 이번 항목이 오행(五行)을 공부하는 주된 이유가 되겠습니다.

오행(五行)의 생성과정은 다음과 같다.

### (木) 변화의 1단계

양기(陽氣)의 시작이고, 수(水)에 뿌리를 박고서 수축(收縮)되었던 생명(生命)이 처음에 한 방향으로 뚫고 나오는 기운을 말합니다. 만물의 탄생이 이루어집니다.

목(木)은 분발(奮發)하는 기상(氣象)을 대표적으로 말하는데 이것을 일러 생(生)이라고 합니다. 그 모습을 용력(勇力), 용출(湧出), 분출(噴出)이라고 말하고, 목기(木氣)의 성질(性質)을 나타냅니다. 날째고 용감하게 있는 힘을 다 쓰는 모양이고, 용감하게 뛰쳐나오고, 뿜어져 나오는 그런 뜻입니다. 이것으로 힘이 집중(執中)되어 있는 목(木)의 활동 상태를 나타냅니다.

목(木)은 힘이 집중(執中)되어 있는 상태입니다. 왜 그런가 하면, 내부에 축적(蓄積)되었던 양(陽)이 외부(外部)로 용출(湧出)하려고 하지만, 외부를 포위한 음형(陰刑)의 세력이 아직 너무 강하여서, 내부에 포위당하고 있는 일양(一陽)이 분출(噴出)을 하지 못하고 있는 상태라면, 잠복(潛

伏)한 내부에 있는 양(陽)은 더욱 그 힘이 강화되기 마련입니다. 음(陰)은 밖에서 안으로 압력(壓力)을 가하고, 양(陽)은 안에서 밖으로 뛰쳐나가려고 반발(反撥)하는 모순(矛盾)과 대립(對立)의 과정이므로, 이와 같이 목기(木氣)는 가장 많은 억압(抑壓)을 받는 것이므로 그 힘이 가장 강한 것입니다. 그 힘이 탈출할 때의 반응을 목(木)의 작용(作用)이라고 합니다.

목(木)은 수(水)를 발판으로 하는 것이므로 힘과 욕심이 강(强)합니다. 수(水)란 원래 응고(凝固)가 심하여서 용력(勇力)을 내부 깊숙이 감추고 있을 뿐이고 뜻을 이루어 내지는 못하나, 그것도 때가 이르면 목기(木氣)로 변질되면서 그 힘이 활동하기 시작하는 것입니다. 응고(凝固)를 위주로 하던 수기(水氣)도 이때가 되면 점점 약화(弱化)되고, 양기(陽氣)는 어둠 깊은 곳으로부터 탈출(脫出)하게 되므로, 여기에서 양(陽)의 활동(活動)은 시작하는 것이니, 이것이 바로 목기(木氣)의 활동이며 힘인 것입니다.

수기(水氣)를 바탕으로 발전하던 목기(木氣)는 그가 점점 발전하는 동안에 이미 수기(水氣)로써 조성해 놓았던 튼튼한 형질(形質)은 점차로 엷어지게 되면서 때가 되면 화기(火氣)로 화(化)하게 되는 것입니다. 목(木)은 수(水)의 형질(形質)이 운동하는 최초(最初) 단계(段階)의 모습입니다.

### 火 변화의 2단계

양(陽)의 기운이 왕성한 것이고, 목기(木氣)을 통해 한 방향으로 뚫고 나온 생명이 사방팔방으로 무질서하게 흩어지며 성장(成長)하는 기운입니다.

화기(火氣)는 분산(分散)을 위주로 하는 기운(氣運)입니다. 목(木)의 형태로 출발한 우주(宇宙)의 변화(變化)는, 목기(木氣)가 다하려고 할 때에 기운(氣運)의 전환(轉換)을 가져오는데 그 기운을 화(火)라고 하며, 변화 작용의 제2단계인 것입니다.

화기(火氣)가 분열하면서 자라나는 작용은 목(木)에 기반을 두고 있으며, 화기(火氣)가 발전(發展)하는 단계에서는 목기(木氣)의 용출(湧出)이라는 특징은 이미 소진(消盡)되고, 분열(分列)이라는 새로운 특징으로 바뀌지게 됩니다. 그러므로 목(木)일 때의 특징이던 만물의 힘이나 충실했던 내용은 외관적인 수려(秀麗)와 공허한 허식(虛飾)으로 바뀌지게 되는 것입니다.

목(木)의 경우는 내부(內附)에 응고(凝固)되었던 양기(陽氣)가 오직 외부(外部)를 향해서 머리를 든 정도였지만, 화기(火氣)의 때에 이르면 응고(凝固)되었던 양기(陽氣)의 상당한 부분까지 분열(分列)하고 있으므로, 수기(水氣)로 인해 만들어진 튼튼한 형질(形質)은 그 힘이 점점 약해지고 있는 것입니다. 화기(火氣)의 때가 되면, 외부(外部)의 형(形)과 내부(內附)의 질(質)이 서로 투쟁(鬪爭)함에 있어서 외형(外形)이 점점 밀리면서 확장(擴張) 분열(分列)하게 되는 것입니다. 형(形)과 질(質)은 언제나 그 세력(勢力)이 병행(竝行)하는 것이 아니고, 소장(消長)하면서 외면(外面)을 형성(形成)합니다.

이와 같은 상태를 자연계에서 관찰하여 보면, 이것은 꽃이 피고 가지가 버려지는 때이므로, 이때는 만화방창(萬化方暢)한 아름다움은 위세(威勢)를 최고도로 뽐내는 때이지만 그 내용은 이미 공허(公許)하기 시

작하는 때이며, 사람으로 치자면 큰소리치는 사람치고 실속 있는 사람
이 없는 법입니다.

### (土) 변화의 3단계

화기(火氣)가 분열하고 분열하다가 더 이상 분열할 수 있는 능력을
상실하고 정지해 있을 때, 그 정지(停止)해 있는 상태의 모습입니다.

토(土)의 자리는 양운동(陽運動)의 과정을 음운동(陰運動)으로 전환시
키는 우주변화(宇宙變化)에 있어서 큰 마디입니다. 양(陽)에서 음(陰)으
로 우주의 변화가 꺾어지는 자리이므로 토(土)가 순조롭게 변화되도록
중재(仲裁)를 해야 합니다.

우주(宇宙)가 음(陰)과 양(陽)의 운동을 하는데 이 우주가 영원히 순환
할 수 있게 해주고, 이질적인 음(陰)과 양(陽)의 기운이 서로 조화 되어
돌아가게 하는 그 조화의 주체가 토(土)입니다. 토(土)가 있기 때문에
이 우주는 영원할 수 있는 것입니다. 그러므로 토(土)는 우주(宇宙) 조화
(造化)의 본체(本體)가 됩니다.

토기(土氣)란 것은 그 성질이 화순(和順)하여서 불편부당(不偏不黨)하
는 절대(絶對) 중화지기(中和之氣)를 말하는 것입니다. 다시 말하면 생장
(生長)인 발전(發展)의 편도 아니고, 수장(收藏)인 성수(成遂)의 편도 아
닙니다. 그런즉 그것은 동적(動的)인 양작용(陽作用)을 하는 것도 아니
고 정적(靜的)인 음작용(陰作用)을 하는 것도 아닌 성질이므로 이것을 중
작용(中作用)이라 합니다. 토(土)의 이와 같은 중작용(中作用)으로써 목
화(木火)의 무제한한 생장(生長)을 제한하는 것입니다. 토(土)는 그 밖에
만물을 번식(繁殖)시키며 또는 살찌게(肥大) 하는 주체이기도 합니다.

토기(土氣)의 기반(羈絆)은 화기(火氣)가 무한분열(無限分列)할 때 생기는 것입니다. 그러므로 토(土)는 유형(有形)이 형체가 없어지게 되면, 이것을 발판으로 다시 유(有)의 기초(基礎)를 창조(創造)하는 지점이므로 이것을 중(中)이라고 하는 것입니다.

목화(木火)의 과정에서 생장(生長)과 분열(分列)을 하던 것이, 토(土)에 이르러서 중지(中止)되고 마는 것은, 생장(生長)은 성숙(成熟)을 전제로 하는 것이기 때문입니다. 그러므로 목화(木火)의 생장(生長)과 분열(分列)하던 것을 금수(金水)로 통일(統一)하여야 합니다. 즉 화기(火氣)의 염열(炎熱)은 금수(金水)로써 종합(綜合)해야만 성숙(成熟)을 돕게 되는 것입니다.

그러나, 오행(五行)의 성질 가운데에서, 금(金)과 화(火)는 서로 용납(容納)할 수 없는 성질입니다. 그러므로 발전(發展)이 끝나게 되어 금(金)이 화(火)를 포장하려고 하더라도, 화(火)의 염열(炎熱)은 금기(金氣)를 충분히 거부(巨富)할 능력이 있습니다. 그러므로 어떠한 다른 기운(氣運)이 중재(仲裁)하지 않으면 금(金)이 화(火)를 도저히 포장(包裝)할 수 없습니다. 이를 금화상쟁(金火相爭)이라 합니다.

이와 같이 토(土)의 자연성(自然性)에 의해서 목화(木火)의 생장(生長)과 금수(金水)의 수장(收藏)이 조절되는데, 이것이 변화의 제3단계입니다.

### 金 변화의 4단계

토(土)를 지나서 금(金)으로 가는데, 금(金)은 음기(陰氣)의 시작이고, 한없이 흩어질 수 없는 상태까지 분열된 화(火)를 토(土)의 도움을 받아 거두어 수렴(收斂)하는 단계입니다.

금기(金氣)는 목기(木氣)와 반대 작용을 하면서, 양(陽)을 포장합니다. 그 기반(基盤)을 토(土)에 두고 있으며 그 성질은 견렴(堅斂)을 위주로 합니다. 즉 그 표면을 딱딱하게 하여 수렴(收斂)하려는 것을 말합니다. 그리고 금기(金氣)는 다음에 올 응고(凝固) 작용의 기본(基本)을 이루어 놓습니다.

우주(宇宙)의 변화(變化)는 토기(土氣)의 공정무사(公正無私)한 중작용(中作用)으로써, 목화(木火)의 작용에 종지부를 찍게 하고, 거기서부터 금수(金水)가 대체하여서 통일작용(統一作用)을 하는 것입니다. 금(金)은 통일(統一) 단계로 접어드는 제1단계인 동시에 변화의 제4단계인 것입니다.

금(金)과 목(木)은 그 성질이 전혀 반대입니다. 목(木)은 내부에 있던 양(陽)이 표면으로 용출(湧出)하려는 발전(發展)의 최초 단계이고, 금(金)은 바깥의 양(陽)이 다시 안속으로 잠복(潛伏)하려는 수장(收藏)의 최초 단계입니다. 만물(萬物)은 봄에는 양(陽)이 표면으로 발산(發散)하려고 하여, 밖의 표면이 부드럽고 연하게 되지만, 가을에는 양(陽)이 내부에 잠복되어 고요히 잠들려고 하니, 밖의 표면이 점점 딱딱하여져서 양기(陽氣)를 포장할 준비를 하는 것입니다.

다시 말하면 금기는 표면을 딱딱하게 변화(變化)시키면서 양(陽)을 포용하는 역할을 하는 것이지, 결코 그 속까지 견고(堅固)하게 하는 것은 아닙니다. 그러므로 금기(金氣)가 작용할 때에는 양(陽)의 성질(性質)이 강(强)하다고 보는 것입니다.

### (水) 변화의 5단계

음(陰)의 기운이 왕성한 것으로, 금(金)을 통해 수렴되면서 외부의 굳어진 것을 그 속까지 단단하게 응고시켜 한 점으로 뭉쳐 저장(貯藏)하는 기운입니다.

만물(萬物)의 수장작용(收藏作用)은 토기(土氣)와 금기(金氣)의 도움을 받아서, 수(水)에 이르러서 비로소 통일(統一)을 완수(完遂)하는 것입니다. 금기(金氣)는 표면을 수렴(收斂)하는 일을 하였지만, 수기(水氣)를 거친 후에라야 그 내부의 깊은 곳까지 응고(凝固)하게 되는 것입니다.

그러므로 양(陽)은 완전 수장(收藏)되어서 만물(萬物)의 생명(生命)을 창조(創造)하는 것인데, 이것은 인간에 있어서는 정(精)이라 하고 식물계에 있어서는 핵(核)이라고 하는 것입니다.

다시 말하면, 수기(水氣)는 응고(凝固)하여 형체(形體)를 만들고, 형체(形體)안에는 양(陽)이 완전 수장(收藏)되어 정(精)과 핵(核)을 만듦으로써, 만물(萬物)의 생명(生命)을 창조(創造)합니다. 즉 수(水)는 통일(統一)된 자리이고, 분열(分列)의 기반(基盤)입니다. 수기(水氣)는 삼라만상(森羅萬象)을 창조(創造)함에 있어서, 형체(形體)와 정신(精神＝핵[核])을 만드는 두 가지 요소를 모두 지니고 있습니다. 이것이 변화의 5단계입니다.

목기(木氣)가 발(發)하는 힘이 많다는 말은, 수(水)의 응고(凝固) 작용이 가중(加重)되어서 그 속에 있는 양기(陽氣)가 압력(壓力)을 많이 받아 반발(反撥)하는 힘이 세진다는 말입니다. 따라서 수(水)의 응고(凝固) 작용이란 곧 생(生)의 원동력(原動力)이라는 말이 됩니다.

61

압력(壓力)을 많이 받아 반발(反撥)하는 힘이 세진, 속에 있는 양기(陽氣)는 외부의 압력(壓力)과의 모순(矛盾)과 대립(對立)을 일으키면서 발전(發展)하는데 이 모두가 수(水)에서 이루어지는 것입니다. 그러므로 수(水)는 자기를 발전(發展)시켜서 청초한 봄과 화려한 여름을 꾸며내며 장엄한 가을과 엄숙한 겨울을 만들어 내게 됩니다. 만물(萬物)의 활동(活動)이란 것은 곧 수의 활동(活動)임을 알 수 있습니다.

음양(陰陽)이 분화된 오행(五行)이 목화토금수(木火土金水)로 변화의 단계를 거치면서, 생성(生成), 성장(成長), 수렴(收斂), 저장(貯藏)하는 원리를 음양오행(陰陽五行)의 운동법칙이라 하며, 우주의 모든 변화가 이 법칙 밖에서는 일어날 수가 없습니다.

오행(五行)에서 목(木)과 화(火)는 금(金)과 수(水)에 비해 양(陽)적인 성질을 가지고 있고, 금(金)과 수(水)는 목(木)과 화(火)에 비해 음(陰)적인 성질을 가지고 있습니다.

토(土)는 양(陽)적인 목화(木火)와 음(陰)적인 금수(金水)를 도와서 연결해주는, 중재(仲裁)하는 성분으로 음양(陰陽)을 다 가진 중성적 성분입니다. 그러므로 음양(陰陽) 모두의 성질을 갖고 있다고 보겠습니다.

특성을 간단하게 살펴보자.

- 木 : 뻗어나가려는 의지, 의욕, 성장 등을 상징합니다.
- 火 : 타오르고 솟아오르는 열정, 정열, 자신감 등을 상징합니다.
- 土 : 중재하고 포용하며 중용, 고집, 끈기 등을 상징합니다.
- 金 : 안으로 강하게 다지는 의지, 절제, 결단 등을 상징합니다.
- 水 : 계속 흐르고 스며드는 본능, 욕망, 생각 등을 상징합니다.

행동 형태를 한 마디로 표현을 해 봅니다.

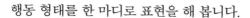

- 목 : 추진력
- 화 : 폭발력
- 토 : 포용력
- 금 : 결단력
- 수 : 사고력

## 1) 목(木)

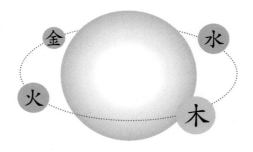

음양(陰陽)에서 양(陽)의 팽창(膨脹)운동에 속합니다. 양(陽)의 팽창(膨脹)운동에서 소양(小陽)이며, 양기(陽氣)의 시작이고, 생명(生命)이 처음에 한 방향으로 뚫고 나오려는 성질입니다.

하루 중에 새벽에 해당하고, 계절로서는 봄이며, 방향은 동쪽을 나타내며, 색은 청(靑)색입니다.

인생에 있어서는 어린 싹이 트는 소년기를 나타내며, 오상(五常)은 인(仁)입니다.

인체에서는 오장(五臟)중에 간(肝)에 속하고, 육부(六腑)중에 담(膽)이 여기에 속하며, 맛은 신맛입니다. 담(膽)의 기능이 저하되면 눈이 노랗게 되는 것을 볼 수 있는데 이것은 간(肝)과 담(膽)이 밀접한 관계가 있

기 때문입니다. 그래서 얼굴에서 눈이 여기에 속하고 간(肝)이 나쁘면
성격이 급해지고 화를 잘 내기 때문에 감정에서는 성냄, 노여움(怒)에
속합니다.

## ☯ 물상으로 본 오행 (五行)

목(木) 오행(五行)은 형상에 비유한다면 나무입니다.

나무는 뿌리를 땅에 두고 위로 곧게 자라는 성질과 옆으로 퍼지면서
덮는 성질을 가졌다하여 곡직(曲直)이라 합니다.

일방적으로 사방으로 발산하는 양(陽)의 오행인 화(火)오행과는 달리
나무는 일정한 형상을 지니고 있습니다.

나무는 오행(五行)중에서 유일한 생명체입니다. 봄이면 새싹이 굳은
땅을 뚫고 나오기 때문에 시작, 강인한 생명력, 어려운 환경을 극복하
며 자라는 성질을 갖고 있습니다.

오행(五行)의 다른 구성 요소들에 비해 주위 환경의 영향을 많이 받
습니다. 곧게 자라나려고 하지만 장애물이 있으면 성장을 멈추는 것이
아니라 주어진 환경에 거스르지 않고 순응하며 그 상황을 받아들이는
적응력이 있습니다. 외부의 환경에 따라서 구부러진 모습으로 자랄 수
도 있고 곧게 자랄 수도 있습니다. 하지만 꺾어지면 더 이상 자라지 못
하고 죽고 맙니다.

나무가 위로 성장하고 사방으로 두루 퍼져 가지가 무성해지는 것
처럼 나고 자람, 위로 오름, 뚫고 나아감, 넓게 퍼짐 등의 특성이 있습
니다.

## 목(木)의 성격

목(木)의 성분인 생명의 시작과 한 방향으로 뚫고 나가려는 발전(發展)과 전개(展開)하려는 성질과 소년의 속성인 순수함과 발랄함과 인(仁)의 자애(慈愛)를 바탕으로 살펴보겠습니다.

시작을 의미합니다.
시작을 잘 하기에 일을 잘 벌이기도 합니다.
시작을 잘 하지만, 마무리가 신통치 않습니다.
꿈과 희망이 있습니다.
포부가 크고, 이상적입니다.
의욕이 넘칩니다.
희망이 있기에 욕심이 많고, 항상 일에 집착을 합니다.
언제나 앞장서려는 기질이 강한 우두머리 성격입니다.
항상 선두를 희망하고, 앞으로 향해서 돌진합니다.

앞으로만 전진(前進)하려고 합니다.
앞날만 생각하는 미래지향적입니다.
한 방향으로 만 가려는 집중력과 의지와 적극성이 있습니다.
한 방향으로 만 가려는 비교적 단순한 면이 있습니다.
그러기에 때로는 융통성이 없습니다.

나아가려는 성격이 강하므로 반면 자제하는 힘이 약합니다.
사소한 억압에도 힘들어 합니다.

제2장 오행(五行)

하고 싶은 것을 자제하는 힘도 부족합니다.
인내심이 부족합니다.


오행 중 유일한 생명체입니다.
그래서 생기와 활기가 있습니다.
주위환경에 민감합니다.
의존하려는 성향이 강합니다.
난관을 만나면 쉽게 포기하는 나약함이 있습니다.
한 번 꺾이면 좌절을 잘 합니다.
성공과 실패가 주위환경에 달려있다고 생각합니다.
실패하면 남 탓을 잘합니다.


목(木)은 인(仁)을 본성으로 합니다.
착한 소년처럼 따스한 심성과 천진난만함이 있습니다.
순수하기도 합니다.
가슴이 따뜻하고 다정다감하고 상냥한 편입니다.
풍부한 감성도 가지고 있습니다.
누구와도 잘 어울릴 수 있는 성격입니다.
주위사람들과 화합하는 능력을 가지고 있습니다.


### 🌀 목(木)이 지나치게 약한 경우    [ 소극적 · 폐쇄적 · 자기방어 · 아집(我執) ]

　목(木)은 추진력(推進力)을 생명으로 하는데, 추진력(推進力)이 매우
약하다고 보겠습니다. 그래서 매사 소극적이고, 의욕도 없고, 끈기도 부
족합니다. 일단 시작한 일을 추진하려면 다른 하고픈 일이 생기더라도

참을 줄 알아야 되는데 목(木)이 지나치게 약해 그렇지 못하고, 이것도 좀 하다가, 저것도 좀 하다가 그렇습니다. 그래서 절제력도 부족하고 일관성도 없습니다.

처세에 있어서, 목(木)은 어짐(仁)을 나타내는데, 인자함이 없습니다. 마음이 어질지 못하므로 인색합니다. 절제력과 일관성이 없다 보니 사리판단도 정확하지 못하게 되므로 오해를 잘 하게 됩니다.

소극적이다 보니 나만의 울타리를 쌓고, 그 안에서 살기를 바랍니다. 나만의 생각을 가지고 삽니다. 아집(我執)으로 살아갑니다. 대인관계에서 인정을 받지 못하므로 나도 너 만큼 잘났다 하는 오기(傲氣)가 발동합니다. 그러므로 아집(我執)과 오기(傲氣)로 살게 됩니다.

그러나 사주에 수(水)가 있어 수생목(水生木)하여 일간(日干) 목(木)을 도와준다면 이러한 단점은 줄어듭니다.

일간(日干) 목(木)이 지나치게 약한데 사주에 금(金)이 지나치게 강하면 금극목(金克木)하여 나무가 안정을 하지 못하므로 한 곳에 오래 있지 못하고, 자신의 주관적인 삶을 살지 못한 채 방황하는 생(生)을 보내게 됩니다.

### 목(木)이 적당하게 강한 경우

이성적인 판단력이 뛰어나고 마음이 어질므로 베푸는 것을 좋아하며, 곧으면서도 대인관계가 원만하여, 두루 넓게 환영받는 사람입니다.

### 목(木)이 지나치게 강한 경우　　　　　[ 자신의 주장과 고집·고독, 극과 극 ]

추진력(推進力)이 너무 강하다 보니, 반대하는 사람들에게 또는 한 번 더 생각을 해 보자고 하는 사람들에게 나를 믿고 따라 오라고 땡 고집을 부립니다. 내 생각을 무조건 밀어 부칩니다. 하면 된다는 자신감이 있습니다. 내생각과 맞지 않는 사람이 밉습니다. 그래서 판단력이 한쪽으로 치우친 편견(偏見)을 갖게 되고, 고집(固執)과 자만심이 넘치며, 질투심(嫉妬心)을 가지고, 독선(獨善)적이 됩니다. 독선적이다 보니 주위에 사람이 없고 고독(孤獨)합니다.

때로는 일을 추진함에 있어서 필요하다면, 어떤 것은 툴툴 털어 버리고 어떤 것은 꼼꼼하게 챙기기도 합니다.

따라서 독선이 강하고 지나친 자신과 자만으로 실패하기 쉽고, 대범함과 세심함이 극단적으로 나타납니다. 그러나 사주에 화(火)가 있어 목생화(木生火)하여 너무 강한 목(木)기운이 순조로이 발산된다면 이러한 단점은 줄어듭니다.

일간(日干) 목(木)이 지나치게 강한데 사주에 토(土)가 없으면 목(木)이 토(土)에 뿌리를 내리지 못하므로 삶이 안정적이지 못하고 자아도취 속에서 방황과 실패의 연속인 생을 살게 됩니다.


## 2) 화(火)

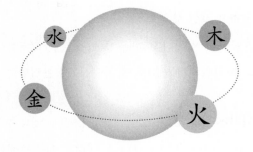

음양(陰陽)에서 양(陽)의 팽창(膨脹)운동에 속합니다. 양(陽)의 팽창(膨脹)운동에서 태양(太陽)이며, 양(陽) 기운이 왕성한 것이고, 한 방향으로

뚫고 나온 생명이, 끊임없이 성장(成長)하기 위해 사방팔방으로 무질서하게 흩어지는 성질입니다.

하루 중에 뜨거운 태양이 내리쬐는 한 낮에 해당하고, 계절로서는 여름이며, 방향은 남쪽을 나타내며, 색은 적(赤)색입니다.

인생에 있어서는 수목이 무성하게 우거지는 청년기를 나타냅니다. 오상(五常)은 예(禮)입니다.

인체에서는 오장(五臟)중에 심장(心臟)이 여기에 속하고, 육부(六腑)에서는 소장(小腸)이 여기에 속합니다. 맛은 쓴맛이고, 심장의 기능이 상승되면 많이 웃기 때문에 감정에서는 기쁨(喜)이고, 얼굴에서는 혀(舌)가 이에 속하며, 혀끝이 빨간 사람은 심화(心火)가 있다고 할 수 있습니다.


## 물상으로 본 오행

화(火)는 불이나 태양을 나타냅니다. 불은 위로 타오른다 하여 염상(炎上)이라 합니다. 불은 태워 버리는 성질, 분열, 발산, 폭발 등의 특성이 있습니다.

같은 양(陽)의 성분인 목(木)이 일정한 형상을 지니고 있는 점에 비해, 정해진 형태가 일정하지 않고 불규칙적인 모습을 하고 있습니다.

불은 매우 급하게 움직이고, 훨훨 타는 성질을 가지고 있어서 강한 분산력으로 우주 공간에 흩어지려는 경향이 강합니다.

화(火)는 지구상에 존재하는 모든 동식물에게 따뜻한 기운을 제공하고 어둠을 밝혀서 만물이 생존할 수 있는 환경을 조성해 줍니다. 화(火)는 언 땅을 녹여 만물이 태어나게 하고, 나무가 자라서 무성한 수풀을

이루게 합니다. 화(火)는 목(木)의 기운을 크게 발전시키는 힘의 원천이
나 수분을 고갈시켜 만물을 죽이기도 합니다.

화(火)는 쇠를 녹여 인간에게 필요한 보석이나, 농기구, 생필품 등 도
구를 만들기도 하지만, 인간을 해치는 무기를 만들기도 하는 것이 화
(火)입니다.

## 화(火)의 성격

화(火)의 성분인 타오르고 솟아오르며, 한 방향으로 뚫고 나온 생명
이 성장하기 위해 사방팔방으로 무질서하게 흩어지는 확장(擴張)과 팽
창(膨脹)하려는 성질과 청년의 속성인 정열과 자신감과 예(禮)의 예의를
바탕으로 살펴보겠습니다.

정열을 의미합니다.
진취적이고 용감하며 적극적인 성격과 행동이 나타납니다.
급한 성격을 가지고 있습니다.
과격한 모습을 보일 때도 있습니다.

불은 밝음을 의미합니다.
언제나 명확하게 구분을 해야 직성이 풀립니다.
모든 것을 분명하게 처리합니다.
옳으면 옳고 틀리면 틀린 것입니다.
그래서 여유가 없어 보이기도 합니다.
모든 것을 드러내 놓고 일을 합니다.

비밀이 없습니다.

밝고 화려하니 사치를 좋아합니다.

말도 화려하게 잘합니다.

불은 타고 나면 끝이 없으니, 성격이 담백하고 뒤끝이 없습니다.

화끈하고, 깔끔하고, 구질구질하게 미련두지 않습니다.


현재에 충실한 모습입니다.

명확한 것을 따지는 것은 지금입니다.

지금의 순간을 가장 소중하게 여기는 마음입니다.

가장 현실성이 높은 성분입니다.

충동적인 성분이 많고, 즉흥적입니다.

우쭐대는 마음이 많고, 실수가 많습니다.


불은 모양뿐이니 폼생폼사입니다.

우아하고 화려하고 그럴듯하고 허풍이 셉니다.

노력에 비해 소득이 적으니, 실속 없는 짓을 많이 합니다.


밝음을 본성으로 하기에 예(禮)를 기본으로 합니다.

성급하고, 명백한 성격으로 맞고 틀린 것을 가려야 하는 성격입니다.

그러므로 엄격한 예의와 율법을 강조합니다.


### 🔥 화(火)가 지나치게 약한 경우   [ 소극적 · 폐쇄적 · 자기방어 · 아집 (我執) ]

화기는 폭발력(爆發力)을 의미합니다. 열정(熱情)을 의미합니다. 목(木)의 추진력은 꾸준한 맛이 있는 반면, 폭발력(爆發力)은 순간적인 힘입니다. 발산하는 힘이 없으니 모든 것을 자기 속에 꼭꼭 감추어 둡니

71

다. 자기만의 세상입니다. 그러므로 소극적이며, 용감하지 못하고, 아집을 가지게 됩니다.

화기(火氣)는 예의와 언변을 나타내는데, 화기(火氣)가 부족하므로 예의(禮儀)도 없고 말도 잘 하지 못 합니다. 그래서 잘 나가다가 가끔 시비를 일으킵니다.

화기(火氣)는 심장을 의미하므로, 화(火)가 지나치게 약하다면 심적불안(心的不安)을 초래합니다. 초조해 합니다. 심적불안(心的不安)과 화기(火氣) 부족으로 말수가 없거나 또는 누가 쫓아 오는 듯 말을 빨리 하거나 약간 꼬아서 하는 경향이 있습니다.

화기(火氣)이므로 밝고 명랑한 것을 좋아하나, 화(火)를 극(剋)하는 수(水)를 꺼리므로 마음속에 어두운 일면이 있습니다. 그러나 사주에 목(木)이 있어 목생화(木生火)하여 일간(日干) 화(火)를 도와준다면 이러한 단점이 줄어듭니다.

### 🔥 화(火)가 적당하게 강한 경우

예의범절이 분명하고 화술(話術)이 좋으며 성격이 명랑하고 화끈하며 분명한 것을 좋아합니다. 화려하고 아름다운 것을 좋아하며 성급한 일면이 있고 부지런하여 활동가입니다.

### 🔥 화(火)가 지나치게 강한 경우     [ 자신의 주장과 고집 · 고독, 극과 극 ]

폭발력인 화기(火氣)가 너무 많아서, 화기(火氣)를 주체하지 못하여 발산하려고, 지나치게 조급하며 잠시라도 가만있지 못합니다. 지나치게 부지런하여 자신이나 주위 사람 모두 피곤하게 됩니다. 그러나 불기운이 강한 자신은 피곤해도, 움직이며 일하는 자체가 행복합니다. 너무나 조급해서 남의 말을 들을 시간이 없습니다. 그래서 다른 사람이 말하는 것도 별로 귀담아 듣지 않고 자기주장만 내세우는 경향이 강합니다. 그래서 주위에 동조하는 사람이 없고 고독합니다.

화기가 너무 강하면 너무 외형적인 것에만 치우쳐 실속이 적습니다. 매사 지나치게 일을 벌이거나 주도(主導)하려고 하기 때문에 주위로부터 불평불만과 원망을 듣게 됩니다.

맹목적인 발산을 하므로, 예의나 언변이 일관성이 없고 극과 극으로 나타나므로 실수나 시비가 따릅니다. 화기(火氣)가 지나치게 강하면 말로 인한 구설 시비가 많은 편입니다.

그러나 사주에 토(土)가 있어 화생토(火生土)하여 강한 화기(火氣)가 순조로이 발산된다면 이러한 단점은 줄어듭니다.

또한 화기(火氣)는 발산하는 것을 좋아하기 때문에 남에게 주거나 베푸는 것을 좋아합니다. 특히 화극금(火克金)하여 자신을 불태울 수 있는 금은보석, 장신구 등을 좋아합니다. 불날(火日)에 태어난 사람에게 쇠(金)는 재물에 해당하며 또 불은 쇠를 녹이며 제련하는 일에 일가견이 있으므로 금을 보거나 만지면 신바람이 납니다.

## 3) 토(土)

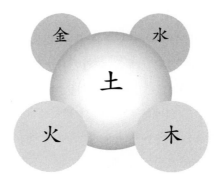

음양의 팽창(膨脹)과 수축(收縮)운동을 중재하여, 목(木), 화(火), 금
(金), 수(水)를 부드럽고 순조롭게 변화되도록 도와주는 중재(仲裁)역할
을 합니다.

하루 중에 고루 분포하며, 계절로서는 환절기를 말하니, 사계절에 다
있는 것이며, 방향은 중앙을 나타내며, 색은 황(黃)색입니다.

인생에 있어서는 성장과 결실의 기운이 너무 빠르거나 늦지 않도록
조절하는 중년기를 나타냅니다. 오상(五常)은 신(信)입니다.

인체에서는 오장(五臟)에서 비장(脾臟)이 여기에 속하며, 비장(脾臟)이
영양을 공급하므로 비장(脾臟)이 약하면 영양공급이 되지 않습니다. 육
부(六腑)에서는 위장(胃腸)이 여기에 해당되므로 위장(胃腸)과 비장(脾臟)
은 음식(영양)을 섭취 하는 것과 관계가 깊습니다. 맛은 단맛이고, 음식
은 입으로 들어가므로 얼굴에서는 입(口)이 여기에 속합니다. 무슨 생
각과 고민을 많이 하면 입맛이 떨어지는데, 이는 위의 기능이 떨어져서
그런 것이므로 감정 중에서 생각(思)이 여기에 속합니다.

## ☯ 물상으로 본 오행

토 오행(五行)은 말 그대로 흙이나 땅, 토지, 대지로 생각하면 됩니다.

즉, 흙은 땅이니 만물생장의 양육과 소멸을 주관합니다. 토(土)를 가색
(稼穡)이라 함은 작물을 심고 거두는 수확한다는 의미입니다. 만물이 시
작되고 다시 돌아오는 곳으로, 만물을 받아들이는 후덕함이 있습니다.

새싹이 트고, 자라고, 열매를 맺고 다시 씨앗을 남기는 목화금수(木火
金水)의 역할을, 토(土)가 이루어지게 장소를 내어줍니다. 자신은 드러
내지 않고 다른 오행(五行)들을 도와줍니다.

토(土)는 다른 오행(五行)을 품에 다 품고 있습니다. 땅 위에서 목(木)이 자라고, 화(火)의 기운을 땅이 품고, 땅이 변하여 금(金)이 되고, 땅 위에서 수(水)가 흐릅니다. 다른 오행(五行)이 화합하도록 해 줍니다.

토(土)는 단순히 땅이라는 장소적 개념이 아니라 목화금수(木火金水)의 성질을 조화롭게 만드는 본성을 지닌 것입니다. 목화(木火)의 양기(陽氣)와 금수(金水)의 음기(陰氣) 사이에서 토(土)가 하는 중재(仲裁) 역할은, 봄과 여름의 외적성장을 가을과 겨울의 내적성숙으로 전환시키는 것입니다.

토(土)의 기본적인 성질은 멈춤입니다. 다시 말해 무조건적인 성장에서 벗어나 잠시 멈추어 한 차원 높은 성장을 위한 변화를 주도하는 것입니다. 즉 목화(木火)의 성장과 분산을 멈추게 하여 금수(金水)의 수축과 수렴으로 전환하기 위한 과정을 거치는 것과 같습니다.

이처럼 오행(五行) 전체를 움직이는 중요한 역할을 하는 토(土)는 단순한 연결이 아닌 변화된 성장이며 조화가 됩니다.

## ☯ 토(土)의 성격

토(土)는 음양(陰陽)으로 본다면 음(陰)도 양(陽)도 아닙니다. 토(土)의 성분인 흙의 만물을 덮고 끌어안는 포용(包容)과, 숙성(熟成)과 조절(調節) 하는 성질과 중년의 속성인 고집과 끈기와 신(信)의 믿음을 기본으로 알아보도록 하겠습니다.

중재(仲裁)를 잘합니다.
모든 것을 다 받아들이는 포용력이 있습니다.

상대방의 말을 끝까지 잘 들어 줍니다.
상대방을 잘 이해 해줍니다.
중립을 지킵니다. 어느 편도 들지 않습니다.
거짓말을 하지 않습니다.
약속을 중히 여깁니다.
상대방의 비밀을 누설하지 않습니다.
상대방에게 믿음을 줍니다.

반면에
이쪽 편도 아니고 저쪽 편도 아니니 어정쩡합니다.
애매합니다.
개성이 없습니다.
우유부단합니다.
비밀이 많습니다.
속내를 알 수가 없습니다.
까다롭고 비위맞추기가 어렵습니다.

땅은 그 위에서 무엇이든 할 수 있습니다.
그러니 기능이 다양하고 재주가 많습니다.
만물을 떠받치고 있으니 움직이면 안 됩니다. 요지부동입니다.
변화를 거부하고 움직이지 않으려는 고집(固執)이 있습니다.
그러니 변화를 싫어합니다. 고지식하고, 옛 것을 좋아합니다.
옆에서 보는 사람은 항상 답답한 마음이 듭니다.

목화금수(木火金水)가 토(土)에 의지하여 살아갑니다.

토(土)는 주는 것을 좋아합니다.

희생봉사정신이 강합니다.

### 💿 토(土)가 지나치게 약한 경우     [ 소극적 · 폐쇄적 · 자기방어 · 아집(我執) ]

토(土)의 특성은 포용력(包容力)입니다. 토(土)가 지나치게 약(弱)하면 포용하는 마음이 없습니다. 믿으니까 받아들이고 상대를 인정하는 것이므로, 포용력이 없다는 말은 믿음이 부족하다는 말이므로 불안, 의심, 의혹이 많아집니다. 그러므로 시비(是非) 가리기를 좋아하니, 자연히 남과 자주 다투게 됩니다.

또한 주는 마음이 부족하니 인색하며, 마음 중심이 약하여 잘 치우치게 되니 처세가 온전하지 못하고 경솔합니다.

그러나 사주에 화(火)가 있어 화생토(火生土)하여 일간(日干) 토(土)를 도와준다면 이러한 단점이 줄어듭니다.

### 💿 토(土)가 적당하게 강한 경우

인품이 원만하고 중후하며 무게가 있고 포용력이 있어 너그럽습니다. 타고난 믿음, 즉 신앙심이 있으며 변칙적인 것을 싫어하고 순리를 추구하며, 대인관계에 있어 신용과 약속을 중히 여깁니다.

### 💿 토(土)가 지나치게 강한 경우     [ 자신의 주장과 고집. 고독, 극과 극 ]

토(土)는 포용력(包容力)을 나타내므로 토(土)가 지나치게 강(强)하다면 무조건 포용을 하려고 할 것입니다. 남의 의견을 무시하고 자신의 주장만 내세우며 고집(固執)을 부립니다. 고집불통입니다. 매사를 자기

제2장 오행(五行)

중심적인 시각에서 보고 생각하고 판단하므로 원만한 인간관계가 힘들고 남의 의견을 잘 받아들이지 않습니다.

모든 것을 다 포용하려는 마음이 욕심으로 나타나는데, 욕심이 너무 많습니다. 욕심이 너무 크다보니 실속이 없습니다. 작은 것은 눈에 보이지 않고 큰 것만을 추구하니 지속적인 발전이 어렵고 실패가 많습니다.

온 산의 나무를 다 잡아 먹어도 배고픈 아궁이처럼 욕심도 많고 그 속을 알 길이 없습니다. 속을 여간해서 잘 드러내지 않으며 처세에 있어 묵직함과 경솔함이 극과 극으로 나타납니다. 평생 많은 사람 속에서 시끄럽게 살며 시비구설이 잦습니다. 그러나 사주에 금(金)이 있어 토생금(土生金)하여, 너무 강한 토기(土氣)가 순조로이 발산된다면 이러한 단점이 줄어듭니다.

## 4) 금(金)

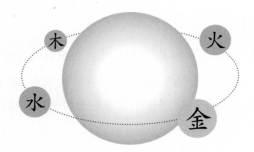

음양(陰陽)에서 음(陰)의 수축(收縮)운동에 속합니다. 음(陰)의 수축(收縮)운동에서 소음(小陰)이며, 음기(陰氣)의 시작이고, 끊임없이 모으고 싶어 하는 성질입니다.

하루 중에 초저녁에 해당하고, 계절로서는 가을이며, 방향은 서쪽을 나타내며, 색은 백(白)색입니다.

인생에 있어서는 초목이 열매를 맺도록 모든 기운을 수렴하는 장년 기를 나타냅니다. 오상(五常)은 의(義)입니다.

인체에서는 오장(五臟) 중에 폐장(肺臟)이 여기에 속하며, 폐(肺)가 건조하면 병이 생기고, 피부와 밀접한 관계가 있으므로, 피부도 건조하고 좋지 않습니다. 폐와 기관지가 좋지 않으면, 인후염 등이 발생합니다. 따라서 폐와 기관지가 좋지 않거나 인후염의 질병에 있는 사람은, 상대적으로 피부가 건조합니다. 육부(六腑) 중에는 대장(大腸)이 여기에 속하며, 그래서 감정으로는 근심(憂)이 여기에 속합니다. 평소에 잘 울거나 우울증에 걸린 사람 중에는 폐의 기능이 떨어져 있는 사람들이 많습니다. 폐는 호흡과 관련이 있기 때문에 얼굴에서는 코입니다. 맛은 매운맛입니다.

## ☯ 물상으로 본 오행

금(金)의 형상은 돌이나 바위, 정제된 금속을 생각하면 됩니다. 돌이나 금속에서 냉정하고 차가워 보이고, 단단하면서도 날카로움을 느낍니다.

목(木)을 극하는 작용을 하는 것으로 봐서 바위라고 하면서도 살기(殺氣)를 띄고 있는 기운이라고 하기도 합니다. 양(陽)에서 음(陰)으로 오기 위해서는 맹렬한 기운을 억제하는 일정한 강제가 있어야 하니 금(金)의 성정은 강압, 강제, 무력의 기운이 있습니다.

적천수(滴天髓)에서는 금을 일러서 숙살지기(肅殺之氣)라고 했습니다. 가을은 금(金)의 기운이 강한데, 모든 산천의 초목이 시듭니다. 즉 생명

을 죽이는 힘이 있다고 본 것입니다. 그래서 금(金)에다가 '살기(殺氣)'라는 살벌한 기운을 집어넣었습니다.

목(木)과 마찬가지로 일정한 형상을 유지하고 있는 기운입니다. 대표적인 음양으로 구분되는 불이나 물과는 달리, 나무와 돌은 중간의 단계로서 음(陰)과 양(陽)을 동시에 내포하고 있기 때문입니다.

금(金)은 용도에 따라 모양이 바뀐다하여 종혁(從革)이라 합니다. 호미도 되고, 낫도 되고, 숟가락도 되고, 칼도 되고, 대포도 되고 그래서 종혁(從革)이라 하는 가 봅니다.

금(金)은 변화를 위해 압축되어 작아지지만 더욱 단단하고 강한 모습으로 새롭게 탄생하니, 이러한 의미에서 금(金)을 개혁(改革), 개발(開發) 등으로 표현합니다.

## ☯ 금(金)의 성격

금(金)의 특성인 단단하고 날카로운 성질로 인한 결실(結實)과 정리(整理)를 하려는 의미와 장년의 속성인 절제(節制)와 결단(決斷)과 의(義)의 의리를 바탕으로 살펴보겠습니다.

금(金)은 용도에 따라 모양이 바뀌는 성질이 있습니다.
개혁(改革)과 혁명적(革命的)인 기질이 있습니다.

단단하므로 고집불통(固執不通)이란 말을 떠 올립니다.
우직하고, 보수적이고, 무식한 고집입니다.
밀어 붙이는 고집입니다. 독불장군(獨不將軍)입니다.

서늘하다는 것에서 냉정(冷情)함을 느낍니다.

단순합니다. 의외로 순진하여 남의 꾀임에도 잘 넘어갑니다.

단단하고 야무지니 세상에 겁날게 없습니다.

자신감이 있습니다. 용감무쌍합니다.


열매를 맺기 위해 불필요한 잎과 가지들을 하나둘 떨어뜨립니다.

칼로 쳐내야 할 것은 쳐냅니다.

냉철하고 잔인한 결단력(決斷力)이 있습니다.

끊고 맺음이 분명합니다.


금(金)의 성정(性情)은 의(義)입니다.

자기가 옳다고 생각하는 일에는 목숨 바쳐 매진합니다.

강직함이 있습니다.

조직체의 기능이 상당히 강합니다.

금(金)은 어떠한 규범이나 제도에 의해 통제되어지는 조직체입니다.

군대, 경찰 등 어떤 특정한 목적을 지닌 조직체입니다.


응집되는 기운이라서 참을성이 참으로 많습니다.

자제력를 가지고 있습니다.


### 📀 금(金)이 지나치게 약한 경우      [ 소극적 · 폐쇄적 · 자기방어 · 아집(我執) ]

  금(金)의 특성은 결단력(決斷力)입니다. 금(金)이 지나치게 약하면 생각만 많을 뿐 결단력이 없어 우유부단(優柔不斷)합니다. 우유부단 하므로, 이리도 생각하고 저리도 생각하고 또 생각하고, 하찮은 문제에서도 이리 재고 저리 재고 이것이 맞는 가 틀린 가 이리 따지고 저리 따집니다. 그래서 시시비비를 잘 따집니다. 생각이 많고 행동이 없는 소극적인 면이 강합니다.

또한 결단력이 없어 우유부단하니 자신의 소신(所信)을 지키기가 어렵습니다. 마음의 결정을 하였다가도 누군가가 인정에 호소하면 그만 마음이 흔들립니다. 그러나 사주에 토(土)가 있어 토생금(土生金)하여 일간(日干) 금(金)을 도와준다면 이러한 단점이 줄어듭니다.

사주에 화(火)가 지나치게 강하면 화극금(火克金)하여 약한 금(金)이 바람개비처럼 안정을 못하니 한평생이 괴롭습니다.

### ❷ 금(金)이 적당하게 강한 경우

진정한 용기를 가지고 있으며, 강직하고 명예와 대의명분을 생명처럼 중히 여기며, 옳은 일에 앞장서고, 위엄과 결단력이 있으며, 인정이 많아 약자를 돕습니다.

### ❷ 금(金)이 지나치게 강한 경우    [ 자신의 주장과 고집·고독, 극과 극]

금(金)은 결단력(決斷力)을 의미합니다. 금(金)이 지나치게 강(强)하면 결단력이 너무 강해서 탈입니다. 한번 내린 결정은 목에 칼이 들어와도 바꾸지 않습니다. 눈물로 호소해도 소용없습니다. 아주 냉정하고 잔인하기도 합니다. 용감 무식합니다.

너무나 용감해서 자만심이 하늘을 찌르고, 권위적(權威的)입니다. 주위를 억압(抑壓)할 뿐만 아니라 자기 자신도 자신의 결단에 구속시켜 버립니다. 결단(決斷)을 위한 결단(決斷)입니다. 때로는 그 결단이 너무나 무모해서 주위를 고통스럽게 합니다.

금(金)은 단순하고 순수한 면이 있으므로, 금(金)이 지나치게 강(强)하다면 지나친 결벽증(潔癖症)이 생길 수도 있습니다.

그러나 사주에 수(水)가 있어 금생수(金生水)하여 아주 강한 금기(金氣)가 순조로이 발산된다면 이러한 단점은 줄어듭니다.

사주에 화(火)도 없고 수(水)도 없으면 안하무인으로 함부로 권위를 휘두르며, 주위를 억압하는 전형적인 독재자형이고, 고집불통으로 융통성이 없습니다.

## 5) 수(水)

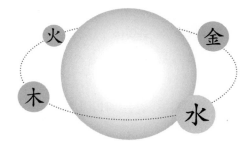

음양(陰陽)에서 음(陰)의 수축(收縮)운동에 속합니다. 음(陰)의 수축(收縮)운동에서 태음(太陰)이며, 음(陰)의 기운이 왕성한 것이고, 외부가 굳어진 것을 그 속까지 단단하게 응고시켜 한 점으로 뭉쳐 저장(貯藏)하는 성질입니다. 식물로는 씨앗입니다.

하루 중에 한밤중에 해당하며, 계절로서는 얼어붙은 겨울이며, 방향은 북쪽을 나타내며, 색은 흑(黑)색입니다.

인생에 있어서는 수확한 열매를 저장(貯藏)하여 종자(種子)로 쓸 수 있도록 단련시키는 노년기를 나타냅니다. 오상(五常)은 지(智)입니다.

제2장 오행(五行)

인체에서는 오장(五臟)중에서는 우리 몸의 기운이 나온다는 신장(腎臟)이 이에 속하며, 육부(六腑) 중에서 방광(膀胱)이 여기에 속합니다. 맛은 짠맛이고, 귀가 먹는 것은 나이가 들면 기(氣)가 약해짐을 의미하는 것이며, 기(氣)는 신장(腎臟)과 밀접한 관계가 있으므로, 얼굴에서는 귀(耳)가 여기에 속하며, 깜짝 놀라거나 공포를 느끼면 오줌을 싸기에 신장(腎臟)은 감정으로는 공포(恐)입니다.

## ☯ 물상으로 본 오행

음(陰)의 기운이 왕성한 것으로, 오행 중에 가장 차가운 성질입니다.

수(水)는 아래로 흐른다하여 윤하(潤下)라 합니다. 물은 산에서 시작되어 모여서 흐르며 쉬지 않고 움직여 강을 이루고 마침내 바다에서 이르러 서로 뭉칩니다.

물은 흐르는 것을 좋아하고, 같은 자리에 머물러 있는 것을 싫어합니다.

물은 장애물이 있으면 피하고, 꼬불꼬불 흐르며 자기 갈 길을 갑니다.

흘러가다보면 맑은 물도 만날 수 있고, 더러운 물도 만날 수 있습니다만 그런 것은 크게 개의치 않습니다. 모든 걸 다 수용하며 그저 흘러가다 보면 스스로 정화되어 맑은 물이 됩니다.

외부가 굳어진 것을 그 속까지 단단하게 응고시켜 한 점으로 뭉치는 성질이므로 씨앗이라 할 수 있습니다. 그러므로 끝이면서 또한 시작이라고 봅니다.

수(水)의 가장 큰 역할은 생명체인 목(木)이 태어남을 돕는 것입니다.

물은 아래로 내려가 어두운 땅 속에서 만물의 양분이 되어 만물을 키우므로, 감춤, 영양분, 창조(創造)의 의미를 가집니다.

물은 수증기, 얼음 등의 형태로 안개, 이슬, 서리, 구름, 비 등의 모습으로 존재하므로 변화(變化)를 의미합니다.

---

**上善若水** (상선약수)

최고의 선(善)이란 물과 같다.
물이란 능히 만물을 이롭게 하되 다투지 아니하고,
모든 사람들이 싫어하는 낮은 곳에 처한다.
그러므로 도(道)에 가까운 것이다.

- 노자(老子)의 도덕경(道德經)

---

## ☯ 수(水)의 성격

수(水)의 특성인 아래로 흘러가는 성질과 외부가 굳어진 것을 그 속까지 단단하게 응축시켜 저장하는 저장(貯藏)과 수축(收縮)의 의미와 노년의 속성인 원숙함과 안정감과 지(智)의 지혜를 바탕으로 살펴보겠습니다.

오행의 마지막이니 마무리를 잘합니다.
오행 중에 가장 차가운 성질이니, 냉정(冷情)합니다.
뭉치기를 좋아하므로 조직(組織), 결속력(結束力)이 좋습니다.

85

물은 여러 가지 모습으로 변화합니다.

자유자재합니다.

창조적(創造的)입니다.

융통성(融通性)이 있습니다.

임기응변(臨機應變)이 있습니다.

유동성(流動性)이 있습니다.

사교적(社交的)이고, 활동적(活動的)입니다.

대인관계의 유연함이나 처세술이 좋습니다.


물은 장애물이 있으면 시비 걸지 않고 피하며,

꼬불꼬불 흐르며 자기 갈 길을 갑니다.

그러니 수(水)는 타협(妥協)을 잘합니다.


씨앗이며, 씨앗을 싹 틔우려는 노력이 있습니다.

본능이며, 욕망이 있습니다.


물은 그 속을 알 수 없으므로, 비밀(秘密)이 많습니다.

수(水)의 성정(性情)은 지(智)입니다.

사람의 지혜도 흐르는 물처럼 계속적으로 생각을 해야 합니다.

지혜를 나타냅니다. 총명합니다.

학문(學文)과 예술(藝術)을 좋아합니다.

### 💿 수(水)가 지나치게 약한 경우    [ 소극적 · 폐쇄적 · 자기방어 · 아집(我執) ]

수(水)는 사고력(思考力)이 가장 큰 특징입니다. 지혜(智慧)입니다. 그
러므로 수(水)가 너무 약하다면 지혜(智慧)가 부족하여 깊은 생각 없이

코앞만 보고 약은꾀만 생각해 냅니다. 이러한 것들로 인해 주위에 신뢰감(信賴感)을 주지 못하며 발전하기 어렵습니다.

수(水)는 본능(本能)이고 욕망(慾望)입니다. 그러므로 활동력이 없고, 편하게 살려는 생각뿐입니다. 의지와 노력이 없습니다. 사교성(社交性)이 약(弱)하므로 사람들 만나는 것을 어색해하며, 항상 쉽고 편한 것만 바라니 인생을 적극적으로 살지 못하고 눈치를 보며 살아갑니다.

그러나 사주에 금(金)이 있어 금생수(金生水)하여 일간 수(水)를 도와준다면 이러한 단점이 줄어듭니다.

### 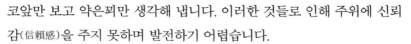 수(水)가 적당하게 강한 경우

속이 깊어 이해심이 많고, 총명하고 치밀하여 빈틈없이 일을 추진하며 마무리 합니다. 매사 적극적이고 활달하며 붙임성이 있어 상대방을 편하게 해주므로 대인관계를 잘하며 단체생활엔 꼭 필요한 사람이며 환영받는 사람입니다.

### 수(水)가 지나치게 강한 경우     [ 자신의 주장과 고집·고독, 극과 극 ]

수는 사고력(思考力)이라 했습니다. 수(水)가 지나치게 강하다는 것은, 심사숙고(深思熟考)함이 너무 강하여 행동력이 나타나지 않습니다. 이론가(理論家)일 뿐입니다.

수(水)는 본능(本能)이며 욕망(慾望)입니다. 수(水)는 응집된 것을 보관하는 기능도 있다고 했습니다. 무엇을 보관할까요? 목(木)이 나서 자란 것을 뭉치고 뭉친 것을 보관한다는 말입니다. 목(木)의 씨앗이겠지요. 그래서 수기(水氣)가 너무 강하면 호색(好色)함이 강합니다.

사교성과 활동력(活動力)이 지나치다 보니 온 동네를 제집 드나들듯

돌아다닙니다. 너무 사교적(社交的)이다 보니 이사람 앞에서는 이사람
비위를 맞추고 저사람 앞에서는 저사람 비위도 맞추고 합니다. 그러다
보니 수다스러워 말이 가볍고 많으므로 경박하고 쓸 말이 적으며, 아무
말이나 잘 갖다 붙이며 낯을 가리지 않습니다.

사주 구성이 깨끗하면 지혜가 뛰어나고, 혼탁하면 권모술수와 음모
를 잘 꾸미므로 주위로부터 경계와 따돌림을 받습니다. 너무 강한 수기
(水氣)에 화기(火氣 심장)가 극(剋)을 당하니, 심적불안(心的不安)으로 항상
서류, 책, 가방 같은 물건을 손에 쥐거나 들고 다녀야 마음이 편합니다.
심허(心虛)현상으로 긴장되면 손발에 땀이 물 흐르듯 합니다.
그러나 사주에 목(木)이 있어 수생목(水生木)하여 너무 강한 수(水)기
운이 순조로이 발산된다면 이러한 단점이 줄어듭니다.

다자병(多者病), 무자병(無者病), 다자무자(多者無者)
많아도 병, 없어도 병, 너무 많으면 없는 것과 같다.

사는 모습과 꼭 닮았습니다.
그럴 수밖에요. 명리라는 것이 사람 사는 걸 궁리하니까요.
없으면 없는 대로 살면 되는 거지
왜 그리 조급해 하는지.
모든 걸 갖춘 사람은 없습니다.
없다고 한탄하지 말고, 있다고 자랑 말고
그냥 그래 살아야지요.
남이 못 가진 것을 내가 가진 것도 많습니다.
내가 가진 것으로 살아가시면 됩니다.
내가 가장 잘 하시는 걸 하시면 됩니다.
살다 보면, 없는 것은 다른 것으로 채워집니다.

없어서 좋은 것도 있습니다.
많아서 나쁜 것도 있습니다.
사람마다 필요한 것이 다 다릅니다.

모든 걸 다 가지려하지 마십시오.
꼭 필요한 것만 가지십시오.
그러면 그것이 희망이요, 불씨요, 미래입니다.
미래는 곧 현실이 됩니다.
이제 행복하시기만 하면 됩니다.

# ❺ 오행(五行)의 상생(相生)과 상극(相剋)

무극(無極)이 운동 상태를 나타내기 시작할 때에, 즉 변화가 생기기 시작할 때에 거기에는 서로 상반되는 기운(氣運)이 나타나게 되었는데, 이것들의 성질(性質)에서 상(象)을 취하여 음양(陰陽)이란 이름을 붙였습니다. 그리고 음양(陰陽)이 다시 발전하여 나타 난 모습이 오행(五行)입니다.

그러므로 우주의 변화하는 상태는 사실상 음양운동(陰陽運動)입니다. 이것을 구체적으로 보면 오행운동(五行運動)이 되고, 추상적으로 보면 음양운동(陰陽運動)이 됩니다. 그러므로 음양론(陰陽論)은 오행론(五行論)의 뿌리이며 줄기이고, 오행론(五行論)은 음양론(陰陽論)의 가지와 잎이 됩니다.

음양운동(陰陽運動)은 분열, 확산하는 양(陽)의 운동과 수렴, 저장하는 음(陰)의 운동이 번갈아 일어나면서 순환 반복되어 집니다. 음양(陰陽)의 양적변화(量的變化)와 질적변화(質的變化)를 거치면서 영원히 반복순환됩니다.

오행(五行)은 목(木), 화(火), 토(土), 금(金), 수(水)입니다. 살펴보니 목기(木氣)는 동쪽과 봄에 나타나고, 화기(火氣)는 남쪽과 여름에 나타나고, 토기(土氣)는 중앙과 늦여름에 나타나고, 금기(金氣)는 서쪽과 가을에 나타나고, 수기(水氣)는 북쪽와 겨울에 나타나는 것을 알게 되었습니다.

음양운동(陰陽運動)이 영원순환반복(永遠循環反復)하듯이, 음양(陰陽)의 발전 변화한 모습인 오행운동(五行運動)도 영원순환반복(永遠循環反復)합니다.

이 오행(五行)이 영원순환반복(永遠循環反復)하면서, 오행(五行)의 기운들은 두 가지의 작용력을 가지게 되는데, 상생(相生)과 상극(相剋)입니다. 상생(相生)은 도움을 주는 관계이고, 상극(相剋)은 해치는 관계를 나타냅니다.

상생(相生)과 상극(相剋)을 합쳐서 오행(五行)의 생극작용(生剋作用)이라고 합니다. 오행(五行)이란 원래 생(生)하기도 하고 극(生)하기도 하는 과정에서 발전을 가져오는 것이므로, 우주만물의 변화는 모두가 생극(生剋)의 변화라고 볼 수 있습니다.

목(木)은 솟구쳐 뻗어 나가는 힘이고, 화(火)는 분열, 확산하는 힘이며, 토(土)는 중화하고 조화시키는 힘이고, 금(金)은 수렴시키는 힘이고, 수(水)는 응축시켜 저장하고 휴식시키는 힘입니다.

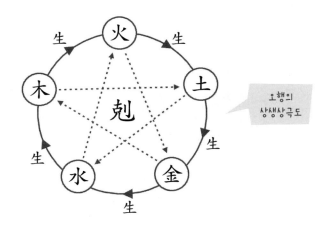

오행의
상생상극도

## 하도낙서(河圖洛書)와 오행상생상극도(五行相生相剋圖)

하도(河圖)는 복희(伏羲)가 황하(黃河)에서 나온 용마(龍馬) 등에서 얻은 그림이고, 이것에 의해 복희는《역(易)》의 팔괘(八卦)를 만들었다고 하며, 낙서(洛書)는 우(禹) 임금이 홍수를 다스릴 때 낙수(洛水)에서 거북이 등에서 얻은 글로서, 이것에 의해 우(禹)는 천하를 다스리는 대법(大法)으로서의《홍범구주(洪範九疇)》를 만들었다고 합니다.

오행(五行)과 수(數)의 관계를 알아보겠습니다.

오행(五行)과<br>수(數)

| 오행 | 木 | | 火 | | 土 | | 金 | | 水 | |
|------|----|----|----|----|----|----|----|----|----|----|
| 천간 | 甲 | 乙 | 丙 | 丁 | 戊 | 己 | 庚 | 辛 | 壬 | 癸 |
| 상수 | 3 | 8 | 7 | 2 | 5 | 10 | 9 | 4 | 1 | 6 |

하도(河圖)와 낙서(洛書)를 수리(數理)와 연결하여 오행(五行)을 배열(配列)하니, 상생도(相生圖)와 상극도(相剋圖)가 나타났습니다. 하도(河圖)는 상생(相生)하는 수리(數理)로 배열되었고, 낙서(洛書)는 상극(相剋)하는 수리(受理)로 배열되었습니다.

하도(河圖),<br>오행상생도<br>(五行相生圖)

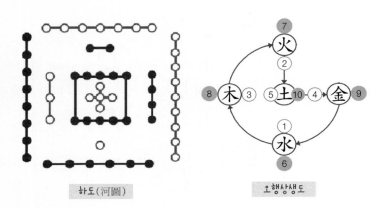

하도(河圖)                          오행상생도

92

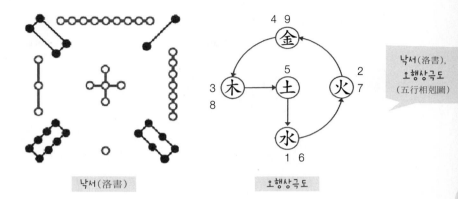

낙서(洛書),
오행상극도
(五行相剋圖)

낙서(洛書)    오행상극도

### 선천팔괘(先天八卦)와 후천팔괘(後天八卦)

선천팔괘(先天八卦)와 후천팔괘(後天八卦)에 대해서 조금이나마 설명을 하고 넘어가도록 하겠습니다.

하도(河圖) 복희(伏羲) 선천팔괘(先天八卦)는 음양(陰陽)을 위주로 한 천지중심(天地中心) 천지본체(天地本體)의 체(體)입니다.

낙서(洛書) 문왕(文王) 후천팔괘(後天八卦)는 오행(五行)을 위주로 본 인간중심(人間中心) 생명활동(生命活動)의 용(用)입니다.

선천팔괘(先天八卦)는 상하좌우(上下左右)의 공간적(空間的) 개념입니다. 즉, 어느 계절과 어느 방위에서나 공간적(空間的)으로 펼쳐지는 대자연의 공간(空間)과 지리적(地理的) 상(象)을 표현한 것입니다.

후천팔괘(後天八卦)는 동서남북(東西南北)의 방위(方位)와 춘하추동(春夏秋冬)의 시간적(時間的) 개념입니다. 즉, 그러한 공간(空間)의 변화(變化)에서 나타나는 계절(季節)과 기후(氣候)의 변화(變化) 즉 시간적(時間的) 상(象)을 표현한 것입니다.

### 🌱 선천팔괘(先天八卦)

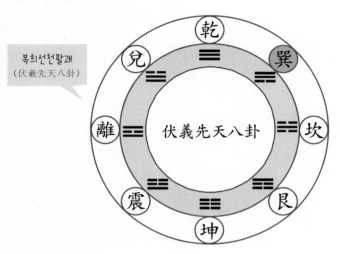

선천팔괘(先天八卦)의 모양을 살펴보면, 건괘(乾卦)가 상(上)이 되고, 곤괘(坤卦)는 하(下)가 되어서 좌우(左右)에 나머지 괘들을 거느리고 배포되어 있습니다. 여기에서는 천지자연(天地自然)의 원형(原形)에 대한 설명을 하고 있다고 보여 집니다. 그야말로 하늘은 위에 있고 땅은 아래에 있는 형상(形象)을 설명하고 있다고 봅니다.

상하좌우(上下左右) 정방위(正方位)에는, 상하(上下)에는 천지(天地)를 의미하는 건(乾), 곤(坤)이 정위(定位)하고, 좌우(左右)에는 일월(日月)을 의미하는 리(離), 감(坎)이 운행하는 천문적(天文的)인 형상(形象)을 보여 주고 있습니다.

간방위(間方位)에는 산과 연못을 의미하는 간(艮), 태(兌)가 통기(通氣) 하며, 우뢰와 바람을 일으키는 진(震), 손(巽)이 자리하는 지리적(地理的) 형상(形象)을 보여주고 있습니다.

따라서 전체적으로 선천팔괘(先天八卦)는 천문지리적(天文地理的)인 공간성(空間性)을 표상한다고 볼 수 있습니다.

선천팔괘(先天八卦)에 관하여 고서(古書)에 이르기를

> '天地定位 山澤通氣 雷風相薄 水火不相席 八卦相錯'
> '천지정위 산택통기 뇌풍산박 수화불상석 팔괘상착'
>
> 천지(天地)가 각위(各位)를 정(定)함에, 산(山)과 못이 기운(氣運)을
> 서로 통(通)하며, 우레와 바람이 서로의 기운(氣運)을 융화(融和)하여,
> 물과 불이 서로의 영역을 지키며, 팔괘(八卦)가 서로 섞인다.

열십자로 이루어지는 정괘(正卦)는,
천지(天地)로 표시되는 공간(空間)과 수화(水火)로 표시되는 시간(時間)을 나타내는 것으로 여기서의 수화(水火)는 일월(日月)을 상징합니다.
대각선으로 이루어지는 간괘(間卦)는, 시공간(時空間)에서 이루어지는 변화(變化)를 산택대대(山澤待對)와 뇌풍대대(雷風待對)로 상징합니다.

> **참고** **선천팔괘의 순서와 명칭의 뜻과 모양**
>
> ❶ 건위천(乾爲天) 하늘,   건삼련(乾三連) ☰, 戌乾亥
> ❷ 태위택(兌爲澤) 못,   태상절(兌上絶) ☱, 庚酉申
> ❸ 리위화(離爲火) 불,   리허중(離虛中) ☲, 丙午丁
> ❹ 진위뢰(震爲雷) 우레,   진하련(震下連) ☳, 甲卯乙
> ❺ 손위풍(巽爲風) 바람,   손하절(巽下絶) ☴, 辰巽巳
> ❻ 감위수(坎爲水) 물,   감중련(坎中連) ☵, 壬子癸
> ❼ 간위산(艮爲山) 산,   간상련(艮上連) ☶, 丑艮寅
> ❽ 곤위지(坤爲地) 땅,   곤삼절(坤三絶) ☷, 未坤申

### ❧ 후천팔괘(後天八卦)

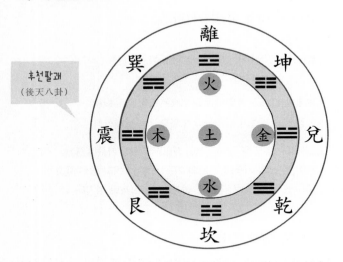

후천팔괘
(後天八卦)

후천팔괘(後天八卦)는 리괘(離卦)가 상(上)이 되고, 감괘(坎卦)는 하(下)가 되어서 이제는 천지(天地)를 바탕으로 삼아서, 일월(日月)의 작용(作用)으로 변화가 무쌍하게 발생한다는 의미를 나타내고 있습니다. 즉 후천팔괘(後天八卦)는 일월(日月)의 운행(運行)에 따른 기후(氣候)의 변화작용(變化作用)에 근원을 둔 시간적(時間的), 계절적(季節的) 변화(變化)의 상(象)을 보여주고 있습니다.

후천팔괘(後天八卦)의 모습을 보면, 열십자로 이루어지는 괘(卦)는 감리(坎离)와 진태(震兌)의 동서남북(東西南北)의 정방(正方)을 나타내며, 대각선으로 이루어지는 괘(卦)의 대대(大帶)는 손건(巽乾)과 간곤(艮坤)의 간방(間方)을 나타냅니다.

정방위(正方位)에 있는 진(震), 리(離), 태(兌), 감(坎)은 각각 춘하추동 (春夏秋冬) 사시(四時) 한서(寒暑)의 기운(氣運)을 나타내며, 봄(春生. 3.8. 木), 여름(夏長, 2,7, 火), 가을(秋收, 4,9. 金), 겨울(冬藏, 1,6. 水)의 이치(理致) 를 나타내고 있습니다.

따라서 후천팔괘(後天八卦)는 동서남북(東西南北)의 방위(方位)와 공간 (空間)이 변하면서 나타나는 춘하추동(春夏秋冬)의 계절적(季節的) 변화 (變化)를 나타냅니다.

후천팔괘(後天八卦)는 춘하추동(春夏秋冬) 사시(四時)의 변화(變化)에 따라 괘(卦)를 배열한 것이기에, 오행성(五行性)이 나오게 됩니다.

동방(봄)의 진(震)은 양목(陽木)이고, 동남방의 손(巽)은 음목(陰木)이 며, 남방(여름)의 리(離)는 화이고, 서남방의 곤(坤)은 음토(陰土)이고, 서 방(가을)의 태(兌)는 음금(陰金)이고, 서북방의 건(乾)은 양금(陽金)이며, 북방(겨울)의 감(坎)은 수(水)이며, 동북방의 간(艮)은 양토(陽土)의 기운 을 나타내고 있습니다.

팔괘(八卦)의 오행(五行)의 성질(性質)은 바로 후천팔괘(後天八卦)의 원 리에서 나오는 것이고, 이는 계절이 봄, 여름, 가을, 겨울로 순행(巡幸)하 는 상생원리(相生原理)를 보여주고 있습니다.

다만, 동북방(東北方)의 간(艮)을 중심으로 하여 동방의 진(震)과 북방 의 감(坎)의 관계는 상극관계(相剋關係)임을 알 수 있습니다.

간(艮)은 [설괘전]에 '만물의 마침을 이루는 바가 되고 또한 만물의 비롯함을 이루는 바가 된다.'(萬物之所成終而所成始也)라고 한 바와 같이 만물의 마침과 시작에 중요한 작용을 하는 괘인데, 이러한 작용을 바로

간(艮)을 중심으로 한 오행상극(五行相剋)관계에서 찾아볼 수 있습니다.

즉 만물의 마치는 작용은 간(艮)의 토(土)가 감(坎)의 수(水)를 극(克)하는 작용으로 이루어지며, 만물을 시작하는 작용은 진(震)의 목(木)이 간(艮)의 토(土)를 극(克)하는 작용으로 이루어지게 됩니다.

다시 말하자면, 수화(水火)와 금목(金木)의 생명활동(生命活動)을 기본으로, 중앙(中央)과 네 귀퉁이에서 토(土)에 의한 강력(强力)한 중화(中和)가 이루어짐을 나타내고 있는 것입니다.

따라서, 오행(五行)작용(作用)의 이치(理致)에서 볼 때 후천팔괘는 간(艮) 양토(陽土)와 곤(坤)의 음토(陰土)가 상호 대대(待對)하는 축이 되어 있음을 알 수 있으며, 음(陰)이 극성한 겨울에서 양(陽)의 봄으로 변화하는 과정에서는 간(艮)의 양토(陽土)가 중요한 작용을 하고, 양(陽)이 극성한 여름에서 가을로 변화하는 과정에서는 곤(坤)의 음토(陰土)가 중요한 작용을 하고 있음을 알 수 있습니다.

후천팔괘(後天八卦)에 대한 주역(周易)의 설괘전(說卦傳) 내용을 간추려 보면 다음과 같습니다.

로호감(勞乎坎)

● 감(坎) : 11월 겨울의 한 가운데인 동지(冬至)가 되고, 수(數)로는 1의 자리이고, 음극양생(陰極陽生)의 시절입니다. 즉 음(陰)이 극(極)에 달(達)해 다시 양(陽)이 생(生)하는 위로(慰勞)의 상(象)입니다. 절처봉생(絶處逢生)에 대한 위로(慰勞)의 의미입니다.

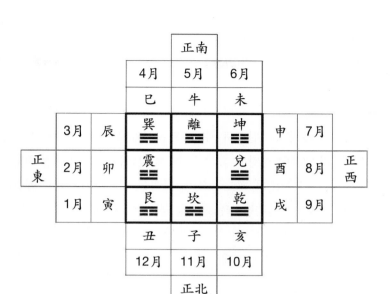

**성언호간**(成言乎艮)

● 간(艮) : 12월 1월의 겨울 끝 봄의 초가 되고, 수(數)로는 8의 자리입니다. 음(陰)이 물러나는 한계점(限界點)으로서 종(終)을 이루고 양(陽)이 생(生)하는 음진양생(陰盡陽生)의 자리입니다. 다시 말하면 토(土)의 중화작용(中和作用)으로 수(水)에 포위되어 있던 목(木)이 지기(地氣)를 뚫고 양(陽)으로 향한 의미이면서, 동시에 음(陰)이 물러나는 끝이니, 끝이면서 시작이므로 성시성종(成始成終)의 상(象)입니다.

**제출호진**(帝出乎震)

● 진(震) : 2월의 봄기운이 완연하여 만물이 발생하는 시기이고, 수(數)로는 3이고, 생장(生長)하는 양목(陽木)이 지상(地上)에 출현(出現)

하는 상(象)입니다. 양(陽)을 대표(代表)하는 것은 건(乾)인데, 물러나 서북(西北)에 숨어있던 건(乾)이 출현(出現)하는 것을 의미합니다.

### 제호손(齊乎巽)

● 손(巽) : 음력 3. 4월로써, 수(數)로는 4입니다. 대지(大地)의 만물(萬物)이 일제히 성장(成長)의 극(極)에 달하는 것을 의미합니다. 음(陰)의 분리(分離)가 최고(最高)에 달하는 것으로써, 진(震)의 자리에서 성장(成長)하던 초목(草木)들 중 일부 완만(緩慢)하던 것들도 손(巽)의 자리에 이르러서는 빠짐없이 성장(成長)의 극(極)에 도달(到達)하므로 완전(完全)해진다는 의미입니다.

### 상견호리(相見乎離)

● 리(離) : 음력 5월로서 오(午)의 자리이고, 수(數)로는 성장(成長)의 극(極)을 이루기 때문에 9입니다. 나아가던 양(陽)이 끝을 이루고, 앞으로 금(金)의 수렴(收斂)을 준비해야 하니, 내부에서 일음(一陰)을 생(生)하는 시절이기도 합니다. 양극음생(陽極陰生)으로 일음(一陰)이 下降을 시작하게 되니, 양(陽)과 음(陰)이 서로 상견(相見)하는 자리입니다.

### 치역호곤(致役乎坤)

● 곤(坤) : 6월 7월의 여름의 말과 가을의 초로서 미월(未月), 신월(申月)을 의미하고, 수(數)로는 2 로써, 토(土)의 중화작용(中和作用)으로 신속(迅速)한 결실을 재촉하고, 유중(柔中)한 음화(陰火)가 양(陽)을 음(陰)으로 변화시키는 노역(勞役)을 담당한다는 의미입니다.

열언호태(說言乎兌)

● 태(兌) : 가을의 8월이며 수(數)로는 7 로써 양화(陽火)의 자리입니
다. 금(金)이 왕(旺)한 자리에서 화(火)가 수렴(收斂)되는 것이니, 음
(陰)이 물러나 양(陽)이 생(生)하여서 진(震), 손(巽), 리(離), 곤(坤)
을 거쳐, 여기 태(兌)에서 결실(結實)이 성숙(成熟)되는 상(象)이니
희열(喜悅)의 의미입니다. 즉 음(陰)이 내부로 실(實)해지는 위대(偉
大)한 결실(結實)의 희열(喜悅)립니다.

전호건(戰乎乾)

● 건(乾) : 9월, 10월로서 음(陰)이 극(剋)에 달한 자리로서 수(數)로
는 6에 해당합니다. 태(兌)의 자리에서 결실(結實)을 거쳐 온 양(陽)
이 음(陰)이 왕(旺)한 여기에서 고전(苦戰)한다는 의미입니다. 즉
결실(結實)을 보전(保全)하기 위한 내부(內附) 수렴(收斂)의 고전입
니다. 가을과 겨울 사이에서 모든 것을 갈무리하는 자연(自然)의
상(象)입니다.

## 1) 오행상생(五行相生)

상생(生)은 오행이 서로 생(生)한다는 뜻으로 도와준다, 만든다, 낳는
다. 는 의미가 있습니다. 생(生)에는 자생(自生), 조장(助長)이란 뜻이 포
함되어 있습니다. 오행(五行) 사이에는 모두 상호자생, 상호조장관계가
있는데 이 관계를 오행(五行)의 상생(相生)이라 약칭하고 있습니다.

오행상생(五行相生)은 목생화(木生火), 화생토(火生土), 토생금(土生金), 금생수(金生水), 수생목(水生木)의 다섯 가지 과정을 말합니다.

> **목생화**(木生火) : 나무가 있어야 불을 태울 수 있다.
> **화생토**(火生土) : 불이 타고 나면 재가 남고 그 재가 땅이 된다.
> **토생금**(土生金) : 땅 속에서 금(金)이 나온다.
> **금생수**(金生水) : 쇠가 녹으면 물이 된다.
> **수생목**(水生木) : 물이 있어야 나무가 자란다.

오행상생(五行相生)에 있어서 동남방은 목화(木火)가 진행하는 과정으로 생장, 분열하는 양(陽)을 생(生)하는 과정이고, 서북방은 금수(金水)가 진행하는 과정으로 수장하여 통일, 종합하는 음(陰)을 생(生)하는 과정입니다. 오행상생(五行相生)은 생(生)하는데 있어서의 음양(陰陽)의 작용(作用)이며, 이 과정에서 목화(木火)의 양(陽)과 금수(金水)의 음(陰)의 대립이 생기며, 이 대립을 중앙 토(土)가 조화를 시켜줍니다. 토(土)는 모순과 대립이 조화되는 자리입니다.

오행(五行)은 수(水)에 뿌리를 두고 용솟음치는 목기(木氣)를 생(生)하며, 목(木)에 뿌리를 두고 용솟음치는 기(氣)를 사방팔방 흩뿌리는 화기(火氣)를 생(生)하며, 화(火)를 발판삼아 극도로 분열된 것을 더 이상 분열할 수 없도록 정지시키는 토기(土氣)를 생(生)하며, 토(土)에 뿌리를 두고 수축시키기 시작하는 금기(金氣)를 생(生)하며, 금(金)에 뿌리를 두고 수축된 것을 그 속까지 단단하게 응고시키고, 다음 단계를 위해 휴식하는 마지막 단계인 수기(水氣)를 생(生)합니다.

오행상생(五行相生)은 생생무궁(生生無窮)합니다. 음양(陰陽)의 기운(氣運)이 순환반복(循環反復)하는 음양운동(陰陽運動)에서 음(陰)은 수(水)로 대표되고, 양(陽)은 화(火)로 대표되므로 음양운동(陰陽運動)을 수화작용(水火作用)이라고도 하며, 이 수화작용(水火作用)으로 목(木)과 금(金)이 생기고 목화금수(木火金水)의 작용으로 토(土)가 생성되니, 음양운동(陰陽運動)은 수화운동(水火運動)의 본원(本源)을 이루고, 오행(五行)의 작용(作用)이 생기므로 우주운동(宇宙運動)은 영원하고, 오행(五行)의 상생작용(相生作用)도 영원(永遠)히 일어나게 됩니다.

## 2) 오행상극(五行相剋)

상극(相剋)이란 오행이 서로 극(剋)한다는 뜻으로, 파괴하고 누른다는 뜻입니다. 극(剋)에는 제약(制約), 저지(沮止)의 뜻이 포함되어 있습니다. 오행(相剋) 사이에는 모두 상호 제약, 상호 저지 관계가 있는데 이것을 오행(相剋)의 상극(相剋)이라 약칭합니다.

수극화(水剋火) : 물이 강하면 불은 꺼져 버린다.
화극금(火剋金) : 불이 강하면 금은 불에 녹아 버린다.
금극목(金剋木) : 쇠가 강하면 나무는 쇠에 의해서 베어진다.
목극토(木剋土) : 나무가 강하면 흙에 영양소는 나무에 의해서 파괴된다.
토극수(土剋水) : 흙이 강하면 물은 흙 속으로 스며든다.

오행상생(五行相生)과는 또 다른 모습인 오행상극(五行相剋)이 있습니다.

오행상생(五行相生)은 생(生)을 이루기 위한 작용이었습니다. 오행상극(五行相剋)은 오행상생(五行相生) 작용의 반대작용입니다. 오행상극(五行相剋)은 극(剋)하는 작용이지만, 오히려 생(生)을 견실하게 하는 작용도 합니다. 즉 오행상극작용(五行相剋作用)은 모순, 대립 작용을 하면서 만물을 생성합니다. 만물은 상극(相剋)이라는 모순과 대립 속에서 자라지만, 발전과 통일을 위한 모순대립임을 알아야 합니다.

만물을 생성하기 위해서는 항상 양(陽)이 극(剋)에 이른 것을 보호하기 위한 음(陰)의 형체(形體)가 있어야 합니다. 음(陰)의 형체(形體)는 양(陽)이 극(剋)에 이른 것을 보호하는 중요한 목적을 수행하지만 양(陽)과는 서로 '원수'같은 관계입니다. 음양이기(陰陽二氣)는 서로 극(剋)하면서 운행을 하므로 우주운동에 있어서의 상극관계(相剋關係)가 일어나게 됩니다.

오행상극(五行相剋) 운동은 수극화(水剋火), 화극금(火克金), 금극목(金克木), 목극토(木剋土), 토극수(土克水)로 작용을 합니다.

만물이 생성되기 위해서는 극(剋)을 받아야 합니다. 만물은 목(木)에서 비로소 화생(化生)을 하지만 갑자기 목(木)이 생겨나는 게 아닙니다. 실제 유형의 나무가 생성되기 위해서는, 목(木)의 본체인 수(水)가 움직여야 하며, 그 수(水)가 화(火)를 낳을 때, 금(金)이 강력한 음형(陰形)으로 화(火)를 감싸 안으며 포위수렴하게 됩니다. 이때부터 나무는 그 형체를 드러낼 수 있는 것입니다. 그렇게 해서 탄생한 나무는 목화토금수(木火土金水)의 상생(相生)운동을 하게 됩니다. 즉 상극(相剋)의 이치란 우주가 무형에서 유형으로 화생(化生)하기 위한 필요(必要)한 극(剋)입니다.

한 가지 더 살펴볼 것은 금(金)과 수(水)는 음(陰)이고 목(木)과 화(火)는 양(陽)입니다. 수극화(水剋火), 금극목(金克木)입니다. 전부 음(陰)이 양(陽)을 이기는 관계입니다. 이것은 목화(木火)의 양(陽)이 발전해 나가는 과정에서 금수(金水)의 음(陰)이 극(剋)을 해주지 않으면 양기(陽氣)가 소실되기 때문입니다. 양기(陽氣)를 보호하기 위해 음(陰)이 양(陽)을 극(剋)하면서 싸주는 것입니다.

목(木)이 '자기의 형(形)'과 '화(火)의 뿌리'를 조성하려면 '금(金)의 극(剋)'을 받아야 합니다.

우주운동이 목(木)을 생(生)하는 것을 보면, 수(水)가 토(土)의 극(剋)을 받아서 수(水)의 형(形)을 만들고, 목(木)에 생명(뿌리)을 보급함으로 목(木)이 생(生)하는 것입니다. [土克水, 水生木]

다시 말하자면 수(水)는 응축(凝縮)하려는 성질이고, 목(木)을 감싸고 있는 모습이라고 볼 때에, 수(水)에 포위된 분출(噴出)하려는 목(木)이 수(水)의 응축(凝縮)하려는 위세(威勢)에 눌려 그 힘을 발휘할 수 없음인데, 토(土)가 수(水)의 응축(凝縮)하려는 기운을 막고 방해함으로 목(木)이 분출(分出)을 할 수 있는 계기가 됩니다.

수(水)가 계속 응축(凝縮)하다가 토(土)의 극(剋)을 받아 그 응축(凝縮)의 진행이 멈추면서 수(水)의 형(形)이 이루어집니다. 그러면 그 수(水)의 형(形)을 발판으로 목(木)이 분출(噴出)을 시작하는 것입니다. 수(水)의 형(形)은 목(木)의 뿌리가 됩니다.

이렇게 생(生)한 목(木)은 금기(金氣)의 극(剋)으로서 목형(木形)을 만들면서 목(木)의 형(形)은 화(火)의 뿌리가 되어, 화(火)가 생(生)하게 됩니다. [金剋木, 木生火]

즉, 금(金)의 극(剋)을 통해 목(木)의 형체(形體)를 만드는 동시에 목(木)의 다음 단계인 화(火)로의 전환을 위하여 이미 목(木)의 단계에서 화(火)의 신(神 뿌리)을 만들게 되는 것입니다.

그래서 오행운동(五行運動)이 자발적으로 이루어지며 만물이 변화하게 되는 것입니다. 화토금수(火土金水)의 원리 역시 목(木)의 과정과 같다 하겠습니다.

우주운동(宇宙運動)을 자세히 관찰하면 그 내용은 다음과 같다.

수기(水氣)는 토기(土氣)의 극(剋)을 받아[土克水] 수형(水形)과 목기(木氣)의 뿌리를 만듭니다.[水生木]

목기(木氣)는 금기(金氣)의 극(剋)을 받아[金克木] 목형(木形)과 화기(火氣)의 뿌리를 만듭니다.[木生火]

화기(火氣)는 수기(水氣)의 극(剋)을 받아[水剋火] 화형(火形)과 토기(土氣)의 뿌리를 만듭니다.[火生土]

토기(土氣)는 목기(木氣)의 극(剋)을 받아[木剋土] 토형(土形)과 금기(金氣)의 뿌리를 만듭니다.[土生金]

금기(金氣)는 화기(火氣)의 극(剋)을 받아[火克金] 금형(金形)과 수기(水氣)의 뿌리를 만듭니다.[金生水]

이렇게 돌고 도는 것입니다.

음양(陰陽)의 음양운동(陰陽運動)이 태극(太極)이라는 범주(範疇)내에서 이루어지듯이, 오행(五行)은 음양(陰陽)의 분합(分合)작용이므로 오행운동(五行運動) 또한 태극(太極)의 범주(範疇)내의 모습인 것입니다. 따라서 오행운동(五行運動)인 상생(相生)과 상극(相剋) 또한 태극(太極)의 범주(範疇) 안에서 이루어지는 것이므로, 큰 틀에서 보면 상생(相生)과 상극(相剋)은 함께 움직인다고 보면 됩니다.

오행(五行)의 생극(生剋)은 상생(相生)안에 동시에 상극(相剋)이 있고, 상극(相剋) 안에 동시에 상생(相生)이 있어 돕기도 하고, 제약을 가하기도 하며 조화(造化)를 유지하면서 생(生)을 이루어 나가는 것입니다.

---

생(生)은 개별적인 개념이고, 상생(相生)은 전체적인 개념입니다.
목생화(木生火)에서 목(木)은 화(火)를 생(生)하지만, 화(火)는 목(木)을 생하지 않습니다. 따라서 목(木)과 화(火)가 서로 상생(相生)하지는 않습니다. 화생토(火生土), 토생금(土生金), 금생수(金生水), 수생목(水生木) 모두 마찬가지입니다.
목생화(木生火), 화생토(火生土), 토생금(土生金), 금생수(金生水), 수생목(水生木) 이렇게 오행(五行) 전체를 놓고 보았을 때에, 오행(五行)이 서로 서로 생(生)한다 하여 상생(相生)이라 하는 것입니다.
극(剋)과 상극(相剋)도 마찬가지입니다.

> 생(生)과
> 상생(相生),
> 극(剋)과
> 상극(相剋)

---

## 현명한 부부싸움을 하는 방법

잠시라도 떨어지면 보고 싶고
없으면 세상 끝날 것 같은 마음에
부모에게 효도하고, 아들 딸 낳아서 잘 기르며
잘 살아 보자고, 행복하게 살아 보자고
두 손 꼭 잡고 맹세하고 또 맹세하고
생전 사소한 다툼하나 없을 것 같은 그 사랑이
살다보니 이래서 부딪치고 저래서 부딪치고
때로는 오해로, 때로는 나의 잘못으로
어떤 때는 그냥 좀 넘어가면 좋으련만
안 그래도 마음속으로 반성하고 있는데…

살다보니 부부싸움을 하게 됩니다.
부부싸움을 할 때 불을 끄고 하세요.
싸움은 화기(火氣)가 치밀어 올라서 일어납니다.
화기(火氣)는 밝은 성질이 있어
명백히 따지고 넘어가야 합니다.
화기(火氣)의 급한 성격에 지금 당장 따져야합니다.

깜깜한 것은 수기(水氣)입니다.
눈에 안 보이니 따지다가도 심드렁해집니다.
화기(火氣)가 차츰 가라않습니다.
상대방의 말을 대꾸하지 않고 끝까지 들어줍니다.
모든 것을 다 받아들이는 태평양 같은 마음으로
그러면 잠시 시간이 흐른 후 ………… 끝.
수극화(水剋火)입니다.

# ❻ 생극(生剋)의 과다(過多)

오행의 작용으로 상생(相生)과 상극(相剋)이 있음을 알아보았습니다. 상생(相生)은 서로 도와주는 것이고, 상극(相剋)은 서로 해치는 것입니다.

생(生)을 통해 도움을 받고, 극(剋)을 통해 해(害)함을 받는다하여, 생(生)이 항상 좋고, 극(剋)이 항상 나쁜 것은 아닙니다.

음양(陰陽)이 하나의 태극(太極)으로서 수축(收縮)과 팽창(膨脹)의 음양운동으로 음양평형(陰陽平衡)을 이루듯이, 오행(五行)도 하나의 태극(太極)으로서 생극(生剋)의 작용으로 오행평형(五行平衡)을 가져야 하는 것입니다. 상생상극(相生相剋)의 조화(造化)가 만물이 생성 발전하는 자연적인 법칙입니다.

생극(生剋)에서 어느 하나가 많음으로 인해서(어느 하나가 많다는 것은 반대적인 측면에서 관찰하면 어느 하나가 작다는 것입니다), 균형(均衡)이 깨어지고 자연(自然)의 이치(理致)가 어그러지는 것입니다.

> **다자병**(多者病), **무자병**(無者病).
> 많아도 문제, 없어도 문제입니다.

어느 부분을 살펴보고자 함은 전체를 알기 위함이고, 전체를 알기 위해서는 부분을 살펴보아야 합니다.

만약 목(木)이 태과(太過)하다면, 상생(相生)의 부분에서 수생목(水生木)의 과정에서는 수(水)가 정상적인 운행이 불가피하게 되고, 목생화(木生火)의 과정에서는 화(火)가 타격을 받을 것입니다. 상극(相剋)의 부

분에서 금극목(金克木)의 과정에서 금(金)에 영향을 미칠 것이고, 목극
토(木剋土)의 과정에서 토(土)에게도 그 영향이 미칠 것입니다.

반대로 목(木)이 너무 미약(微弱)한 경우도 마찬가지입니다. 목(木)이
미약(微弱)하다면 수생목(水生木)의 과정에서만 보면 수(水)가 강하게 되
어 탈이 생길 것이고, 목생화(木生火)의 과정에서만 보면 화(火)가 목(木)
의 생(生)을 제대로 받지 못할 것이며, 금극목(金克木)에서는 금(金)이
상대적으로 강(强)하게 되어 목(木)의 생명(生命)이 간당간당할 것이며,
목극토(木剋土)에서는 토(土)를 제압하느라 기진맥진(氣盡脈盡)하여 제
할 일을 못하게 되는 것입니다.

## 1) 생(生)의 과다(過多)

모자멸자(母慈滅子)와 설기과다(洩氣過多)가 있습니다.

상생(相生)은 다음과 같습니다.

---

木生火,　　火生土,　　土生金,　　金生水,　　水生木

---

그러나 생(生)하는 것과 생(生)을 받는 것이 적절하지 못하고, 과다(過
多)하면 오행의 균형(均衡)이 파괴되고 질서가 흔들립니다.

## (1) 모자멸자(母慈滅子)

나를 도와주는 생(生)은 어머니입니다. 어머니는 가장 소중한 존재
이고 언제나 아늑한 고향의 품입니다. 나를 도와주는 어머니가 많을 경

우, 자상한 어머니도 참견과 잔소리가 많아지면 자식도 어머니를 싫어하게 됩니다. 이것은 모자멸자(母慈滅子) 즉 "어머니의 지나친 사랑이 자식을 망친다."는 것입니다.

목생화(木生火)이나 목다화식(木多火熄)
 : 목이 지나치게 많으면 불이 꺼진다.

화생토(火生土)이나 화다토척(火多土斥)
 : 불이 지나치게 많으면 흙이 갈라진다.

토생금(土生金)이나 토다매금(土多埋金)
 : 흙이 지나치게 많으면 금이 깊게 묻힌다.

금생수(金生水)이나 금다수탁(金多水濁)
 : 금이 지나치게 많으면 물이 탁해진다.

수생목(水生木)이나 수다목표(水多木漂)
 : 물이 지나치게 많으면 나무가 뜬다.

## (2) 설기과다(洩氣過多)

내가 도와주는 생(生)은 자식입니다. 자식은 부모의 결실이요 울타리라 합니다. 내가 도와주는 자식이 많을 경우, 옛말에 "가지 많은 나무 바람 잘 날 없다."고 했습니다.

자식과 부모의 입장에서도 부모의 생(生)이 지나친 것도 큰일이지만, 부모의 입장에서도 생(生)을 받는 자식도 지나치면 이것도 큰 문제가 발생합니다. 이 상황을 사주의 용어로는 "설기과다(洩氣過多)"라 합니다.

목생화(木生火)이나 화다목분(火多木焚)

: 불이 지나치게 많으면 나무는 불에 타 버린다.

화생토(火生土)이나 토다화회(土多火晦)

: 흙이 지나치게 많으면 불과 빛은 어둠침침하다.

토생금(土生金)이나 금다토약(金多土弱)

: 金이 지나치게 많으면 흙이 메마르고 약해진다.

금생수(金生水)이나 수다금침(水多金沈)

: 물이 지나치게 많으면 금이 물에 잠겨 버린다.

수생목(水生木)이나 목다수축(木多水縮)

: 나무가 지나치게 많으면 물은 말라 버린다.

## 2) 극(剋) 과다(過多)

설상가상(雪上加霜), 재다신약(財多身弱)이 있습니다.

상극(相剋)은 다음과 같습니다.

木剋土   土剋水   水剋火   火剋金   金剋木

그러나 극(剋)하는 것과 극(剋)을 받는 것이 적절하지 못하고 과다(過多)하면, 오행의 균형(均衡)이 파괴되고 질서가 흔들립니다.

## (1) 설상가상(雪上加霜)

내가 극(剋)을 당하는 경우인데 나를 극(剋)하는 성분이 너무 많아서 문제가 되는 경우입니다. 세속 말로 "죽지 못해 산다.", "업친데 덥친격"이다 라고 말합니다. 즉 설상가상(雪上加霜)이란 말이 적절하겠습니다.

금극목(金剋木)이나 금다목절(金多木折)

: 금이 지나치게 강하면 나무가 잘린다.

목극토(木剋土)이나 목다토함(木多土陷)

: 나무가 지나치게 강하면 흙이 함몰된다.

토극수(土剋水)이나 토다수멸(土多水滅)

: 흙이 지나치게 강하면 물이 말라 버린다.

수극화(水剋火)이나 수다화식(水多火熄)

: 물이 지나치게 강하면 불이 꺼져 버린다.

화극금(火剋金)이나 화다금용(火多金鎔)

: 불이 지나치게 강하면 금이 녹아 버린다.

## (2) 재다신약(財多身弱)

내가 극(剋)하는 경우인데, 극(剋)을 받는 성분이 너무 많아서 문제가 되는 경우입니다. 사주 용어로는 일명 "재다신약(財多身弱)"이라 합니다. 하극상(下剋上)이 일어납니다.

금극목(金剋木)이나 목다금결(木多金缺)

: 나무가 지나치게 강하면 금이 문드러진다.

목극토(木剋土)이나 토다목절(土多木折)

: 흙이 지나치게 강하면 나무가 꺾어진다.

토극수(土剋水)이나 수다토류(水多土流)

: 물이 지나치게 강하면 흙이 떠내려간다.

수극화(水剋火)이나 화다수증(火多水蒸)

: 불이 지나치게 강하면 물이 증발한다.

화극금(火剋金)이나 금다화식(金多火熄)

: 금이 지나치게 강하면 불이 꺼져 버린다.

도표로 그려보면 다음과 같습니다.

생극(生剋)의
과다(過多)

| 모자멸자<br>母慈滅子 | 생(生) | 설기과다<br>洩氣過多 | 설상가상<br>雪上加霜 | 극(剋) | 재다신약<br>財多身弱 |
|---|---|---|---|---|---|
| 木多火熄 | 木生火 | 火多木焚 | 金多木折 | 金克木 | 木多金缺 |
| 火多土斥 | 火生土 | 土多火晦 | 木多土陷 | 木剋土 | 土多木折 |
| 土多金埋 | 土生金 | 金多土弱 | 土多水滅 | 土克水 | 水多土流 |
| 金多水濁 | 金生水 | 水多金沈 | 水多火熄 | 水剋火 | 火多水蒸 |
| 水多木漂 | 水生木 | 木多水縮 | 火多金鎔 | 火克金 | 金多火熄 |

## 태극도설(太極圖設)을 들여다 보다가

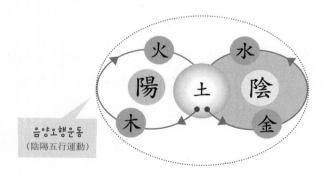

음양오행운동
(陰陽五行運動)

태극도설(太極圖設)을 한참을 들여다보다가, 언뜻 스치는 생각 결에 오행도(伍行圖)를 한 번 꼬았더니 위와 같은 모양이 되었습니다. 그러고 나니 쉬임없이 영원(永遠)이 움직여 보입니다. 무한대를 의미하는 '기호' 같아 보이기도 합니다. '뫼비우스의 띠'같기도 합니다. 자기장을 뿜어내고 있는 지구같기도 합니다. 바깥의 큰 원은 적막무짐(寂寞無朕)한 우주의 상(象)이라고 생각하고 보니, 음양운동(陰陽運動)도 보이고, 오행운동(伍行運動)도 보입니다.

'伍行, 一陰陽也. 陰陽, 一太極也. 太極本無極也.' 오행(伍行)은 음양(陰陽)이요, 음양(陰陽)은 태극(太極)이고, 태극(太極)의 근본(根本)은 무극(無極)이다. 라는 말입니다. 음양(陰陽)이 곧 오행(伍行)이고, 오행(伍行)은 곧 음양(陰陽)이니, 음양운동(陰陽運動)과 오행운동(伍行運動)은 곧 같은 운동(運動)인 것입니다. 그러니 하나의 그림에 당연히 나타나고, 서로 부딪힘이 없어야 한다고 생각합니다.

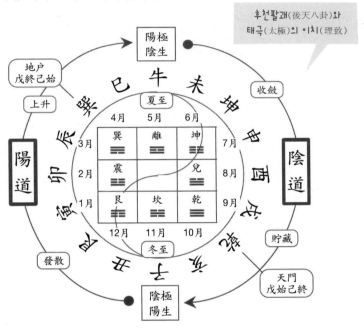

후천팔괘(後天八卦)와 태극(太極)의 이치(理致)

틈나는 대로 모아 둔 자료이다 보니 출처가 어디인지는 모르겠지만,

음양오행(陰陽伍行)을 마무리 한 이 자리가 참으로 적당한 위치 같습니다. 시간 나는 대로 보시면 많은 도움이 되실 겁니다.

천문(天門), 지호(地戶)란 말은 천간지지(天干地支)의 합충(合冲)에서 나옵니다.

제 2부

# 천간지지
## (天干地支)

오행(五行)은 음양(陰陽)의 확장된 모습입니다. 음양(陰陽)의 팽창(膨脹)과 수축(收縮)의 반복 작용의 결과입니다.

팽창(膨脹)은 양(陽)의 운동으로, 1단계는 수축(收縮)되었던 생명이 처음에 한 방향으로 뚫고 나오는 기운을 말하며, 목(木)이라 하고, 2단계는 목(木)을 통해 한 방향으로 뚫고 나온 생명이 사방팔방으로 무질서하게 흩어지며 성장(成長)하는 기운이며, 화(火)라고 합니다.

수축(收縮)은 음(陰)의 운동으로, 1단계는 한없이 흩어질 수 없는 상태까지 분열된 화(火)를 토(土)의 도움을 받아 거두어 수렴(收斂)하는 과정이며, 금(金)이라 하고, 2단계는 금(金)을 통해 수렴되면서 외부와 굳어진 것을 그 속까지 단단하게 응고시켜 한 점으로 뭉쳐 저장(貯藏)하는 과정이며, 수(水)라고 합니다.

팽창(膨脹)하는 목(木)과 화(火), 수축(收縮)하는 금(金)과 수(水)를 중재(仲裁)하여 부드럽고 순조롭게 변화되도록 도와주는 것이 토(土)입니다.

음양(陰陽)이 우주만물의 본질이므로, 음양(陰陽)의 분화, 발전된 모습인 오행(五行) 또한 우주만물의 본질(本質)입니다. 이 다섯 개의 기운이 서로 모이고 흩어지면서 우주만물이 생성 소멸(生成消滅)하는 변화를 일으키면서 지속적으로 순환 운행을 합니다. 우주가 이 다섯 가지의 질서로 운행한다는 말입니다. 시간과 공간의 모든 법칙이 이 다섯 가지 원리로서 작용하고 있는 것입니다.

따라서 오행(五行)이란 음양운동(陰陽運動)으로 나타난 우주만물의 본질을 이루는 다섯 가지의 기운으로, 모이고 흩어지면서 우주만물이 생성 소멸(生成消滅)하는 변화를 일으키는 운동이 지속적으로 순환운행 하는, 우주의 근본법칙입니다.

이 우주(宇宙)의 오행(五行)이 다시 음양(陰陽)으로 분화(分化), 발전(發展) 함으로써 열 개의 천간(十天干)이 생겼습니다.

이 우주(宇宙)의 오행(五行)이 땅으로 내려오면서, 지구 자체인 토(土)와 합하고, 다시 음양(陰陽)으로 분화(分化), 발전(發展) 함으로써 12지지(十二支地)가 나타나게 되었습니다.

음양오행(陰陽五行)이 상호 작용하여 천지(天地)를 만들었는데, 하늘과 땅 또한 음양(陰陽)입니다. 하늘은 양(陽)이며 기(氣)이고, 땅은 음(陰)이며 질(質)입니다.

하늘의 오행(五行)이 다시 음양(陰陽)으로 분화되었습니다.
목(木)에서, 기(氣)는 갑(甲)으로, 질(質)은 을(乙)로,
화(火)에서, 기(氣)는 병(丙)으로, 질(質)은 정(丁)으로,
토(土)에서, 기(氣)는 무(戊)로, 질(質)은 기(己)로,
금(金)에서, 기(氣)는 경(庚)으로, 질(質)은 신(辛)으로,
수(水)에서, 기(氣)는 임(壬)으로, 질(質)은 계(癸)로 나누어 졌습니다.

甲, 丙, 戊, 庚, 壬은 陽이고, 기(氣)이며
乙, 丁, 己, 辛, 癸는 陰이고, 질(質)입니다.

오행(五行)이 땅에서 다시 음양(陰陽)으로 분화되었습니다.
목(木)에서, 기(氣)는 인(寅)으로, 질(質)은 묘(卯)로,
화(火)에서, 기(氣)는 사(巳)로, 질(質)은 오(午)로,
토(土)에서, 기(氣)는 진,술(辰,戌)로, 질(質)은 축,미(丑,未)로,
금(金)에서, 기(氣)는 신(申)으로, 질(質)은 유(酉)로,
수(水)에서, 기(氣)는 자(子)로, 질(質)은 해(亥)로 나누어 졌습니다.

子, 寅, 辰, 午, 申, 戌은 陽이고, 기(氣)이며,
丑, 卯, 巳, 未, 酉, 亥는 陰이고, 질(質)입니다.

갑목(甲木)은 봄철에 나무가 껍질이 터지는 것을 뜻한다. 백과초목은 우뢰 풍작에 따라서 그 껍질을 쪼갠 뒤에 싹이 트게 되는데, 모든 것이 처음으로 하늘의 진리를 펴는 개벽이다.

을목(乙木)은 싹이 뻗어나갈 때 그 끝이 '乙'자 모양의 곡형으로 이루어지는 것을 뜻함이니 만물이 처음으로 그 형체를 세상에 드러내는 어린 시절이다.

병화(丙火)는 명랑하고 따뜻한 태양을 뜻하며 만물이 그 정체를 드러내는 것이다.

정화(丁火)는 만물이 성장하는 뜻을 가진다.

무토(戊土)는 만물이 무성하게 성장하는 것을 뜻 한다.

기토(己土)는 만물의 성장이 완전하게 되어 외형적인 성물이 완성 단계에 이르렀음을 뜻한다. 하지절(夏至節)은 양(陽)이 극성하며 음(陰)이 시생(始生)한다.

경금(庚金)은 강경하며 만물이 내적으로 충실해져서 거의 완성된 것을 뜻 한다.

신금(辛金)은 만물의 모든 성장과 결실을 완수해서 열매가 모체로부터 떨어지는 사별의 고통을 뜻 한다.

임수(壬水)는 만물이 회임(懷妊)하는 시기인데, 곧 음양(陰陽)이 서로 교차하는 것이며 생성의 한 주기가 끝마치는 것을 뜻한다. 음(陰)이 극성한 동지절(冬至節)에 극쇠한 양(陽)이 다시 살아 나오는데, 이것이 음(陰)이 다하고, 양(陽)의 시생(始生)이며 음양교차이며 신세계의 배태며 임수(壬水)의 근본적 진리이다.

계수(癸水)는 규탁(規度-헤아려서 측정하는 것)이라 했다. 임수(壬水)에서 회임 잉태한 양(陽)이 성장하여 점차적으로 양의 존재가 내부 이면에서 확실해졌음을 뜻한다. 또 기후에 비하면 동절의 마지막인 12월에 해당하는데 춥고 수왕(水旺)한 겨울과 양이 창달하여 따뜻한 봄날을 이어주는 토왕시(土旺時)이다. 따라서 겨울이 얼마 남지 않았으며 새로운 세계가 성장하고 있음을 알 수 있다는 뜻에서 규탁(規度)이라 한 것이다.

자수(子水)는 양기(陽氣)가 비로소 싹트게 됨을 의미하니 아이를 잉태하는 것과 같고, 축토(丑土)는 굴복되고 종속됨을 의미하니 한기(寒氣)가 스스로 굴복하기 시작한 것이다.

인목(寅木)은 양기(陽氣)가 움직이니 만물이 강하게 활동하려는 시기이며, 묘목(卯木)은 만물이 땅 위로 솟아 나오는 것을 의미한다,

진토(辰土)는 만물이 기개를 펴니 발전하는 기상을 의미하며, 사화(巳火)는 양기(陽氣)가 충만해졌음을 의미하고, 오화(午火)는 음양(陰陽)이 교제(交際)함에 서로 놀라고 미워함을 의미한다.

미토(未土)는 양기(陽氣)가 쇠약해지기 시작하는 것을 의미하고, 신금(申金)은 만물의 형체가 완성되었음을 의미하며, 유금(酉金)은 만물이 그 목적과 결과를 성취함을 의미한다.

술토(戌土)는 만물이 생을 다하고 멸진했음을 의미하고, 해수(亥水)는 견고한 씨앗과 같은 것이니 만물이 깊이 수장(收藏)된 것을 의미한다.

# 천 간 (天干)

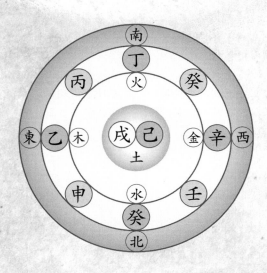

적천수(滴天隨)에 있는 글입니다.

五陽皆陽丙爲最, 五陰皆陰癸爲至.

오양개양병위최, 오음개음계위지.

오양(五陽)이 모두 양(陽)이지만 그 중에서 병화(丙火)가
가장 양(陽)같다 할 수 있고, 오음(五陰)이 모두 음(陰)이지만,
그 중에서도 계수(癸水)가 진정으로 음(陰)같다 할 수 있다.

五陽從氣不從勢, 五陰從勢無情義.

오양종기부종세 오음종세무정의

오양(五陽) 즉 갑병무경임(甲丙戊庚壬)은 기(氣)를 따르며,
세력(勢力)은 쫓지 않고, 오음(五陰) 즉 을정기신계(乙丁己辛癸)는
세력(勢力)을 따르고, 의리(義理)가 없다.

적천수징의(滴天髓徵義)에서 말하기를,

'병화(丙火)가 가장 양(陽)같다 하겠고, 계수(癸水)가 가장 음(陰)같다
하겠다. 십간(十干)의 기운(氣運)은 같은 근원에서 출발을 하게 되는 것
이니, 갑을(甲乙)은 같은 목(木)이고, 병정(丙丁)은 같은 불이며, 무기(戊
己)는 같은 토(土)이다. 그리고 경신(庚辛)은 같은 금(金)이고, 임계(壬癸)
도 같은 수(水)이다. 즉 목화토금수(水火木金土)를 다른 말로 빌렸을 뿐
이다.

기(氣)는 본래 형체가 없다. 그러니까 쓰이는 곳을 각자 분별해야 하
겠다. 또한 같은 오행이면서도 양(陽)은 강하고 음(陰)은 부드러운 것에
불과하며, 양(陽)은 강왕(健旺)하고 음(陰)은 유순(柔順)하다는 것으로 말
을 해도 상관이 없다.

제1장 천간(天干)

오양(五陽)은 기(氣)가 열리는 성분으로 빛나고 활발하여 관찰하기 쉬운데, 오음(五陰)은 기세(氣勢)가 닫히는 성분으로 속으로 포장이 되어 있어, 그 속을 헤아리기가 무척 어렵다. 오양(五陽)은 성질이 강건(剛健)하여, 관살이 많아도 겁을 내지 않고, 오음(五陰)은 성질이 유순(柔順)하여, 주변의 기세(氣勢)가 왕성(旺盛)하면 그대로 왕성(旺盛)한 세력(勢力)에 순종(順從)을 한다.'

이 말을 정리하면 다음과 같습니다.

첫째, 갑을(甲乙)은 같은 목(木)이고, 병정(丙丁)은 같은 불이며, 무기(戊己)는 같은 토(土)입니다. 경신(庚辛)은 같은 금(金)이고, 임계(壬癸)도 같은 수(水)입니다. 즉 목화토금수(水火木金土)를 음양(陰陽)으로 나누어 표현하였을 뿐입니다.

둘째, 같은 오행이면서도 양(陽)은 강하고 왕성하고(强旺), 음(陰)은 부드러우며 순종을 잘합니다(柔順).

셋째, 오양(五陽)은 기(氣)가 열리는 성분이고, 오음(五陰)은 기세가 닫히는 성분입니다. 오양(五陽)은 성질이 강건(剛健)하여, 주위가 나를 극(剋)하는 성분으로 가득하여 위협을 가하더라도 기죽지 않고 큰소리치는데, 오음(五陰)은 성질이 유순(柔順)하여, 주변의 기세(氣勢)가 왕성(旺盛)하면 그대로 왕성(旺盛)한 세력(勢力)에 순종(順從)을 합니다.

넷째, 오양(五陽 – 甲丙戊庚壬)중에서 병(丙)이 최고 양(陽)다운 양(陽)이고, 오음(五陰 – 乙丁己辛癸)중에서는 계(癸)가 가장 음(陰)다운 음(陰)입니다.

다시 말하자면, 열 개의 천간(天干)은 오행(五行)을 음양(陰陽) 즉, 기(氣)와 질(質)로써 나눈 것입니다. 갑(甲)과 을(乙)은, 목(木)을 기(氣)와 질(質)로써 나눈 것입니다. 갑을(甲乙)은 같은 목(木)이지, 별개의 것이 아니라는 말입니다. 병정(丙丁), 무기(戊己), 경신(庚辛), 임계(壬癸)도 마찬가지입니다.

아래 도표에서 보면 오양(五陽)은 그 기운이 굳세고 강하게 표현된 반면, 오음(五陰)은 모두 연약하게 표시되어 있습니다.

| 적천수(滴天隨) | |
|---|---|
| 양(陽) | 음(陰) |
| 甲木參天(갑목참천) | 乙木雖柔(을목수유) |
| 丙火猛烈(병화맹렬) | 丁火柔中(정화유중) |
| 戊土固重(무토고중) | 己土卑濕(기토비습) |
| 庚金帶煞(경금대살) | 辛金軟弱(신금연약) |
| 壬水通河(임수통하) | 癸水至弱(계수지약) |

수기(水氣)에서 목기(木氣)로 바뀔 때, 수기(水氣)는 계속 자기의 성질(性質) 지키려고 합니다. 목기(木氣)중에서 굳세고 강한 목기(木氣)가 신속(迅速)한 변화를 일으켜, 수기(水氣)에서 목기(木氣)로 바뀌게 됩니다. 갑목(甲木)이 그 역할을 맡았습니다.

말을 하자면 그렇다는 말입니다. 목(木)의 음양(陰陽)을 논(論)하려니 그렇습니다. 목기(木氣)가 강한 놈 약한 놈이 어디 따로야 있겠습니까? 수기(水氣)에서 목기(木氣)로 바뀔 때에 강하게 작용한다 그 말입니다.

물론 갑목(甲木)만의 성과(成果)는 아닙니다. 금기(金氣)가 소진(消盡) 됨으로 수기(水氣)에 그 힘을 불어넣지 못함도 있고, 화기(火氣)의 작용으로 수기(水氣)의 힘이 소실(消失)됨도 있고, 토기(土氣)의 작용으로 수기(水氣)의 수축(收縮)하고 응고(凝固)하는 힘을 막아서는 작용도 있을 것입니다.

그러나 여기서는 천간(天干)의 오양(五陽)과 오음(五陰)을 논(論)하는 곳이므로, 아무리 금(金), 화(火), 토(土)의 작용이 있다한들 목기(木氣)에서 음양(陰陽)으로 나누어서 그 성질을 논한다면, 굳세고 강한 작용으로 수기(水氣)를 신속(迅速)하게 뚫고 나와야 함으로 갑목(甲木)으로 그 역할을 맡게 하였습니다. 그러므로 오양(五陽)은 굳세고 강하다고 하겠습니다.

을목(乙木)은 갑목(甲木)의 뒤를 이어 목기(木氣)를 한발 한발 펼쳐 나갑니다. 갑목(甲木)이 이루어 놓은 목기(木氣)를 키워 나갑니다. 부드럽게 어루만지고 달래면서 목기(木氣)를 살찌워 갑니다. 그래서 오음(五陰)은 연약(軟弱)하다 하겠습니다.

다른 오행(五行)도 마찬가지라고 생각하시면 됩니다. 일례로 갑목(甲木)의 역할을 이어 받은 을목(乙木)이 목기(木氣)를 튼튼하게 살찌웠습니다. 을목(乙木)은 이 상태를 유지하고픈 마음입니다. 그러나 양화(陽火)인 병화(丙火)가 화기(火氣)의 기치(旗幟)를 내 걸고 변화를 일궈냅니다.

그러고 보니 오양(五陽)은 남성적이고 오음(五陰)은 여성적입니다. 기업가로 보면 갑목(甲木)은 창업형이고, 을목(乙木)은 수성형이라는 생각을 해봅니다.

인터넷에 올라온 글에서 적합할 것 같아서 올려봅니다.

'남자와 여자의 7가지 심리차이 중'

**남성심리**　독립적인 사람이 되고 싶어 한다.

존중과 존경을 받고 싶어 한다.

무리 내 서열을 예리하게 인지한다.

다른 사람들을 지배하고 통제하는 위치에 있을 때 힘을 느낀다.

**여성심리**　꼭 필요한 사람이 되고자 한다.

연결되고 싶어 한다.

지위 차이를 최소화하고 싶어 한다.

다른 사람들을 도와줄 때 힘을 느낀다.

## ☯ 토(土)의 두 가지 작용

토(土)가 현실에 작용할 때는 둘로 나뉩니다. 첫째는 팽창을 주재하는 양토(陽土)가 있고, 둘째는 수축을 주재하는 음토(陰土)가 있습니다. 예를 들면 양토(陽土)는 씨앗의 싹을 틔우는 수생목(水生木)의 과정, 계절로 말하면 겨울(水)에서 봄(木)으로 넘어갈 때 작용하고, 음토(陰土)는 화극금(火克金)의 과정 즉 여름(火)에서 가을(金)로 넘어 갈 때 작용합니다.

금(金)과 화(火)의 다툼을 조절하는 토가 바로 음토(陰土)입니다. 바로 이 음토(陰土)의 작용이 대단히 중요하므로, 보통 '목 → 화 → 토 → 금 → 수'의 순서로 오행(五行)을 말할 때의 토는 사실상 음토(陰土)를 지칭하는 것입니다.

오행(五行)중 목화금수(木火金水)는 겉으로 드러난 변화의 현상이며, 토(土)는 이 세상에 변화가 일어나게 하는 이면(裏面)의 원동력인 것입니다. 다시 말하면 춘하추동 사계절의 변화는 목화금수(木火金水)의 순

환이며, 춘하추동 사계절이 그 순서를 어기지 않고 조화롭게 순환할 수
있게 해주는 근원적인 힘이 바로 토(土)라는 것입니다.

다시 한 번 정리하는 면에서 살펴보도록 하겠습니다.

음양(陰陽)에서 보면,

음(陰)이 극(極)에 이르면 양(陽)이 생(生)한다고 하였습니다. 즉, 음
(陰)에서 양(陽)으로의 질적변화(質的變化)가 일어납니다. 양(陽)이 발전
(發展)을 하다가 극(極)에 이르면 음(陰)으로의 질적변화(質的變化)를 일
으킵니다. 그리고 또 다시 음(陰)이 극(極)에 이르면 다시 양(陽)이 생
(生)하는 순환(循環)을 하게 됩니다.

이렇게 음양(陰陽)이 순환반복(循環反復)하는 것은, 음양(陰陽)을 조화
(造化)시키는 중(中)이라는 요소 때문입니다. 이 중(中)이라는 요소는 무
극(無極)에서 오는 것입니다.

오행(五行)에서 보면,

금수(金水)의 음(陰)의 작용이 목화(木火)의 양(陽)의 작용으로, 목화
(木火)의 양(陽)의 작용이 금수(金水)의 음(陰)의 작용으로 순환반복(循環
反復)됩니다.

분출(噴出)하려는 목(木)과 사방팔방으로 퍼져나가려는 화(火)의 양
(陽) 기운과 모으려는 금(金)과 모아진 것을 그 속까지 응축(凝縮)시키는
음(陰) 기운은 서로 이질적(異質的)입니다. 이질적(異質的)인 음양(陰陽)
을 조화(造化)시켜 주는 기운이 토(土)입니다.

수(水)를 바탕으로 목(木)이 생(生)하고, 목(木)을 바탕으로 화(火)가 생(生)하고, 화(火)를 바탕으로 토(土)가 생(生)하고, 토(土)를 바탕으로 금(金)이 생(生)하고, 금(金)을 바탕으로 수(水)가 생(生)합니다.

오행(五行)의 상생(相生)과 상극(相剋)을 들어 말하자면,

수(水)는 금(金)을 뿌리로 하여 발전합니다. 수(水)는 토(土)의 극(剋)을 받아 수(水)의 자기의 형(形)을 만들고, 수(水)의 형(形)은 또한 목(木)의 뿌리가 됩니다.

목(木)은 수(水)를 뿌리로 하여 발전합니다. 목(木)은 금(金)의 극(剋)을 받아 목(木)의 자기의 형(形)을 만들고, 목(木)의 형(形)은 또한 화(火)의 뿌리가 됩니다.

화(火)는 목(木)을 뿌리로 하여 발전합니다. 화(火)는 수(水)의 극(剋)을 받아 화(火)의 자기의 형(形)을 만들고, 화(火)의 형(形)은 또한 토(土)의 뿌리가 됩니다.

토(土)는 화(火)를 뿌리로 하여 발전합니다. 토(土)는 목(木)의 극(剋)을 받아 토(土)의 자기의 형(形)을 만들고, 토(土)의 형(形)은 또한 금(金)의 뿌리가 됩니다.

금(金)은 토(土)를 뿌리로 하여 발전합니다. 금(金)은 화(火)의 극(剋)을 받아 금(金)의 자기의 형(形)을 만들고, 금(金)의 형(形)은 또한 수(水)의 뿌리가 됩니다.

천간(天干)을 살펴보겠습니다.

오행(五行)이 발전(發展)하여 열 개의 천간(天干)이 되었습니다. 오행(五行)이 다시 음양(陰陽)으로 나뉘어졌습니다.

갑을(甲乙)은 목(木)이고, 병정(丙丁)은 화(火)이고, 무기(戊己)는 토(土)이고, 경신(庚申)은 금(金)이고, 임계(壬癸)는 수(水)입니다.

천간(天干)을 음양(陰陽)의 틀에서 보면,

갑을병정무(甲乙丙丁戊)는 양(陽)이고. 기경신임계(己庚辛壬癸)는 음(陰)입니다. 갑을병정무(甲乙丙丁戊)의 양(陽)의 과정에서 기경신임계(己庚辛壬癸)의 음(陰)의 과정으로, 기경신임계(己庚辛壬癸)의 음(陰)의 과정에서 갑을병정무(甲乙丙丁戊)의 양(陽)의 과정으로 순환(循環)을 반복(反復)합니다.

천간(天干)을 오행(五行)의 테두리에 보면,

임계(壬癸) 수(水)가 갑을(甲乙) 목(木)으로, 병정(丙丁) 화(火)로, 무기(戊己) 토(土)로, 경신(庚申) 금(金)으로 임계(壬癸)수로 순환 반복(循環反復)합니다.

임수(壬水)는 경신(庚申) 금(金)을 뿌리로 하여 생(生)하였습니다.

임수(壬水)는 기(氣)이므로 토(土)의 극(剋)을 받아서 수(水)의 형(形)인 계수(癸水)를 만들고, 계수(癸水)는 갑을(甲乙) 목(木)의 뿌리가 됩니다.

갑목(甲木)은 임계(壬癸) 수(水)를 뿌리로 하여 생(生)하였습니다.

갑목(甲木)은 기(氣)이므로 금(金)의 극(剋)을 받아서 목(木)의 형(形)인 을목(乙木)을 만들고, 을목(乙木)은 병정(丙丁) 화(火)의 뿌리가 됩니다.

130

병화(丙火)는 갑을(甲乙) 목(木)을 뿌리로 하여 생(生)하였습니다.

병화(丙火)는 기(氣)이므로 수(水)의 극(剋)을 받아서 화(火)의 형(形)인 정화(丁火)를 만들고, 정화(丁火)는 무기(戊己) 토(土)의 뿌리가 됩니다.

무토(戊土)는 병정(丙丁) 화(火)를 뿌리로 하여 생(生)하였습니다.

무토(戊土)는 기(氣)이므로 목(木)의 극(剋)을 받아서 토(土)의 형(形)인 기토(己土)를 만들고, 기토(己土)는 경신(庚申) 금(金)의 뿌리가 됩니다.

경금(庚金)은 무기(戊己) 토(土)를 뿌리로 하여 생(生)하였습니다.

경금(庚金)은 기(氣)이므로 화(火)의 극(剋)을 받아서 금(金)의 형(形)인 신금(辛金)을 만들고, 신금(辛金)은 임계(壬癸) 수(水)의 뿌리가 됩니다.

갑을(甲乙) 목(木)의 씨앗은 임수(壬水)에서 이미 형성되었습니다.

금기(金氣)에 의해 모이고 모인 기(氣)를 임수(壬水)가 응축(凝縮)하여 만들었습니다. 계수(癸水)에서 힘을 비축(備蓄)하며 분출(噴出)하려는 때를 기다리며 욕구를 억누르고 있습니다.

병정(丙丁) 화(火)의 씨앗은 갑목(甲木)에서 이미 형성되었습니다.

목기(木氣)에 의해 기(氣)가 분출(噴出)될 때 화(火)의 씨앗이 만들어집니다. 을목(乙木)에서 준비를 하면서 사방팔방 자기의 위세를 흩날리기를 기다립니다.

경신(庚申) 금(金)의 씨앗은 병화(丙火)에서 이미 형성되었습니다.

화기(火氣)가 사방팔방 자기의 위세를 흩뜨리기 시작할 때 금(金)의 씨앗이 만들어 집니다. 화기(火氣)가 정화(丁火)를 거쳐 힘이 소진(消盡)될 때를 기다립니다.

임계(壬癸) 수(水)의 씨앗은 경금(庚金)에서 이미 형성되었습니다.

사방팔방 흩날리던 화기(火氣)가 힘을 소진(消盡)하여 기진맥진(氣盡脈盡)할 때에, 금기(金氣)는 기(氣)를 모으기 시작합니다. 이때 수(水)의 씨앗이 만들어집니다. 신금(辛金)을 거치면서 힘을 키우며 기다립니다.

무기(戊己) 토(土)는 중앙에 위치하면서 목화금수(木火金水)를 조절(調節), 조화(造化)시킵니다. 무토(戊土)는 임계(壬癸) 수(水)에서 갑을(甲乙) 목(木)으로 넘어가는 과정에서 양(陽)의 토(土)로 팽창(膨脹)을 주재(主宰)하는 작용을 하고, 기토(己土)는 병정(丙丁) 화(火)에서 경신(庚申) 금(金)으로 넘어가는 과정에서 음(陰)의 토(土)로 수축(收縮)을 주재(主宰)하는 작용을 합니다. 한 번은 양(陽)으로 한 번은 음(陰)으로 작용을 하니 토(土)의 본성(本性)인 공평무사(公平無私)함이 유감없이 발휘되는 것 같습니다.

수(水)에서 목(木)으로 넘어가는 과정은 쉽게 이해가 되나, 화(火)에서 금(金)으로 넘어가는 과정이 초학자(初學者) 시절엔 언뜻 이해가지 않음이 있었습니다.

봄은 목기(木氣)요, 여름은 화기(火氣)요, 가을은 금기(金氣)요, 겨울은 수기(水氣)입니다. 겨울에서 봄으로는 수생목(水生木)이요, 봄에서 여름으로는 목생화(木生火)요, 여름에서 가을로는 화극금(火克金)이요, 가을에서 겨울은 금생수(金生水)입니다.

수생목(水生木), 목생화(木生火), 화생토(火生土), 토금금(土生金), 금생수(金生水)라는 상생(相生)의 범주(範疇)에 휘둘리고 있기 때문이라고 생각합니다. 또한 생명(生命)을 의미하는 목기(木氣) 위주의 설명 탓도 있을 것입니다.

불사조라는 새가 있습니다. 오백년을 살고 나면 스스로 몸을 태워 그 재속에서 다시 태어난다 합니다. 그리고 또 다시 오백년을 살고 또 몸을 태우고 그 재속에서 또 다시 태어나고 그래서 영원히 죽지 않고 산다고 합니다. 마치 여름에서 가을로 넘어가는 과정을 설명한 것 같은 느낌입니다.

겨울에서 봄으로 수생목(水生木)하는 과정에서는 무토(戊土)인 양토(陽土)가 수(水)를 극(剋)함으로 수(水)의 수축(收縮)하고 응고(凝固)하는 힘을 막아 목(木)을 생(生)하게 하고, 여름에서 가을로 화금극(火克金)하는 과정에서는 기토(己土)인 음토(陰土)가 화생토(火生土), 토생금(土生金)하여 여름에서 가을로 넘어갑니다.

전환점(轉換點)이라는 말이 있습니다. 터닝 포인트(Turning Point)입니다. 그러나 전체적으로 보면 그것도 한 과정의 일부입니다.

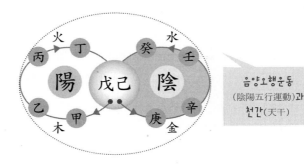

음양오행운동(陰陽五行運動)과 천간(天干)

제1장 천간(天干)

음양오행운동(陰陽五行運動)에 천간(天干)을 배치한 그림입니다.

> '거편무극십(擧便無極十), **십편시태극일**(十便是太極一).'
> '**一, 無十無體**(일, 무십무체), **十, 無一無用**(십, 무일무용).'

김일부선생께서 하신 말씀인데, '손을 들어 열 손가락을 다 편 것은
십무극(十無極)이요, 손가락을 접어 두 손을 합치면 이것이 곧 하나인
일태극(一太極)이다. 손가락을 다 편 무극(無極)의 상(象)이 없다면, 손가
락을 오무려 합친 일태극(一太極)도 없을 것이며, 손가락을 오무려 두
손을 합친 일태극(一太極)이 없다면 손가락을 다 펼친 십무극(十無極)의
작용도 없는 것이다.'라는 말입니다.

만물(萬物)이 극(極)한 분열(分列)을 한 것이 십무극(十無極)이요, 통일
하여 한덩어리가 된 것이 태극(太極)이다. 우주가 기(氣)를 분산(分散)하
지 않았더라면 통일(統一)은 이루어 질 수 없고, 통일(統一)이 없으면 또
한 분열(分列)이 없다.'라는 말입니다.

# ❶ 목(木)의 음양(陰陽)

목(木)을 잠시 살펴보면, 음양(陰陽)에서 양(陽)의 팽창(膨脹)운동에
속합니다. 양(陽)의 팽창(膨脹)운동에서 소양(小陽)이며, 양기(陽氣)의 시
작입니다. 생명의 시작과 한 방향으로 뚫고 나가려는 발전(發展)과 전개
(展開)하려는 성질입니다.

갑목(甲木)은 양목(陽木)이고 기(氣)입니다. 성장하는 기운이므로 생기(生氣)가 있고, 한 방향으로 뚫고 나아가려는 성분이므로 생동감(生動感)이 있고, 추진력(推進力)이 있습니다.

을목(乙木)은 음목(陰木)이며 질(質)입니다. 갑목(甲木)의 성장하려는 기운과 추진력(推進力)으로 생명을 만들어 가는 것이므로 생명력(生命力)이라 할 수 있습니다.

적천수(滴天隨)에서는 갑목참천(甲木參天)이라 했습니다. 갑목(甲木)은 순수한 양(純陽)의 목(木)이고, 그 체(體)는 원래 견고(堅固)하여 하늘을 찌를 듯이(參天) 웅장(雄壯)한 세력(勢力)이라 하였습니다.

을목수유(乙木雖柔)라 했습니다. 을목(乙木)은 갑목(甲木)의 질(質)이므로 갑목(甲木)의 생기(生氣)를 이었지만, 유약(柔弱)하다 했습니다.

## 1) 갑목(甲木)

### ☯ 물질적 의미

소나무나 전나무처럼 잔가지나 곁가지가 거의 없이 하늘 높이 솟아오른 거목, 대림목(大林木), 동량지목(棟樑之木), 강목(岡木)을 의미합니다. 뿌리가 없는 나무이며 다 자란 양목(陽木)에 속합니다.

갑목(甲木)은 지지의 인목(寅木)과 같습니다. 후천수로는 3에 속하고, 인체의 오장육부(五臟六腑)중에는 담(膽)에 속하고, 인체의 부위로는 머리에 해당합니다. 계절로는 봄이요, 天干으로는 시작이요, 머리가 됩니다.

## 🌑 인간적 의미

목(木)의 성분인 생명의 시작과 한 방향으로 뚫고 나가려는 발전(發
展)과 전개(展開)하려는 성질과 소년의 속성인 순수함과 발랄함과 인
(仁)의 자애(慈愛)를 기본으로 삼습니다.

갑목(甲木)은 양목(陽木)이고 기(氣)입니다. 성장하는 기운이므로 생
기(生氣)가 있고, 한 방향으로 뚫고 나아가려는 성분이므로 생동감(生動
感)이 있고, 추진력(推進力)이 있습니다.

그리고, 갑목(甲木)은 음양(陰陽)으로 본다면 양(陽)에 해당하기 때문
에 양(陽)적인 성향인 동적이고, 능동적이고, 적극적이고, 미래지향적입
니다. 활발하고, 강건하고, 화끈하고, 남성적이고, 감정적이고, 즉흥적이
고, 결단력이 있고, 이타적 성향, 정신적인 면보다는 육체적인 면에 치
중하는 성격을 덧 붙여 생각하신다면, 쉽게 이해하시리라 판단됩니다.

갑목(甲木)의 특성(特性)은 미래지향적 희망적이고, 항상 발전 가능성
에 관심을 둡니다. 그 이외의 것은 통제하는 경향이 있습니다.

항시 시작을 좋아합니다.
희망과 꿈이 있고, 그러기에 의욕이 있습니다.
항상 선두를 희망하고, 앞으로 향해서 돌진합니다.
앞장서려는 기질이 강한 우두머리 성격입니다.
성실한 리더로서 고집도 세고 자존심도 강합니다.
활동적이며, 적극적이고 추진력이 있습니다.
미래지향적이기에, 항상 발전 가능성에 관심을 둡니다.

오행 중에서 유일한 생명체입니다

그러므로 생기(生氣)가 있고 활기(活氣)가 있습니다.
주위환경에 영향을 많이 받습니다.

남에게 베푸는 자비심(慈悲心)이 많습니다.
성품이 깨끗하고, 착하고, 청순한 마음입니다.
타인의 입장에서 생각하고 배려합니다.
부드럽고 설득력이 있습니다.
예의바르고 대인관계가 무난합니다.

반면에, 부정적인 성향으로서는

시작은 잘하지만, 마무리가 신통치 못합니다.
서두르고, 멈추지 않으려 하기 때문에
조급(躁急)함이 나타나기도 합니다.
앞으로 나아가는 것 외에는 모두 통제하므로
자기 세계가 너무 뚜렷하고 고집(固執)이 셉니다.
자기주장을 굽히지 않습니다. 고지식하고 융통성이 없습니다.
나서기를 좋아하다 보니 공격의 대상이 되기도 합니다.
마음을 쉽게 드러내지 않습니다.
자존심도 강하므로, 남들로부터 구속받는 것을 싫어합니다,
자신의 자유를 구속하는 경우에는 반항(反抗)적으로 변합니다.
남의 탓을 잘하고, 시기 질투가 많습니다.
때로 자신감이 상실되면 조급증, 폭력성, 변덕이 심하게 됩니다.
결과가 없으면 쉽게 좌절을 하며, 실패하면 회복이 쉽지 않습니다.
간혹 자신의 뜻대로 되지 않을 때는 허탈해하거나 고독해 합니다.
생명체이기 때문에 겁 많고 게으른 사람이 됩니다.

## 절대로 포기하지 마라

- 어느 이민자의 글

Never ever give up.

황새에게 머리부터 잡혀 먹히게 된
개구리가 절체절명의 순간에도 끝까지
포기하지 않고 죽을힘을 다해
황새의 목을 조르고 있는 개구리

내게는 오래된 그림이 한 장 있다.

오래된 일이라 누가 보내 줬는지 잊어 버렸다. 자본도 없이 망한 식품점 하나를 인수해서 온 식구들이 이리저리 뛰어 다니던 이민 생활 초기였다.

당시 누군가 연필로 대충 그린 그림 한 장을 보내줬는데 휴스톤에 사는 미국 친구인 것 같은데 누구인지는 가물가물하다.

하여튼 그 날 이후, 황새에게 머리부터 잡혀 먹히게 된 개구리가 절체절명의 순간에도 끝까지 포기하지 않고 죽을 힘을 다해 황새의 목을 조르고 있는 이 한 컷 짜리 유머러스한 그림은 내 책상 앞에 항상 자리잡고 있다.

그림을 설명하면, 잡풀이 깔린 호숫가에서 황새 한 마리가 개구리를 막 잡아내어 입에 덥석 물어넣은 모습이다.

개구리 머리부터 목에 넣고 맛있게 삼키려는 순간, 부리에 걸쳐 있던 개구리가 앞발을 밖으로 뻗어 황새의 목을 조르기 시작했다.

느닷없는 공격에 당황하며 목이 졸리게 된 황새는 목이 막혀 숨을 쉴 수도 없고 개구리를 삼킬 수도 없게 되었다. 나는 지치고 힘든 일이 생길 때마다 이 그림을 들여다보곤 했다.

이 그림은 내가 사업적인 곤경에 빠졌을 때 그 어느 누구보다도 실질적인 격려를 해주었고 희망을 잃지 않도록 일깨어 주었다.

무슨 일이든 끝까지 희망을 버리지 않고 기회를 살피며 최선을 다하면 반드시 헤쳐나갈 수 있다는 용기를 개구리를 보며 얻을 수 있었다. 가족이 운영하던 사업이 차츰차츰 성장을 하면서 가족의 노동력에 의존하여 돈을 버는 구멍가게의 한계에서 벗어나 보려고 새로운 사업에 도전했다가 몇 년 동안의 수고를 다 잃어버리고 난 아침에도, 나는 이 그림을 들여다 보고 있었다. 재산 보다 많은 빚을 가지고 미국이란 나라에서 실패를 딛고 다시 성공한다는 것은 쉬운 일이 아니었다. 절망감이 온 몸을 싸고돌았고, 나의 실수가 내 부모님들의 노후와 아이들의 장래를 망칠 수도 있다는 생각으로 죄책감과 절망이 머리채를 휘어잡게 하곤 했던 시절이었다. 어느 수요일, 아침 저녁으로 지나가는 길에 있던 휴스톤의 유명한 소매 유통업체가 경영자들의 이권 다툼 끝에 매물로 나왔다는 소식을 들었다.

매장 하나당 시세가 4백만불이나 된다는 그 회사는 내 형편으로 언감생심 욕심을 부릴 수 있는 처지가 아니었다.

더군다나 동양인에게는 절대 안 넘기겠다는 이상스런 소문도 들렸다. 주머니를 뒤져 보니 68불(68만 불이 아니다) 정도가 있었다.

당장 그 회사 사장을 찾아내 약속을 하고 그 업체의 거래 은행을 찾아가 은행 부행장을 만나 도와 달라는 부탁을 했다. 그리고 그날부터 매일 아침마다 그 회사 주차장에 차를 세워 놓고 "저건 내꺼다. 저건 내꺼다" 라고 100번씩 외치고 지나갔다.

그로부터 8개월을 쫓아다닌 후, 나는 네 개의 열쇠를 받았다.

나의 죽어가는 회사 살리는 재주를 믿어준 은행과 내 억지에 지쳐버린 사장은 100% 융자로 40년된 비즈니스를 나에게 넘긴 것이다.

직원들에게 무상으로 이익의 25%를 나누는 프로그램을 통해 동요하는 직원들과 함께 비즈니스를 키워나갔다.

매출은 1년 만에 3배가 오르고 이듬해는 추가 매장도 열었다. 만약 그때 내가 절망만 하고 있었다면 지금 무엇을 하고 있을까? 내가 그 개구리처럼 황새의 목을 움켜지지 않았다면 나는 지금 어떤 모습을 하고 있을까? 우리는 삶을 살아가며 수많은 절망적인 상태에 놓이게 된다. 결코 다가서지 못할 것 같은 부부간의 이질감, 평생을 이렇게 돈에 치어 살아가야 하는 비천함, 실패와 악재만 거듭하는 사업, 원칙과 상식이 보이지 않은 사회정치적 모멸감, 이런 모든 절망 앞에서도 개구리의 몸짓을 생각하길 바란다. 요즘 우리 인생은 불과 내년 예측도 할 수가 없다.

나는 과연 내년에도 이 일을 하고 있을까? 나는 과연 내년에도 이 곳에 살고 있을까? 나는 과연 내년에도 건강하게 살고 있을까? 격랑의 바다에서 살고 있는 현대인 모두에게 개구리의 용기를 보여주고 싶었다. 나는 이 그림의 제목을 "절대 포기하지 마라." 라고 붙였다. 황새라는 운명을 대항하기에는 개구리같은 내 자신이 너무나 나약하고 무력해 보일 때가 있다. 그래도 절대 포기하지 마라.

당신의 신념이 옳다고 믿는다면 절대로 포기하지 마라. 운명이란 투박한 손이 당신의 목덜미를 휘감아 치더라도 절대로 포기하지 마라.

여러분도 오늘부터 마음 속에 이 개구리 한 마리를 키우기 바란다.

## 2) 을목(乙木)

### ◑ 물질적 의미

화초, 잔디, 잡초, 넝쿨, 작은 나무, 곡식 등 갑목(甲木) 이외의 살아 있는 초목을 말합니다. 음(陰)의 성질을 가진 습목(濕木)으로 환경 적응력이 뛰어나고, 모든 물체를 이용할 줄 아는 화초목(花草木)을 뜻 합니다.

을목(乙木)은 지지의 묘목(卯木)과 같습니다. 인체의 오장육부(五臟六腑)중에는 간(肝)에 속하고 부위로는 목덜미에 해당합니다. 후천수로는 8에 해당합니다.

### ◑ 인간적 의미

목의 성분인 생명의 시작과 한 방향으로 뚫고 나가려는 발전(發展)과 전개(展開)하려는 성질과 소년의 속성인 순수함과 발랄함과 인(仁)의 자애(慈愛)를 기본으로 삼습니다.

을목(乙木)은 음목(陰木)이며 질(質)입니다. 갑목(甲木)의 성장하려는 기운과 추진력으로 생명을 만들어 가는 것이므로 생명력(生命力)이라 할 수 있습니다.

그리고, 을목(乙木)은 음양(陰陽)으로 본다면 음(陽)의 질(氣)이기 때문에 음의 성질인 정적이고, 수동적이고, 소극적이고, 과거에 집착합니다. 냉정(冷情)하고, 연약(軟弱)하고, 차분하고, 여성적이고, 이성적(理性的)이고, 계산적(計算的)이고, 우유부단하고, 이기적이고, 육체보다는 정신적인 면에 치중하는 성격을 덧붙여 생각하시다면, 쉽게 이해하시리라 판단됩니다.

을목(乙木)의 특성(特性)은 현실에 충실하고 치밀하며 융통성이 있고,
내면이 강인한 타입입니다.


겉보기에는 유약(柔弱)해 보입니다.
그러나 자신이 하고 싶은 일에 전념하고,
밀고 나가는 것은 따를 사람이 없습니다.
남에게 의존하지 않는 마음이 있어 고집이 세고,
남에게 간섭을 받는 것을 싫어하는 사람입니다.


현실(現實)에 충실(充實)하고 유연하게 대처하는 융통성이 있습니다.
현실적인 안목이 탁월하고 실리(實利)에 밝으며,
기회를 잘 이용하는 환경적응력(環境適應力)이 뛰어납니다.
모든 것을 이용할 줄 아는 지혜를 가지고 있습니다.
순간적 재치가 뛰어납니다.
쉽게 포기 좌절하지 않고 끈질깁니다.
생활력(生活力)이 강합니다.


외적인 면보다 내적(內的)인 면이 강한 편입니다.
인내심(忍耐心)이 강하고, 생각이 깊어 이성적(理性的)입니다.
어떤 일이든 무리를 잘하지 않는 편이고
과격하거나 급하지 않고 성질을 잘 내지 않습니다.


감각이 섬세하고 유행과 멋을 추구하고,
화려하지 않은 정제된 꾸밈을 좋아합니다.

특히 손재주가 우수하며, 자기 창조적(創造的)입니다.
또한 문학이나 예술방면에 재주가 많습니다.

온화(溫和)하고 부드러운 성품을 가지고 있습니다.
인정이 있고 쾌활하며 대화하기를 좋아합니다.
부드럽고 섬세하며 타인을 배려(配慮)합니다.
분위기에 잘 적응하고 겸손(謙遜)합니다.
주변과 협동하고 화합하고자 합니다.
주위사람에게 환영을 받습니다.

반면에, 부정적인 성향으로는

비현실적(非現實的)이고 줏대가 없으며,
금전욕(金錢慾)이 강하고,
이해타산(利害打算)으로 소인배 기질이 있으며,
인간미가 다소 떨어집니다.
자기중심적(自己中心的)이고,
타인(他人)을 이용(利用)하는 마음이 강합니다.
고집(固執)이 세고, 까다롭고 신경이 예민합니다.
겁이 많고, 신경질적이며 집중력이 약합니다.
질투심이 강하고, 주위의 반응에 민감합니다.
잘 토라지며, 변덕이 심합니다.
사치스럽고, 집착(執着)이 강합니다.
애인이나 배우자나 부모에게 의지하려는
의타심(依他心)이 강합니다.

## ❷ 화(火)의 음양(陰陽)

화(火)을 잠시 살펴보면, 음양(陰陽)에서 양(陽)의 팽창(膨脹)운동에
속합니다. 양(陽)의 팽창(膨脹)운동에서 태양(太陽)이며, 양(陽) 기운이
왕성한 것이고, 한 방향으로 뚫고 나온 생명이 성장하기 위해 사방팔방
으로 무질서하게 흩어지는 확장(擴張)과 팽창(膨脹)하려는 성질입니다.

丙은 화의 기(氣)이고, 丁은 화의 질(質)입니다.
병화(丙火)는 양화(陽火)이고 기(氣)입니다. 사방으로 확장되고 분산
되는 것이므로, 광선(光線)과 같다고 보겠으며, 이것은 직선적인 형태를
갖는다고 보겠습니다.
정화(丁火)는 음화(陰火)이며 질(質)입니다. 화(火)가 내면적으로 작용
하여, 열기(熱氣)와 같다고 보겠으며, 열(熱)은 곡선(曲線)적 형태를 갖고
있다 하겠습니다.

적천수(滴天隨)에서는 병화맹렬(丙火猛烈)이라 했습니다. 병화(丙火)는
순양(純陽)의 불이며, 그 기세(氣勢)는 맹렬(猛烈)하다 하였습니다.
정화(丁火)는 정화유중(丁火柔中)이라 했습니다. 정화(丁火)는 병화(丙
火)와 비교하면 음(陰)의 성분이 더 있어 부드럽다 했습니다.

# 1) 병화(丙火)

## 🔵 물질적 의미

태양으로 표현합니다. 물질로 구분하지만 실제 만질 수 없는 양화(陽火)인 태양을 뜻하기 때문에, 기(氣)적 의미가 가장 강한 기운입니다. 따라서 주변 환경에 큰 영향을 받지 않고 자체적으로 강한 빛을 발산합니다. 광선(光線)과 빛이 여기에 속합니다.

병화(丙火)는 지지의 사화(巳火)와 같습니다. 인체의 오장육부(五臟六腑)중에는 소장(小腸)에 속하고, 인체의 부위로는 어깨에 해당하며, 후천수로는 7에 해당합니다.

## 🔵 인간적 의미

화(火)의 성분인 타오르고 솟아오르며, 한 방향으로 뚫고 나온 생명이 성장하기 위해 사방팔방으로 무질서하게 흩어지는 확장(擴張)과 팽창(膨脹)하려는 성질과 청년의 속성인 정열과 자신감과 예(禮)의 예의를 기본으로 삼습니다.

병화(丙火)는 양화(陽火)이고 기(氣)입니다. 사방으로 확장되고 분산되는 것이므로, 광선(光線)과 같다고 보겠으며, 이것은 직선적인 형태를 갖는다고 보겠습니다.

그리고, 병화(丙火)는 음양(陰陽)으로 본다면 양(陽)에 해당하기 때문에 양(陽)적인 성향인 동적이고, 능동적이고, 적극적이고, 미래지향적입니다. 활발하고, 강건하고, 화끈하고, 남성적이고, 감정적이고, 즉흥적이고, 결단력이 있고, 이타적 성향, 정신적인 면보다는 육체적인 면에 치중하는 성격을 덧 붙여 생각하신다면, 쉽게 이해하시리라 판단됩니다.

병화(丙火)의 특성(特性)은 공명정대하고 원리 원칙적이며, 밝고 명랑하고 솔직담백하고, 매사에 정열적이고 언어능력이 뛰어납니다.

태양이요 밝음입니다.
명랑하고 쾌활합니다.
솔직담백하며, 개방적입니다.
그래서 감정이 겉으로 드러나는 타입입니다.

공명정대(公明正大)합니다.
만인에게 평등합니다.
단순하고 명확합니다.
대의적인 명분과 자존감을 중요시합니다.
밝고 화려합니다.
불은 타고 나면 끝이 없으니, 성격이 담백하고 뒤끝이 없습니다.
화끈하고, 깔끔하고, 구질구질하게 미련두지 않습니다.
화려하므로 화술도 뛰어납니다.

정열적(情熱的)입니다.
항상 매사에 적극적(積極的)입니다.
추진력이 강하고 돌파력이 있습니다.

146

현재(現在)에 충실(充實)한 모습입니다.
현실 적응력(現實適應力)이 뛰어납니다.
지금의 순간을 가장 소중하게 여기는 마음입니다.
가장 현실성이 높은 성분입니다.

밝음을 본성으로 하기에 예(禮)를 기본으로 합니다.
성급하고, 원리원칙을 중시하며,
명백한 성격으로 맞고 틀린 것을 가려야 하는 성격입니다.
그러므로 엄격한 예의와 율법을 강조합니다.
그때그때 바른 말을 잘하고, 뒤가 없는 사람입니다.

대인관계가 뛰어납니다. 개성이 강합니다.
수단이 좋고 예의바르며, 인자(仁慈)하고 너그럽고, 인간적입니다.
성질이 급하니 말과 행동이 빠르며, 호걸풍의 사람이 많습니다.

반면에, 부정적인 성격으로는

공명정대하고 원리원칙을 중시하므로
융통성이 없습니다.
급한 성격으로, 참을성이 부족한 것이 흠입니다.
다혈질이고 흥분을 잘합니다.
불같은 성질로 손해 볼 때가 많습니다.
충동적인 성분이 많고, 즉흥적입니다.
뒤끝은 없으나 많은 생각 없이 급하게 행동하다 후회를 합니다.

불은 모양뿐이니 폼생폼사입니다.

자신을 꾸미려 하고 사치심이 있습니다.

우아하고 화려하고 그럴듯하고 허풍이 셉니다.

우쭐대는 마음이 많고, 실수가 많습니다.

노력에 비해 소득이 적으니, 실속 없는 짓을 많이 합니다.

때로는 아는 체를 많이 하고,

남의 일에 간섭을 많이 하여 미움을 받습니다.

간혹 자신의 감정을 지나치게 드러내서,

말로 인한 구설이 따르기도 합니다.

허풍을 떨거나 과장을 하거나 남의 비밀을 발설하는 등

말실수가 따르기도 합니다.

시작은 잘하나 끝마무리가 약한 사람들이 많습니다.

고집이 세고 자기주장이 강합니다.

감정 변화가 심하여 일방적으로 행동할 수도 있습니다.

팔자가 불량하면 무례하고 폭력적 공격적이 됩니다.

## 2) 정화(丁火)

### ☯ 물질적 의미

촛불, 난로불, 등불, 전기불, 등 인간과 관련 있는 모든 음(陰)의 불을
뜻합니다. 따뜻하고 포근하고 아늑함을 안겨주는 모든 음(陰)의 불은 물

질로 구분하지만 실제 기(氣)적 의미가 강합니다. 음화(陰火)로서 자체적 열기나 빛을 발산하기가 어렵기 때문에 주변 환경의 절대적 영향을 받습니다. 열기(熱氣)를 의미합니다. 빛이 직선(直線)인 반면에 열(熱)은 곡선(曲線)을 나타냅니다. 빛에는 열이 있고, 열에는 빛이 있으니 서로 떼어 놓을 수가 없는 것으로, 화(火)의 음양(陰陽)을 이해해야 합니다.

정화(丁火)는 지지의 오화(午火)와 같습니다. 인체의 오장육부(五臟六腑)중에는 심장(心臟)에 속하며, 인체의 부위로는 가슴에 해당하며, 후천수로는 2에 해당합니다.

## ◉ 인간적 의미

화(火)의 성분인 타오르고 솟아오르며, 한 방향으로 뚫고 나온 생명이 성장하기 위해 사방팔방으로 무질서하게 흩어지는 확장(擴張)과 팽창(膨脹)하려는 성질과 청년의 속성인 정열과 자신감과 예(禮)의 예의를 기본으로 삼습니다.

정화(丁火)는 음화(陰火)이며 질(質)입니다. 화(火)가 내면적으로 작용하여, 열기(熱氣)와 같다고 보겠으며, 열(熱)은 곡선(曲線)적 형태를 갖고 있다 하겠습니다.

그리고, 정화(丁火)는 음양(陰陽)으로 본다면 음(陽)의 질(氣)이기 때문에 음의 성질인 정적이고, 수동적이고, 소극적이고, 과거에 집착합니다. 냉정(冷情)하고, 연약(軟弱)하고, 차분하고, 여성적이고, 이성적(理性的)이고, 계산적(計算的)이고, 우유부단하고, 이기적이고, 육체보다는 정신적인 면에 치중하는 성격을 덧 붙여 생각하시다면, 쉽게 이해하시리라 판단됩니다.

정화(丁火)의 특성(特性)은 온화하면서도 정직하고, 강한 돌파력과 추
진력과 자기보호본능이 있습니다.

비록 겉으로 보기에는 유약(柔弱)하여 보이나,
내적(內的)으로,
원리원칙적인 면을 가지고 있습니다.
강한 의지와 끈기가 있습니다.
매우 강한 돌파력과 추진력이 있습니다.
승부욕도 강하고 적극적이고 진취적인 면도 강합니다.
다소 성격이 급한 편이나 뒤끝은 없습니다.
현실적(現實的)이며, 실속을 차리는데 따를 자가 없습니다.

재주가 많습니다.
미세하고 정밀한 분야에 재주가 있습니다.

선견지명(先見之明)이 뛰어납니다.
새로운 일이나 창조에 관심이 많습니다.
항상 무(無)에서 유(有)를 창조(創造)하는 힘을 가지고 있습니다.

온화(溫和)하고 다정다감(多情多感)하며, 인정이 많습니다.
예의(禮意)바르고, 인간적(人間的)이고 배려(配慮)하는 타입이다.
사교적(社交的)이고, 화술(話術)이 뛰어납니다.
자기 몸을 아끼지 않고 남을 헌신적으로 돌보는 사람이 많습니다.
모성애적 기질이 강합니다.

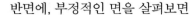

반면에, 부정적인 면을 살펴보면

외유내강(外柔內剛)이나,
예민(銳敏)하고 날카롭습니다.
기복이 심하고 집중력이 결여됩니다.
변덕과 감정변화가 심합니다.
한편으로는 수다스럽기도 합니다.

순수하고 밝고 부드러운 인상이지만,
내면에는 외로움과 근심을 가지고 있습니다.
염세적인 면도 있습니다.

우유부단하고 의지력이 약합니다.
자기감정을 표현하지 못합니다.

환경이 불안정하면 이중성, 양면성을 가집니다.
겉으로 안 보이는 자기보호본능(自己保護本能)이 강합니다.
어느 순간 갑자기 폭발하는 경향이 있습니다.

## ❸ 토(土)의 음양(陰陽)

토(土)을 잠시 살펴보면, 토(土)는 목화(木火)의 팽창운동으로 이루어
진, 확장이 부족한 것은 확장(擴張)을 하고, 확장이 다 이뤄진 것은 숙성

(熟成)을 시킵니다. 또한 토(土)는 다른 목화금수(木火金水)의 성분을 모두 감싸고 보호하면서 통제(統制)하고 조절(調節)시켜줍니다.

무(戊)는 양토(陽土)이며 기(氣)입니다. 만물이 땅 위에서 생명의 활동을 하도록 해줍니다. 생명활동이 공간에서 이루어지므로, 이 생명의 활동 공간(空間)을 의미합니다.

기토(己土)는 음토(陰土)이며 질(質)입니다. 만물은 토양(土壤)에 뿌리를 내리고, 토(土)의 표면적인 성분인 대기(大氣)에서 생명활동을 열심히 하는 것이므로, 기토(己土)는 토양(土壤)이라고 봅니다.

적천수(滴天隨)에서는 무토(戊土)를 무토고중 기중차정(戊土固重 其中且正)이라 했습니다. 무토(戊土)는 양토(陽土)로서, 그 기(氣)가 단단하고 무거우며[固重], 중앙(中央)에 위치(位置)하면서 만물을 주관한다고 하였습니다.

기토(己土)를 기토비습 중정축적(己土卑濕 中正蓄藏)이라 했습니다. 기토(己土)는 음습(陰濕)한 성질의 토(土)입니다. 그러면서도 내부적으로는 중심을 갖고 있고, 축적(蓄積)하고 저장(貯藏)하는 성질이기도 합니다. 팔방을 꿰뚫고 사계절에 왕성한 성분이고 풍부한 영양분(滋養)으로 만물을 생조해서 그 성장에 쉬임이 없게 하니 오묘하게 작용하는 힘도 있는 것입니다.

# 1) 무토(戊土)

 물질적 의미

큰 산, 황량한 들판, 메마른 고원, 고산지대 등 목(木)이 생장하기에는 부적절한 양(陽)의 땅입니다. 양토(陽土)란 양(陽)의 기운이 많은 땅, 즉 열기, 온기가 습기보다 강하여 초목이 생장하기에는 좋지 않은 환경의 땅을 말합니다.

무토(戊土)는 지지의 진술토(辰戌土)와 같습니다. 인체의 오장육부(五臟六腑)중에는 위(胃)에 속하고, 부위는 갈비에 해당하며, 후천수로는 5에 해당합니다.

## 인간적 의미

토(土)의 성분인 흙의 만물을 덮고 끌어안는 포용(包容)과, 숙성(熟成)과 조절(調節) 하는 성질과 중년의 속성인 고집과 끈기와 신(信)의 믿음을 기본으로 삼습니다.

무(戊)는 양토(陽土)이며 기(氣)입니다. 만물이 땅 위에서 생명의 활동을 하도록 해줍니다. 생명활동이 공간에서 이루어지므로, 이 생명의 활동 공간(空間)을 의미합니다.

그리고, 무토(戊土)는 음양(陰陽)으로 본다면 양(陽)에 해당하기 때문에 양(陽)적인 성향인 동적이고, 능동적이고, 적극적이고, 미래지향적입니다. 활발하고, 강건하고, 화끈하고, 남성적이고, 감정적이고, 즉흥적이고, 결단력이 있고, 이타적 성향, 정신적인 면보다는 육체적인 면에 치중하는 성격을 덧 붙여 생각하신다면, 쉽게 이해하시리라 판단됩니다.

무토(戊土)의 특성(特性)은 대범하면서도 관대한 중재자형이고, 고집이 세고 적극적입니다. 고독하며 신비적인 경향이 있습니다.

모든 것을 다 받아들이는 포용력(包容力)이 있습니다.
인품이 중후(重厚)하고, 일희일비(一喜一悲) 하지 않습니다.
그 하는 언어와 행동 하나 하나에 무게가 있습니다.
아첨을 싫어하는 경향이 강합니다.

사람사이에서 중재(仲裁) 역할을 함으로써 구심점이 됩니다.
믿음과 신용을 중시하여 신뢰성(信賴性)이 있습니다.
심지가 깊고 신의(信義)가 강합니다.

대인관계가 원만하고 은근하고 온화한 성품입니다.
대범하면서도 관대합니다.

목표한 것이 있으면 꾸준하게 밀고 나갑니다.
자기 주관(主觀)이 뚜렷하고, 고집(固執)이 셉니다.
자기중심적이니 주체성(主體性)이 강해 함부로 흔들리지 않습니다.

변화(變化)를 싫어합니다. 전통(傳統)적인 것을 좋아합니다.
행동이 느리고 묵은 소리를 잘하는 편이라 할 수가 있습니다.

아무 환경이나 적응능력이 우수합니다.
실속이 강하고 손해 보는 일은 안 합니다.

반면에, 부정적인 성향을 보면

모든 사람에게 필요한 사람이지만
정작 자기 자신은 고독합니다.
비현실적이며 신비적인 것에 빠질 수 있습니다.

너무 고지식하고 무뚝뚝합니다.
고집(固執)이 세고, 자만심(自慢心)이 강합니다.
융통성(融通性)이 부족하고, 관계에 집착합니다.
고정관념이 있으면 자기 생각의 틀에서 잘 벗어나지 못합니다.

사소한 일에는 너무 무관심하고, 정이 없습니다.
행동이 느리고 순간적인 대처능력이 약합니다.
복잡한 상황이 되면 회피하거나 게을러질 때가 많습니다.

대인관계에서 남의 일에 잘 끼어들기도 합니다.
느긋하고 여유로운 모습이 자칫 우유부단(優柔不斷)해 보입니다.
줏대가 없어 보이기도 합니다.
쉽게 토라지거나 꽁하기도 하고 쉽게 풀어지기도 합니다.
신경질적이고 이중적이며 속을 알 수 없습니다.

## 2) 기토(己土)

### 🌓 물질적 의미

초원지대, 문전옥답 등 목(木)이 성장하기에 적당한 음(陰)의 땅으로 갑목(甲木)이 제일 좋아하는 땅입니다. 음토(陰土)란 음(陰)의 기운인 습기(濕氣)가 많아서 초목이 생장하기에 적당한 환경을 갖춘 땅으로, 무토(戊土) 이외의 모든 땅을 말합니다.

기토(己土)는 지지의 축미토(丑未土)와 같습니다. 인체의 오장육부(五臟六腑)중에는 비장에 속하고, 부위는 배에 해당하며, 후천수로는 10에 해당합니다.

### 🌓 인간적 의미

토(土)의 성분인 흙의 만물을 덮고 끌어안는 포용(包容)과, 숙성(熟成)과 조절(調節) 하는 성질과 중년의 속성인 고집과 끈기와 신(信)의 믿음을 기본으로 삼습니다.

기토(己土)는 음토(陰土)이며 질(質)입니다. 만물은 토양(土壤)에 뿌리를 내리고, 토(土)의 표면적인 성분인 대기(大氣)에서 생명활동을 열심히 하는 것이므로, 기토(己土)는 토양(土壤)이라고 봅니다.

그리고, 기토(己土)는 음양(陰陽)으로 본다면 음(陽)의 질(氣)이기 때문에 음의 성질인 정적이고, 수동적이고, 소극적이고, 과거에 집착합니다. 냉정(冷情)하고, 연약(軟弱)하고, 차분하고, 여성적이고, 이성적(理性

156

的)이고, 계산적(計算的)이고, 우유부단하고, 이기적이고, 육체보다는 정
신적인 면에 치중하는 성격을 덧 붙여 생각하시다면, 쉽게 이해하시리
라 판단됩니다.

기토(己土)의 특성(特性)은 모정과 같은 포용성이 있습니다. 사교적이
고 인간관계가 좋으며, 실속이 있고 조심성이 많습니다.

겉으로는 유순(柔順)하고, 우유부단(優柔不斷)해 보이나,
내면(內面)으로는
포용력(包容力)이 있고, 신용(信用)과 믿음을 중시합니다.
주관(主觀)이 뚜렷하고 끈기가 있습니다.
자기중심(自己中心)이 강하고, 고집(固執)이 있습니다.
안정과 평화의 마음을 갖고 항상 중립(中立)을 지킵니다.

대인관계(對人關係)가 원만(圓滿)하여 적을 만들지 않습니다.
잘 표현하지 않으면서 대인관계가 무난하고 순응을 잘 합니다.
타인을 배려(配慮)하고 이해하는 마음이 강합니다.
사교적(社交的)입니다.

실속이 있고, 예감(豫感)이 빠르며 조심성이 많습니다.
계획적(計劃的)이고 치밀(緻密)하여 자기 관리에 능숙합니다.
꼼꼼하여 정리정돈(整理整頓)을 잘합니다.

순수하고 부드러우며, 섬세하고 다정다감합니다.

희생적이며, 포근히 감싸주는 모성애적입니다.
종교가(宗敎家)가 많으며 직장이나 가정에는 충실합니다.

반면에, 부정적인 성향을 보면

이기적(利己的)이고, 자기중심적(自己中心的)입니다.
보수적(保守的)이며, 고집(固執)이 셉니다.
그래서 순간적인 대처능력이 떨어지기도 합니다.

사물을 보는 시야가 좁은 편입니다.
작은 일에 집착하여 큰일을 그르치는 경우도 있습니다.

개성이 없습니다.
이중적(二重的) 성격을 나타낼 때가 있습니다.

속을 알 수 없습니다.
겉으로 드러내지 않는 능글맞은 생각을 가지고 있습니다.
겉으로 드러나지 않은 까다로운 면이 있습니다.

의심(疑心)이 많습니다.
매사에 예민(銳敏)하고,
쉽게 토라지고 마음의 상처를 잘 받습니다.
타인의 억압에 심한 스트레스를 받고 적응하지 잘 못합니다.

# ❹ 금(金)의 음양(陰陽)

금(金)을 잠시 살펴보면, 음양(陰陽)에서 음(陰)의 수축(收縮)운동에 속합니다. 음(陰)의 수축(收縮)운동에서 소음(小陰)이며, 음기(陰氣)의 시작이고, 목화(木火)의 확장(擴張)된 것을 토(土)에서 숙성(熟成)을 하고, 이것을 결실(結實)을 맺기 위해 단단히 하나로 모아들이고자 하는 성질입니다.

경(庚)은 양금(陽金)이며 기(氣)입니다. 냉기(冷氣)로서, 살기(殺氣)라고도 합니다. 숙살(肅殺)의 기운이 강하기 때문에 만물의 생명력을 거둬들이는 작용을 합니다.

신금(辛金)은 음금(陰金)이며 질(質)입니다. 광물질(鑛物質)로 보고, 칼날이라고도 봅니다. 즉 만물을 직접 죽이는 것으로 말하게 되고, 이러한 것은 서리와 눈을 말할 수도 있겠습니다.

적천수(滴天隨)에서는 경금(庚金)은 경금대살 강건최위(庚金帶煞. 剛健爲最)라 했습니다. 경금(庚金)은 가을 하늘의 숙살(肅殺)을 담당한 기운이라 하였습니다. 그리고 강건(强健)하기가 으뜸이라 했습니다.

신금(辛金)은 신금연약(辛金軟弱)이라 했습니다. 신금(辛金)은 연하고 약하다 하였습니다.

## 1) 경금(庚金)

### ◐ 물질적 의미

강철, 바위, 원석 등 제련되지 않은 모든 양(陽)의 금(金)을 말합니다. 인간의 손길이 미치지 않은 자연 상태의 원석(原石)인 모든 금석(金石) 입니다.

경금(庚金)은 지지(地支)의 신금(申金)과 같습니다. 인체의 오장육부(五臟六腑)중에는 대장(大腸)에 속하고, 부위는 배꼽에 해당하며, 후천수로는 9에 해당합니다.

### ◐ 인간적 의미

금(金)의 특성인 단단하고 날카로운 성질로 인한 결실(結實)과 정리(整理)를 하려는 의미와 장년의 속성인 절제(節制)와 결단(決斷)과 의(義)의 의리를 기본으로 삼습니다.

경(庚)은 양금(陽金)이며 기(氣)입니다. 냉기(冷氣)로서, 살기(殺氣)라고도 합니다. 숙살(肅殺)의 기운이 강하기 때문에 만물의 생명력을 거둬들이는 작용을 합니다.

그리고, 경금(庚金)은 음양(陰陽)으로 본다면 양(陽)에 해당하기 때문에 양(陽)적인 성향인 동적이고, 능동적이고, 적극적이고, 미래지향적입니다. 활발하고, 강건하고, 화끈하고, 남성적이고, 감정적이고, 즉흥적이고, 결단력이 있고, 이타적 성향, 정신적인 면보다는 육체적인 면에 치중하는 성격을 덧붙여 생각하신다면, 쉽게 이해하시리라 판단됩니다.

경금(庚金)의 특성(特性)은 뚜렷한 주관과 독립적이며, 결단력이 있고 완벽주의 성향이며, 좋고 싫음이 분명합니다.

냉정(冷情)합니다.
결단력(決斷力)이 있습니다.
맺고 끊는 것이 정확합니다.

마무리를 중시합니다.
완벽주의(完璧主義) 성향이 있습니다.
한번 맡은 일은 반드시 책임집니다.

주관(主觀)이 강하고 원칙(原則)을 내세웁니다.
자신이 세운 원칙에 대해 강압적(强壓的)입니다.
자기 자신도 구속(拘束)하는 타입입니다.
자신이 정해놓은 규칙에 따라
스스로 일을 찾아 계획적으로 밀고 나갑니다.
성실(誠實)하고 부지런합니다.

응집되는 기운이기 때문에,
인내심(忍耐心)과 자제력(自制力)이 강합니다.

단단하고 야무지니 세상에 겁날게 없습니다.
자신감이 있습니다. 용감무쌍합니다.

의리(義理)를 중시합니다.

인간관계를 맺으면 변치 않습니다.

한번 하고자 하면 신속하게 처리합니다.

자신의 능력에 대하여 확신(確信)이 있습니다.

자긍심(自矜心)이 있습니다.


반면에, 부정적인 성향을 보면


자기가 생각한 것을 고집(固執)합니다.

무식한 고집입니다. 독불장군(獨不將軍)입니다.

독선적(獨善的)입니다.

융통성(融通性)이 없고, 순발력이 떨어집니다.


완벽주의(完璧主義) 성향이

결벽증(潔癖症)으로 나타나기도 합니다.

그래서 자기 스스로 피곤해하고 스트레스가 심합니다.

매사에 있어서도 완전하고 완벽한 것을 추구하는 사람이라,

때로는 좋은 시기를 놓치는 경우가 많습니다.


자신의 능력을 과신(過信)하고

자신감이 넘쳐 잘난 척합니다.


대인관계(對人關係)가 넓지 못합니다.

까다롭고 사람을 가려 사귑니다.

따지기를 좋아하고 주변 사람을 피곤하게 합니다.
끝장을 보려하기 때문에 인간관계에서 좋고 싫음이 분명합니다.

자신의 뜻대로 이루어지지 않거나 계획이 어긋날 때는,
흥분하거나 화를 내며 자책(自責)을 합니다.


## 2) 신금(辛金)

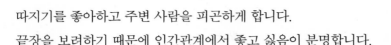

### 물질적 의미

보석, 칼 등 제련되고 가공된 금(金). 또한 모래, 자갈, 등 원석에서 변화가 일어난 모든 음(陰)의 금(金)을 말합니다. 아무리 음금(陰金)이라도 쓰임새가 없으면 아무런 의미가 없습니다.

신금(辛金)은 지지(地支)의 유금(酉金)과 같습니다. 인체의 오장육부(五臟六腑)중에는 폐(肺)에 속하고, 부위로는 다리에 해당하며, 후천수로는 4에 해당합니다.


### 인간적 의미

금(金)의 특성인 단단하고 날카로운 성질로 인한 결실(結實)과 정리(整理)를 하려는 의미와 장년의 속성인 절제와 결단과 의(義)의 의리를 기본으로 삼습니다.

신금(辛金)은 음금(陰金)이며 질(質)입니다. 광물질(鑛物質)로 보고, 칼

날이라고도 봅니다. 즉 만물을 직접 죽이는 것으로 말하게 되고, 이러한 것은 서리와 눈을 말할 수도 있겠습니다.

그리고, 신금(辛金)은 음양(陰陽)으로 본다면 음(陽)의 질(氣)이기 때문에 음의 성질인 정적이고, 수동적이고, 소극적이고, 과거에 집착합니다. 냉정(冷情)하고, 연약(軟弱)하고, 차분하고, 여성적이고, 이성적(理性的)이고, 계산적(計算的)이고, 우유부단하고, 이기적이고, 육체보다는 정신적인 면에 치중하는 성격을 덧 붙여 생각하시다면, 쉽게 이해하시리라 판단됩니다.

신금(辛金)의 특성(特性)은 냉정하고 올곧으며 부드러워 보이지만 단호하게 밀고 나갑니다. 경쟁심이 있고 이루려고 하는 투지가 있습니다.

겉으로는,
온순(溫順)하면서도 부드러운 성품의 소유자입니다.
그러나 속으로는,
곧고 단호(斷乎)하게 밀고 나갑니다.
냉철(冷徹)하고 냉정(冷情)하며, 깨끗하고 올곧은 성품입니다.
자신이 하고자 하면 끝까지 노력합니다.
경쟁심이 있고 이루려고 하는 투지가 있습니다.
어떤 일이든 자신이 하는 일에 성과가 있기를 바랍니다.
집착력(執着力)과 책임완수(責任完遂)정신이 강한 편입니다.

보석 등과 같은 제련된 금을 의미하므로
화려하게 보여지는걸 바랍니다.

생각이 깊고 안정적이고 침착합니다.

섬세하면서 지혜롭고 현명합니다.

분석적이며 냉철하게 판단합니다.

논리적이고 체계적이며 언변(言辯)이 좋습니다.

자기관리능력이 뛰어나며 실수가 없습니다.


대인관계(對人關係)나 인간관계에서 잘 믿지 못합니다.

그러나 한번 믿었던 사람은 끝까지 믿고 맡깁니다.


반면에, 부정적인 성향을 보면


욕심(慾心)이 많고 이기적(利己的)이며, 지기 싫어합니다.

그러므로 질투와 시기가 많습니다.

주관적이고 자기중심적(自己中心的)이며 양보심이 부족합니다.

논리적이고 분석적이어서 타인의 실수를 용납하지 않습니다.

너무 냉철하고 과시욕이 강하며 남이 알아주길 바랍니다.

냉소적이며 냉정하고 잔소리가 많습니다.

예민하고 섬세하며 까다롭습니다.

때로는 마무리가 신통치 않고 비관적(悲觀的)입니다.

경우에 따라 살기(殺氣)를 띕니다.

강한 집착력으로 소외(疎外)되며, 고독(孤獨)합니다.

# ❺ 수(水)의 음양(陰陽)

수(水)를 잠시 살펴보면, 음양(陰陽)에서 음(陰)의 수축(收縮)운동에 속합니다. 음(陰)의 수축(收縮)운동에서 태음(太陰)이며, 음(陰)의 기운이 왕성한 것이고, 외부와 굳어진 것을 그 속까지 단단하게 응고시켜 한 점으로 뭉쳐 저장(貯藏)하는 성질입니다.

기본적인 성향은 저장(貯藏)을 하는 것이고, 금(金)의 작용에 의해서 결실(結實)된 것을 다시 보호하고 관리를 합니다(보관 保管). 이것은 다음에 생명의 싹을 틔우게 되는 매우 중요한 단계입니다. 수(水)의 과정은 이와 같은 종말(終末)과 시작(始作)의 중간에 있습니다.

임(壬)은 양수(陽水)이며 기(氣)입니다. 수기(水氣)입니다. 냉기(冷氣)라고도 합니다. 생명활동이 이루어지는 공간(空間)속의 습기(濕氣)이라고 보여집니다.
계수(癸水)는 음수(陰水)이며 질(質)입니다. 그야 말로 물입니다. 순수한 성분의 물은 만물의 생명에 대한 원천입니다. 정화(淨化)하는 능력(能力)도 있고, 한 자리에 모이게 하는 역할도 합니다.

적천수(滴天隨)에서는 임수(壬水)를 임수통하(壬水通河)라 했습니다. 임(壬)은 양(陽)의 물입니다. 통하(通河)라는 말은 천하(天河)를 말하는데, 천하(天河)는 은하수를 말하는 것입니다. 그리고 임수(壬水)는 백천(百千)의 강물로 연결이 되어있어 두루두루 흘러 막힘이 없습니다. 그리고 앞으로 나아가기는 쉬워도 뒤로 물러서기는 어려운 것도 임수(壬水)입니다.

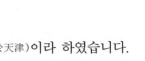

계수(癸水)를 계수지약 달어천진(癸水至弱 達於天津)이라 하였습니다. 계수(癸水)는 순수(純粹)한 음수(陰水)이며, 근원(根源)으로부터 시작하여 비록 길게 또는 끈질기게 흐르나, 그 성정(性情)은 지극(至極)히 연약(軟弱)하며, 그 기세(氣勢) 또한 가장 고요하다(靜)고 했습니다.

## 1) 임수(壬水)

### ☯ 물질적 의미

강 호수 바다 같은 넓고 거대한 물입니다. 물의 양에 관계없이 동, 식물이 이용하기 어려운 물은 강 호수 같은 물이 아니라도 양수(陽水)로 구분하는 경우도 있습니다. 양수(陽水)인 임수(壬水)도 환경에 따라 음수(陰水)의 역할을 하는 경우가 있습니다.

임수(壬水)는 지지(地支)의 해수(亥水)와 같습니다. 임수(壬水)는 수기(水氣)요 정(精)이며 시작이고, 생명의 근원이 되고 있습니다. 인체의 오장육부(五臟六腑)중에는 방광(膀胱)에 속하고, 부위는 경락과 삼초에 해당하며, 후천수로는 1에 해당합니다.

### ☯ 인간적 의미

수(水)의 특성인 아래로 흘러가려는 성질과 응축시켜 저장하는 저장(貯藏)과 수축(收縮)의 의미와 노년의 속성인 원숙함과 안정감과 지(智)의 지혜를 기본으로 삼습니다.

임(壬)은 양수(陽水)이며 기(氣)입니다. 수기(水氣)입니다. 냉기(冷氣)라고도 합니다. 생명활동이 이루어지는 공간(空間)속의 습기(濕氣)라고 보여집니다.

그리고, 임수(壬水)는 음양(陰陽)으로 본다면 양(陽)에 해당하기 때문에 양(陽)적인 성향인 동적이고, 능동적이고, 적극적이고, 미래지향적입니다. 활발하고, 강건하고, 화끈하고, 남성적이고, 감정적이고, 즉흥적이고, 결단력이 있고, 이타적 성향, 정신적인 면보다는 육체적인 면에 치중하는 성격을 덧 붙여 생각하신다면, 쉽게 이해하시리라 판단됩니다.

임수(壬水)의 특성(特性)은 총명하고 지혜롭고 탐구정신이 강하여, 연구와 궁리를 하며, 앞서 가고 싶어 합니다.

오행의 마지막이니 마무리를 잘합니다.
오행 중에 가장 차가운 성질이니, 냉정(冷情)합니다.
남의 분위기에 휩쓸리지 않습니다.
뭉치기를 좋아하므로 조직력(組織力), 결속력(結束力)이 좋습니다.

물은 항상 움직이므로 흐릅니다.
그러므로 부지런하고 실천적(實踐的)이며,
매우 활동적(活動的)입니다.
항상 기본 체력이 좋아 지칠 줄 모르고 매사에 전진함이 좋습니다.

항상 변화하고 움직임을 꿈꾸고 있으므로
한 가지 생각에 머물러 있지 않습니다.

자신감 있고 창조적(創造的)입니다.
새로운 것에 대한 탐구정신(探究精神)이 강합니다.
연구하고 궁리하는데 몰두합니다.
임기응변(臨機應變)이 있습니다.


매사에 시작하기를 좋아해 시작의 명수이기도 합니다.
앞서 나가고 싶어 하며 과욕이 있습니다.
인내심(忍耐心)도 있고, 화술(話術)도 좋습니다.


총명(聰明)함과 지혜(知慧)가 뛰어납니다.
암기력과 정보수집 능력이 뛰어나며,
비상한 머리로 사람을 현혹시키기도 한다.
아이디어가 탁월하고, 기획력(企劃力)이 뛰어납니다.
순간적인 판단력(判斷力)과 적응력(適應力)이 탁월합니다.


대인관계가 무난합니다.
친화력(親和力)이 있고, 사교적(社交的)입니다.
융통성(融通性)이 있고 도량(度量)이 넓으며 남과 잘 어울립니다.
마음이 넓어 포용력(包容力)이 있고 대범(大凡)합니다.


수축(收縮)하여 저장(貯藏)하는 성질이라서
씨앗이라고도 합니다.
씨앗을 싹 틔우려는 노력이 있습니다.
본능이며, 욕망이 있습니다.

반면에, 부정적인 성향을 보면

마무리를 잘하는 성격이지만,
반대적으로 일을 잘 저지르기도 합니다.
시작은 잘하지만 끝마무리가 약하기도 합니다.
총명한 지혜와 기획력이 반대로 작용하면
권모술수(權謀術數)가 뛰어나고, 모사(某事)에 능하게 됩니다.
심사숙고 하는 경향이 부정적으로는,
생각이 너무 많고, 쓸데없는 걱정을 많이 합니다.
성급(性急)하고 끈기가 부족하며 변덕이 심합니다.
자신의 아픔을 잘 드러내지 않기 때문에
상대방에게 오해(誤解)나 의심(疑心)을 받기도 합니다.
타인을 무시하고 앞장서려고 하며 허세(虛勢)를 잘 부립니다.
법과 도덕을 무시하고 자신의 뜻대로 밀고 나가려는
저돌적인 성향이 있습니다.
간혹 엉뚱한 욕심을 부려 무모한 도전이나 투기를 하기도 합니다.
정력이 너무 지나쳐 음란(淫亂)할까 염려됩니다.

## 2) 계수(癸水)

### ☯ 물질적 의미

석간수, 계곡물, 시냇물, 단비, 이슬비, 음용수 등 모든 음(陰)의 물을
말합니다. 정지(停止)된 물이 아닌 항시 흐르고 있는 깨끗한 물로서 생
명수를 말합니다.

계수(癸水)는 지지(地支)의 자수(子水)와 같습니다. 인체의 오장육부(五臟六腑)중에는 신장(腎臟)에 속하고, 부위는 발에 해당하며, 후천수로는 6에 해당합니다.

## 😊 인간적 의미

수(水)의 특성인 아래로 흘러가려는 성질과 응축시켜 저장하는 저장(貯藏)과 수축(收縮)의 의미와 노년의 속성인 원숙함과 안정감과 지(智)의 지혜를 기본으로 삼습니다.

계수(癸水)는 음수(陰水)이며 질(質)입니다. 그야 말로 물입니다. 순수한 성분의 물은 만물의 생명에 대한 원천입니다. 정화(淨化)하는 능력(能力)도 있습니다

그리고, 계수(癸水)는 음양(陰陽)으로 본다면 음(陽)의 질(氣)이기 때문에 음의 성질인 정적이고, 수동적이고, 소극적이고, 과거에 집착합니다. 냉정(冷情)하고, 연약(軟弱)하고, 차분하고, 여성적이고, 이성적(理性的)이고, 계산적(計算的)이고, 우유부단하고, 이기적이고, 육체보다는 정신적인 면에 치중하는 성격을 덧 붙여 생각하시다면, 쉽게 이해하시리라 판단됩니다.

계수(癸水)의 특성(特性)은 섬세하고 배려심이 있어 사교성이 뛰어나며, 상대방을 파악하는 능력이 있습니다. 향락적일 수가 있습니다.

여리고 순한 성격을 가지고 있습니다.
마음이 온순(溫順)하여 순종적(順從的)입니다.

눈물이 많고 거짓말을 못합니다.
융통성(融通性), 포용력(包容力), 순발력이 있습니다.
마음이 넓고 깊으며 이해심(理解心)이 있습니다.


사고가 긍정적(肯定的)이고 시작도 잘합니다.
자기감정을 잘 조절하고 어떤 환경에도 쉽게 적응합니다.


인정이 많고 정직하며 깨끗한 것을 좋아합니다.
부드럽고 섬세하며 배려적(配慮的)입니다.
사교성이 뛰어납니다.
자신을 낮추는 마음을 가지고 있습니다.


지혜(知慧)와 유연성(柔軟性)도 겸비하고,
침착하고 차분합니다.
감수성이 뛰어나고 감각이 발달되어 있습니다.
지식과 정보를 수집하는데 꼼꼼하고 치밀(緻密)합니다.
합리적이고 계획적이어서,
구조화된 일에서 능력을 발휘하기도 합니다.
예술과 기술적 감각이 우수하며,
창의력과 기획(企劃)력이 우수합니다.
참신한 아이디어를 창출하고 준법정신(遵法精神)이 강합니다.


상대방을 파악하는 능력이 있습니다.
주위와 조화를 맞추기 위해 자신을 희생하기도 합니다.
자신과 가족을 지키기 위해 노력합니다.

반면에, 부정적인 성향을 보면

자신이나 가족이 위험에 빠지면 냉정하고 차갑게 돌변합니다.

분노하고 폭발하는 성격도 있습니다.

이기적(利己的)인 면이 있어서 타인으로부터 욕을 먹기도 합니다.

손해 보는 일을 안 하고 자기중심적(自己中心的)입니다.

자기감정을 드러내지 않아 속마음을 알기 어렵습니다.

비밀(秘密)이 많습니다.

신경이 예민하고 까다롭습니다.

의지력(意志力)과 끈기가 약하고 적극성(積極性)이 부족합니다.

정이 많아 실속이 없고 타인에게 배신(背信)을 당하기 쉽습니다.

음란(淫亂)하고, 능글맞습니다.

광풍노도와 같은 성격으로 변덕이 심합니다.

중립적이지 못하고 편견(偏見)을 가질 때가 많습니다.

타인의 능력이 자신보다 뛰어나면 순종적이지만,

그렇지 못하면 무시하는 경향이 있습니다.

사색적(思索的) 성품으로 비현실적(非現實的)일 때가 많습니다.

감정조절이 안 됩니다.

환경변화에 민감합니다.

너무 냉철하여 주변 사람으로 부터 소외 받기 쉽습니다.

팔자에 따라 정신이 산만하고, 소극적, 비관적이 됩니다.

그리고 집중력과 실천력이 떨어집니다.

마음속 깊은 곳에 신비적인 성격을 감추고 있는 사람이기도 합니다.

## 보트피플 구한 전재용 선장

전재용선장이 이끄는 참치 원양 어선 '광명 87호'는 1년 동안의 조업을 마치고 부산항으로 돌아오고 있었다.

1985년 11월 14일 오후 5시경 남중국해를 지날 무렵, 전재용 선장은 SOS 를 외치는 조그만 난파선을 발견한다. 그들은 베트 남 보트피플이었다.

보트피플이란 월남의 패망으로 공산화가 된 베트남에서 보트로 탈출한 난민들을 일컫는 말로 인접국의 입국거부와 강제송환 등 당시 국제적인 문제가 되었다.

바다 한가운데서 표류하는 국제미아 보트피플을 만난 전 선장은 '관여치 마라'는 회사의 지침과 양심사이에서 깊은 고민에 빠진 사이, 멀어져 가는 전 선장의 배를 보고 죽음을 받아들이고 있었 던 보트피플. 바로 그 때, 전재용 선장은 그들을 구하기 위해 뱃 머리를 돌린다.

파도에 금방이라도 부서질 듯한 작은 보트 안에서 사흘을 굶은 채로 엉겨 붙어 있었던 96명의 베트남인.

'모든 책임은 선장인 내가 진다'는 각오로 96인 구조소식을 회 사에 알리고 전 선장은 '부산항까지 열흘'을 다 같이 버티기로 한다.

보트피플의 대표 피터누엔이 평생 잊지 못하는 전재용 선장과 보낸 열흘.

우선 여성과 아이들에게 선원들의 침실을 내 주고 노인과 환자 는 선장실로 모셔와 치료하고 보살핀 전 선장과 한국 선원들.

선원 25명의 열흘식량과 생수로 96명의 베트남인과 나눠 먹고 식량이 떨어지자 선장은 보트피플을 필사적으로 안심시켰다.

'우리가 잡은 참치가 많으니 안심하세요. 여러분은 안전합니다.'
피터누엔이 가족생각에 슬퍼할 때마다 전 선장은 극진히 그를 위로했다.
드디어 부산항에 도착한 이들은 난민소에서 1년 반을 지낸다.

그 후 전 선장의 기억만 간직한 채 미국으로 건너 가 간호사가 된 피터누엔. 미국으로 건너 온 가족과 안정적인 생활을 누릴 무렵 그는 평생의 은인 전 선장을 찾기 시작한다.

무려 17년 동안 수소문한 끝에 연락이 닿게 된 전재용 선장. 전 선장의 첫 답장을 받은 감격의 순간. 그러나 편지에는 뜻밖의 내용이 담겨 있었다.

부산항에 도착한 즉시 전 선장은 회사로부터 해고통지를 받았으며, 난민 구출 이유로 당국에 불려가 조사까지 받았던 것이다.

여러 선박회사에 이력서를 넣었으나 한 군데도 연락을 못 받았던 그는 그 후 고향인 통영으로 내려와 멍게 양식업을 하며 생계를 유지하고 있었다.

그리고 전재용 선장 편지의 마지막 내용은 더욱 뜻밖이었다.

'보트피플을 구조할 때 저의 미래와 경력까지 희생해야 한다는 걸 알고 있었습니다.

지금까지 저는 96명의 생명을 살린 저의 선택을 한 번도 후회한 적 없습니다.'

2004년 8월 8일 LA 공항. 19년 만에 이루어진 극적인 만남. 베트남 난민들이 직접 UN 난센상에 전 선장을 추천하자 전 선장은 내가 아니라 그 누구라도 이들을 구했을 것이라며 소감을 밝혔지만, 보프피플은 그날 25척의 배로부터 외면당했고 26번째인 전 선장의 '광명87호'에 의해 구조를 받았다.

## 🌑 오행과 천간의 성격 요약

목(木)의 성분인 생명의 시작과 한 방향으로 뚫고 나가려는 발전(發展)과 전개(展開)하려는 성질과 소년의 속성인 순수함과 발랄함과 인(仁)의 자애(慈愛)를 기본으로 판단합니다.

**특성** 뻗어나가려는 의지, 의욕, 성장, 명예 등을 상징합니다.

> **갑목**(甲木)은 양목(陽木)이고 기(氣)입니다. 성장하는 기운이므로 생기(生氣)가 있고, 한 방향으로 뚫고 나아가려는 성분이므로 생동감(生動感)이 있고, 추진력(推進力)이 있습니다.
>
> **특성** 미래지향적 희망적이고, 항상 발전 가능성에 관심을 둡니다. 그 이외의 것은 통제하는 경향이 있습니다.

> **을목**(乙木)은 음목(陰木)이며 질(質)입니다. 갑목(甲木)의 성장하려는 기운과 추진력(推進力)으로 생명을 만들어 가는 것이므로 생명력(生命力)이라 할 수 있습니다.
>
> **특성** 현실에 충실하고 치밀하며 융통성이 있고, 내면이 강인한 타입입니다.

화(火)의 성분인 타오르고 솟아오르며, 한 방향으로 뚫고 나온 생명이 성장하기 위해 사방팔방으로 무질서하게 흩어지는 확장(擴張)과 팽창(膨脹)하려는 성질과 청년의 속성인 정열과 자신감과 예(禮)의 예의를 기본으로 판단합니다.

**특성** 타오르고 솟아오르는 열정, 정열, 자신감 등을 상징합니다.

> **병화**(丙火)는 양화(陽火)이고 기(氣)입니다. 사방으로 확장되고 분산되는 것이므로, 광선(光線)과 같다고 보겠으며, 이것은 직선적인 형태를 갖는다고 보겠습니다.

**특성** 공명정대하고 원리 원칙적이며, 밝고 명랑하고 솔직담백하고, 매사에 정열적이고 언어능력이 뛰어납니다.

**정화**(丁火)는 음화(陰火)이며 질(質)입니다. 화(火)가 내면적으로 작용하여, 열기(熱氣)와 같다고 보겠으며, 열(熱)은 곡선(曲線)적 형태를 갖고 있다 하겠습니다.

**특성** 온화하면서도 정직하고, 강한 돌파력과 추진력과 자기보호본능이 있습니다.

　토(土)는 음양(陰陽)으로 본다면 음(陰)도 양(陽)도 아닙니다. 토(土)의 성분인 흙의 만물을 덮고 끌어안는 포용(包容)과, 숙성(熟成)과 조절(調節) 하는 성질과 장년의 속성인 고집과 끈기와 신(信)의 믿음을 기본으로 판단합니다.

**특성** 중재하고 포용하며 중용, 고집, 끈기 등을 상징합니다.

**무**(戊)는 양토(陽土)이며 기(氣)입니다. 만물이 땅 위에서 생명의 활동을 하도록 해줍니다. 생명활동이 공간에서 이루어지므로, 이 생명활동의 공간(空間)을 의미합니다.

**특성** 대범하면서도 관대한 중재자형이고, 고집이 세고 적극적입니다. 고독하며 신비적인 경향이 있습니다.

**기토**(己土)는 음토(陰土)이며 질(質)입니다. 만물은 토양(土壤)에 뿌리를 내리고, 토(土)의 표면적인 성분인 대기(大氣)에서 생명활동을 열심히 하는 것이므로, 기토(己土)는 토양(土壤)이라고 봅니다.

**특성** 모정과 같은 포용성이 있습니다. 사교적이고 인간관계가 좋으며, 실속이 있고 조심성이 많습니다.

**177**

금(金)의 특성인 단단하고 날카로운 성질로 인한 결실(結實)과 정리(整理)를 하려는 의미와 중년의 속성인 절제와 결단과 의(義)의 의리를 기본으로 판단합니다.

**특성** 안으로 강하게 다지는 의지, 절제, 단단함 등을 상징합니다.

**경**(庚)은 양금(陽金)이며 기(氣)입니다. 냉기(冷氣)로서, 살기(殺氣)라고도 합니다. 숙살(肅殺)의 기운이 강하기 때문에 만물의 생명력을 거둬들이는 작용을 합니다.

**특성** 뚜렷한 주관과 독립적이며, 결단력이 있고 완벽주의 성향이며, 좋고 싫음이 분명합니다.

**신금**(辛金)은 음금(陰金)이며 질(質)입니다. 광물질(鑛物質)로 보고, 칼날이라고도 봅니다. 즉 만물을 직접 죽이는 것으로 말하게 되고, 이러한 것은 서리와 눈을 말할 수도 있겠습니다.

**특성** 냉정하고 올곧으며 부드러워 보이지만 단호하게 밀고 나갑니다. 경쟁심이 있고 이루려고 하는 투지가 있습니다.

수(水)의 특성인 아래로 흘러가려는 성질과 외부와 굳어진 것을 그 속까지 단단하게 응축시켜 저장하는 저장(貯藏)과 수축(收縮)의 의미와 노년의 속성인 원숙함과 안정감과 지(智)의 지혜를 기본으로 판단합니다.

**특성** 계속 흘러가고 스며드는 것처럼 본능, 욕망, 생각, 지혜 등을 상징합니다.

**임**(壬)은 양수(陽水)이며 기(氣)입니다. 수기(水氣)입니다. 냉기(冷氣)라고도 합니다. 생명활동이 이루어지는 공간(空間)속의 습기(濕氣)라고 보여집니다.

**특성** 총명하고 지혜롭고 탐구정신이 강하여, 연구와 궁리를 하며, 앞서 가고 싶어합니다.

**계수**(癸水)는 음수(陰水)이며 질(質)입니다. 그야 말로 물입니다. 순수한 성분의 물은 만물의 생명에 대한 원천입니다. 정화(淨化)하는 능력(能力)도 있습니다.

**특성** 섬세하고 배려심이 있어 사교성이 뛰어나며, 상대방을 파악하는 능력이 있습니다. 향락적일 수가 있습니다.

# 지 지(地支)

- 子
- 丑
- 寅
- 卯

- 辰
- 巳
- 午
- 未

- 辛
- 酉
- 戌
- 亥

지지(地支)는 다음과 같습니다.

자축인묘진사오미신유술해(子丑寅卯辰巳午未申酉戌亥)

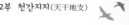
천간 지지 종합표

| 해당<br>天干 | 甲<br>양 | 乙<br>음 | 戊<br>양 | 丙<br>양 | 丁<br>음 | 己<br>음 | 庚<br>양 | 辛<br>음 | 戊<br>양 | 壬<br>양 | 癸<br>음 | 己<br>음 |
|---|---|---|---|---|---|---|---|---|---|---|---|---|
| 地支 | 寅<br>양 | 卯<br>음 | 辰<br>양 | 巳<br>음 | 午<br>양 | 未<br>음 | 申<br>양 | 酉<br>음 | 戌<br>양 | 亥<br>음 | 子<br>양 | 丑<br>음 |
| 月 | 1 | 2 | 3 | 4 | 5 | 6 | 7 | 8 | 9 | 10 | 11 | 12 |
| 陰陽 | 양 | 음 | 양 | 음 | 양 | 음 | 양 | 음 | 양 | 음 | 양 | 음 |
| 五行 | 목 | 목 | 토 | 화 | 화 | 토 | 금 | 금 | 토 | 수 | 수 | 토 |
| 季節 | 봄 | | | 여름 | | | 가을 | | | 겨울 | | |
| 方向 | 동 | | | 남 | | | 서 | | | 북 | | |

무극(無極)이 태극(太極)으로
태극(太極)이 음양(陰陽)으로 나누어지고,
음양(陰陽)이 오행(五行)으로 나누어지고,
오행(五行)이 열 개의 천간(天干)으로 나누어지고,
오행(五行)이 열두 개의 지지(地支)로 나누어졌습니다.

천간(天干)은 기(氣)이고, 지지(地支)는 환경(環境)입니다.
기(氣)를 땅이 품어서 열두 개의 환경(環境)이 되었습니다.

오행(五行), 즉 만물(萬物)의 본원(本院)이면서 생명(生命)을 저장(貯藏)하는 수(水), 분출(噴出)의 기운(氣運)인 목(木), 확산(擴散)의 기운(氣運)이 화(火), 수렴(收斂) 및 통합(統合)의 기운(氣運)인 금(金), 이 모든 작용을 중재하고 중화(中和)하는 토(土) 이 다섯 가지 기운이 지구에 작용할 때 12지지(地支)로 변화(變化)한 것입니다.

181

목(木)오행이 천간(天干)으로는 갑을(甲乙)이 되었고, 지지(地支)로는
인묘(寅卯)가 되었습니다.

인목(寅木)은 양목(陽木)이고, 묘목(卯木)은 음목(陰木)입니다. 방위는
동쪽을 나타내며, 계절로는 봄입니다.

화(火)오행이 천간(天干)으로는 병정(丙丁)이 되었고, 지지(地支)로는
사오(巳午)가 되었습니다.

사화(巳火)는 음화(陰火)이고, 오화(午火)는 양화(陽火)입니다. 방위는
남쪽을 나타내며, 계절로는 여름입니다.

금(金)오행이 천간(天干)으로는 경신(庚辛)이 되었고, 지지(地支)로는
신유(申酉)가 되었습니다.

신금(申金)은 양금(陽金)이고, 유금(酉金)은 음금(陰金)입니다. 방위는
서쪽을 나타내며, 계절로는 가을입니다.

수(水)오행이 천간(天干)으로는 임계(壬癸)가 되었고, 지지(地支)로는
자해(子亥)가 되었습니다.

자수(子水)는 양수(陽水)이고, 해수(亥水)는 음수(陰水)입니다. 방위는
북쪽을 나타내며, 계절로는 겨울입니다.

토(土)오행이 천간(天干)으로는 무기(戊己)가 되었고, 지지(地支)로는
진술축미(辰戌丑未)가 되었습니다. 토(土)오행은 지지(地支)에서 각 오행
의 마디마디 사이에서 작용을 하려다 보니 4개가 되었습니다.

진토(辰土)와 술토(戌土)는 양토(陽土)이고, 축토(丑土)와 미토(未土)는

음토(陰土)입니다. 축토(丑土)는 겨울에서 봄으로 넘어가는 자월(子月)과 인월(寅月) 사이에 위치합니다. 진토(辰土)는 봄에서 여름으로 넘어가는 묘월(卯月)과 사월(巳月) 사이에 위치합니다. 미토(未土)는 여름에서 가을로 넘어가는 오월(午月)과 신월(申月) 사이에 위치합니다. 술토(戌土)는 가을에서 겨울로 넘어가는 유월(酉月)과 해월(亥月) 사이에 위치합니다.

방위는 사계(四季)에 위치합니다. 여기서 '계(季)'자는 '끝 계'자로 각 계절의 끝에 존재한다는 말입니다. 따라서 해자축월(亥子丑月)을 겨울로, 인묘진월(寅卯辰月)을 봄으로, 사오미월(巳午未月)을 여름으로, 신유술월(申酉戌月)을 가을로 봅니다.

## 체(體)와 용(用)

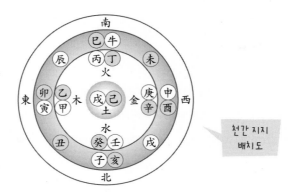

천간 지지 배치도

위 [천간 지지 종합표]에서 보면, 금(金)과 목(木) 오행(五行)의 천간 지지(天干地支)는 음양(陰陽)이 같은 것끼리 배치되었습니다. 갑목(甲木)

과 인목(寅木), 을목(乙木)과 묘목(卯木), 경금(庚金)과 신금(申金), 신금(辛金)과 유금(酉金) 이렇게 말입니다. 그러나 수(水)와 화(火) 오행(五行)의 천간지지(天干地支)는 음양(陰陽)이 다르게 배치된 것을 알 수 있습니다. 임수(壬水)와 해수(亥水), 계수(癸水)와 자수(子水), 병화(丙火)와 사화(巳火), 정화(丁火)와 오화(午火) 이렇게 배치가 되었습니다.

그럼 체(體)란 무엇이고, 용(用)이란 무엇인가? 얼굴에는 사랑스러운 표정, 행복한 표정, 봐도 봐도 자꾸 보고픈 얼굴표정 등등 여기에서 얼굴을 체(體)라고 할 수 있고, 얼굴에서 피어나는 표정들을 용(用)이라 할 수 있습니다. 변화(變化)가 일어나는 그 근원(根源)을 체(體)라 하고, 그 체(體)에서 나타나는 변화(變化)나 쓰이는 용도(用度)를 용(用)이라 할 수 있습니다.

이것이, 체(體)와 용(用)의 관계입니다.
수화(水火) 오행(五行)에서는 체(體)와 그 쓰임 즉 용(用)이 바뀌어 나타나는 것입니다.
천간(天干) 병화(丙火)는 양(陽)이나, 지지(地支)에서는 사화(巳火) 음(陰)이 병화(丙火)의 역할을 하고, 천간(天干) 정화(丁火)는 음(陰)이나, 지지(地支)에서는 오화(午火) 양(陽)이 정화(丁火)의 역할을 합니다.
천간(天干) 임수(壬水)는 양(陽)이나, 지지(地支)에서는 해수(亥水) 음(陰)이 임수(壬水)의 역할을 하고, 천간(天干) 계수(癸水)는 음(陰)이나, 지지(地支)에서는 자수(子水) 양(陽)이 계수(癸水)의 역할을 합니다.
수(水)와 화(火)의 지지(地支)는 기본은 음(陰)이되 작용은 양(陽)으로 하고, 기본은 양(陽)이되 작용은 음(陰)으로 한다는 말입니다.

명리학은 쓰임새를 공부하는 학문이니, 자수(子水)나 오화(午火)를 양(陽)으로 쓰지 않고 음(陰)으로 사용하고, 해수(亥水)나 사화(巳火)를 음(陰)으로 사용하지 않고 양(陽)으로 사용합니다.

이는 삼원(三元)에서 인원(人元)의 소식입니다. 삼원(三元)은 천원(天元), 지원(地元), 인원(人元)으로 하늘과 땅과 사람을 의미합니다. 천원(天元)은 천간(天干)이고, 지원(地元)은 지지(地支)이고, 인원(人元)은 지지(地支)속에 들어 있는 천간(天干) 즉 지장간(地藏干)을 의미합니다.

지장간(地藏干)을 살펴보면. 사화(巳火)는 음화(陰火)이나, 그 속에는 병화(丙火)를 본기(本氣)로 하고 있고, 오화(午火)는 양화(陽火)이나 정화(丁火)를 본기(本氣)로 하고 있음을 알 수 있습니다.

> **巳火의 지장간** [ 戊庚丙 ]
> **午火의 지장간** [ 丙己丁 ]

또한 해수(亥水)는 음수(陰水)인데 임수(壬水)를 본기(本氣)로 하고 있고, 자수(子水)는 양수(陽水)인데 계수(癸水)를 본기(本氣)로 하고 있습니다. 그러므로 체(體)와 변화되어서 나타나는 용(用)이 바뀌서 나타난다 하겠습니다.

> **亥水의 지장간** [ 戊甲壬 ]
> **子水의 지장간** [ 壬 癸 ]

| | 寅月 | 卯月 | 辰月 | 巳月 | 午月 | 未月 |
|---|---|---|---|---|---|---|
| 月 | 正 | 二 | 三 | 四 | 五 | 六 |
| 初氣 | 戊 7일 | 甲 10일 | 乙 9일 | 戊 7일 | 丙 10일 | 丁 9일 |
| 中氣 | 丙 7일 | | 癸 3일 | 庚 7일 | 己 9일 | 乙 3일 |
| 本氣 | 甲 16일 | 乙 20일 | 戊 18일 | 丙 16일 | 丁 11일 | 己 18일 |

| | 申月 | 酉月 | 戌月 | 亥月 | 子月 | 丑月 |
|---|---|---|---|---|---|---|
| 月 | 七 | 八 | 九 | 十 | 十一 | 十二 |
| 初氣 | 戊 7일 | 庚 10일 | 辛 9일 | 戊 7일 | 壬 10일 | 癸 9일 |
| 中氣 | 壬 7일 | | 丁 3일 | 甲 7일 | | 辛 3일 |
| 本氣 | 庚 16일 | 辛 20일 | 戊 18일 | 壬 16일 | 癸 20일 | 己 18일 |

## 지지(地支) 토(土)의 관찰

> 水氣에서 木氣로 넘어가는 중간에 丑土(癸辛己)
> 木氣에서 火氣로 넘어가는 중간에 辰土(乙癸戊)
> 火氣에서 金氣로 넘어가는 중간에 未土(丁乙己)
> 金氣에서 水氣로 넘어가는 중간에 戌土(辛丁戊)

▶ 丑土와 辰土는 濕土이다. 未土와 戌土는 溫土이다.
　丑土와 辰土에는 癸水가 포함되어 있어 濕土이다.
　未土와 戌土에는 丁火가 포함되어 있어 溫土이다.


　음양운동(陰陽運動)은 수화운동(水火運動)이고 우주운동(宇宙運動)이라
하였습니다. 음(陰)을 수(水)로 양(陽)을 화(火)로써 보고서 한 말입니다.
　음양운동(陰陽運動)에서 질적변화(質的變化)를 이야기 하였습니다.

'음극양생 양극음생 (陰極陽生 陽極陰生)' 음(陰)이 극(極)에 달하면 양(陽)이 생(生)하고, 양(陽)이 극(極)에 달하면 음(陰)이 생(生)한다고 하였습니다.

수기(水氣)가 극(極)에 달한 자수(子水)에서 양(陽)이 나타나 양(陽)이 극(極)에 달하는 오화(午火)에 이르기까지 발전해 나갑니다. 즉 음(陰)을 바탕으로 양(陽)이 발전해 간다는 말입니다. 따라서 그 과정에 있는 축토(丑土)와 진토(辰土)의 지장간(地藏干)에 계수(癸水)가 포함되어 있고, 따라서 수기(水氣)를 내포(內包)한 습토(濕土)라 말하는 것입니다.

화기(火氣)가 극(極)에 달한 오화(午火)에서 음(陰)이 나타나 음(陰)이 극(極)에 달하는 자수(子水)에 이르기까지 발전해 나갑니다. 즉 양(陽)을 바탕으로 음(陰)이 발전해 간다는 말입니다. 따라서 그 과정에 있는 미토(未土)와 술토(戌土)의 지장간(地藏干)에 정화(丁火)가 포함되어 있고, 따라서 화기(火氣)를 내포(內包)한 온토(溫土)라 말하는 것입니다.

지지(地支)에서의 습토(濕土)와 온토(溫土)

▶ 辰土, 戌土는 陽土이고, 丑土, 己土는 陰土이다.

자수(子水)에서 양(陽)이 비로소 생(生)한다고는 하나, 그것이 양(陽)의 기운으로 드러나는 것은 인월(寅月)에 양(陽)이 수기(水氣)를 탈출하고 묘월(卯月)에 드디어 확연히 들어납니다. 오화(午火)에서 음(陰)이 비로소 생(生)한다고는 하나, 신월(申月)에 음(陰)이 화기(火氣)를 뚫고 솟아나와 유월(酉月)이 되어서야 드디어 확연히 들어나게 됩니다.

양(陽)이나 음(陰)이 그 형(形)을 만들고, 위세를 떨치는 음양(陰陽)의 나타난 현상(現象)적인 면에서 보자면,

양(陽)의 영역에서는, 목기(木氣)가 발생하여 금기(金氣)가 발생하기 전까지입니다. 목기(木氣)가 발생해서 화기(火氣)가 발생하기 전까지의 기간이 있는데, 이는 양기(陽氣)가 발전(發展)하는 양(陽)의 작용을 하므로 진토(辰土)는 확장, 팽창을 주재(主宰)하는 양토(陽土)가 됩니다.

화기(火氣)가 발생해서 금기(金氣)가 발생하기 전까지의 기간이 있는데, 이는 양기(陽氣)가 쇠퇴(衰退)하는 음(陰)의 작용을 하므로 미토(未土)는 수축(收縮)을 주재(主宰)라는 음토(陰土)가 됩니다.

음(陰)의 영역에서는, 금기(金氣)가 발생하여 목기(木氣)가 발생하기 전까지입니다. 금기(金氣)가 발생해서 수기(水氣)가 발생하기 전까지의 기간이 있는데, 이는 음기(陰氣)가 발전(發展)하는 양(陽)의 작용을 하므로 술토(戌土)는 확장, 팽창을 주재(主宰)하는 양토(陽土)입니다.

수기(水氣)가 발생해서 목기(木氣)가 발생하기 전까지의 기간이 있는데, 이는 음기(陰氣)가 쇠퇴(衰退)하는 음(陰)의 작용을 하므로 축토(丑土)는 수축(收縮)을 주재(主宰)하는 음토(陰土)입니다.

지지(地支)에서의
음토(陰土)와
양토(陽土)

## ☯ 명리학에서의 월(月)

12지지(地支)는 열두 달을 나타냅니다.
명리학에서는 절기(節氣)로서 월(月)의 출발점을 삼습니다.

| | 寅月 | 卯月 | 辰月 | 巳月 | 午月 | 未月 |
|---|---|---|---|---|---|---|
| 月 | 正 | 二 | 三 | 四 | 五 | 六 |
| 節氣 | 立春 입춘 | 驚蟄 경칩 | 淸明 청명 | 立夏 입하 | 亡種 망종 | 小暑 소서 |
| 中氣 | 雨水 우수 | 春分 춘분 | 穀雨 곡우 | 小滿 소만 | 夏至 하지 | 大暑 대서 |

| | 申月 | 酉月 | 戌月 | 亥月 | 子月 | 丑月 |
|---|---|---|---|---|---|---|
| 月 | 七 | 八 | 九 | 十 | 十一 | 十二 |
| 節氣 | 立秋 입추 | 白露 백로 | 寒露 한로 | 立多 입동 | 大雪 대설 | 小寒 소한 |
| 中氣 | 處暑 처서 | 秋分 추분 | 霜降 상강 | 小雪 소설 | 冬至 동지 | 大寒 대한 |

입춘(立春)이 들어 온 날로부터 음력 1월인 인월(寅月)이 되고, 경칩(驚蟄)이 들어 온 날로부터 음력 2월인 묘월(卯月)이 되고, 청명(淸明)이 들어 온 날로부터 음력 3월인 진월(辰月)이 됩니다.

입하(立夏)가 들어 온 날로부터 음력 4월인 사월(巳月)이 되고, 망종
(亡種)이 들어 온 날로부터 음력 5월인 오월(午月)이 되고, 소서(小暑)가
들어 온 날로부터 음력 6월인 미월(未月)이 됩니다.

입추(立秋)가 들어 온 날로부터 음력 7월인 신월(申月)이 되고, 백로
(白露)가 들어 온 날로부터 음력 8월인 유월(酉月)이 되고, 한로(寒露)가
들어 온 날로부터 음력 9월인 술월(戌月)이 됩니다.

입동(立冬)이 들어 온 날로부터 음력 10월인 해월(亥月)이 되고, 대설
(大雪)이 들어 온 날로부터 음력 11월인 자월(子月)이 되고, 소한(小寒)이
들어 온 날로부터 음력 12월인 축월(丑月)이 됩니다.

절기(節氣)와
12월(月)

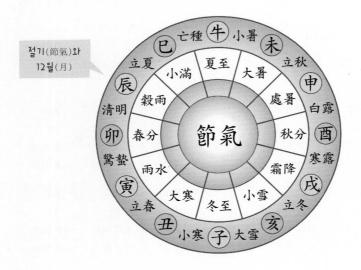

◎ 지지(地支)의 활용범위

기(氣)를 파악하는데 주요(主要)하게 쓰이는 것입니다.

열개의 천간(天干)은 원래 하나였습니다. 하나의 기(氣)가 각기 따로 따로 나타난 열 개의 작용(作用)입니다. 이것이 열두 개의 환경(環境)으로 나타난 것이 지지(地支)입니다.

천간(天干)은 각 각의 개성(個性)을 말하였습니다. 지지(地支)에서는 용도(用度)를 말합니다. 천간(天干)이 주체성(主體性)이라면 지지(地支)는 활동무대입니다. 천간(天干)은 하늘의 특성을 나타내고, 지지(地支)는 지구(地球)의 변화(變化)를 나타내고 있습니다.

만물은 천간(天干)의 기(氣)를 받고, 지지(地支)들 사이에서 생육(生育)의 과정을 되풀이 하고 있습니다. 천간(天干)의 기세(氣勢)는 지지(地支)에 따라서 많은 영향을 받습니다. 그렇기 때문에 천간(天干)이 어떠한 힘을 가지고 있는가를 알아보는데, 지지(地支)가 중요한 역할을 하고 있는 것입니다. 지지(地支)에 맞추어 천간(天干)의 기세(氣勢)가 힘을 받는가, 아니면 받지 않는가를 알아보는 것이 지지(地支)를 배우려는 목적인 것입니다.

지지(地支)는 속에 천간(天干)을 품고 있는데, 이 천간(天干)을 지장간(地藏干)이라 하며, 지지(地支)의 성분을 나타냅니다. 지장간(地藏干)은 천간(天干)의 기(氣)의 힘이 얼마만큼의 영향을 받으며, 기(氣)의 힘이 얼마만큼 센가를 알아보는 기준이 됩니다.

## 🌑 지장간(地藏干)

지장간(地藏干)이란 12지지(地支)속에 숨어 있는 천간(天干)을 말합니다. 실제로는 천간(天干)이 감추어져 있거나 숨어있는 것이 아니라, 지지(地支) 자체(自體)가 여러 개의 천간(天干)이 결합(結合)한 결과물(結果

物)이라고 볼 수도 있겠다는 생각을 해봅니다. 지지(地支)는 여러 가지
천간(天干)의 기운(氣運)을 간직하고 있는데, 지지(地支)안에 감추어져
있는 천간(天干)을 지장간(地藏干)이라고 합니다.

지장간(地藏干)은 삼원(三元)에서 인원(人元)의 소식입니다. 삼원(三元)
은 천원(天元), 지원(地元), 인원(人元)으로 하늘과 땅과 사람을 의미합니
다. 천원(天元)은 천간(天干)이고, 지원(地元)은 지지(地支)이고, 인원(人元)
은 지지(地支)속에 들어 있는 천간(天干) 즉 지장간(地藏干)을 의미합니다.

지장간(地藏干)은 사람을 상징(象徵)하기도 하고, 천지지간(天地之間)
의 만물(萬物)에 대하여 사람으로 대표(代表)하여 표현(表現)하는 것이기
도 하며 우주(宇宙)에 가득 차 운행(運行)되는 음양오행(陰陽五行)의 운기
(運氣)를 품고 있는 것이기도 합니다.

천생지성(天生地成)이라는 말이 있습니다. 하늘이 낳고 땅이 기른다는
말입니다. 인간(人間)의 운명(運命)은 오행(五行)의 활동작용(活動作用)에
의한 자연법칙(自然法則)과 사계절(四季節)의 영향(影響)과 지배(支配)를
받고, 인간(人間)은 천지(天地)의 중간에서 생존(生存)하므로 하늘의 기
운(氣運)을 중요(重要)하게 여기고 살펴야 하는데, 이것이 바로 땅 속에
들어있는 하늘의 기운(氣運)인 지장간(地藏干)인 것입니다.

### 🌀 지장간(地藏干)과 기후변화(氣候變化)

해가 있음으로 해서 음양(陰陽)이 생겼습니다. 이 때 해는 양(陽)이고
지구는 음(陰)입니다. 해로 인해서 지구에 변화가 일어났습니다. 따라

서 변화를 일으키는 것은 양(陽)이고, 변화가 일어나는 것은 음(陰)입니다. 지구가 자전을 하루에 한번 함으로 낮과 밤이 생겼습니다.

1년은 사계절이 있고 12개월이 있는데, 이는 지구가 태양을 공전함으로써 생기는 것입니다. 1년 365일 중에 동지(冬至), 하지(夏至)의 이지(二至)와 입춘(立春), 입하(立夏), 입추(立秋), 입동(立冬)의 사립(四立)이 있는데, 이는 지구와 태양과의 관계를 나타내는 것이며, 항상 정연(整沿)하게 운행하고 있습니다.

그러므로, 날과 달을 바꾸며 태양의 기운이 변하게 됩니다. 기운의 변화는 태양의 주위를 일정하게 돌아가는 궤도에 따라 변합니다. 그렇기 때문에 해마다 늘 일정한 자리를 지나치게 되고, 그 때마다 지나치게 되는 자리의 특성이 발생합니다. 태양이 고도가 높을 때는 목화(木火)의 양(陽)적 기운이 발생하고, 태양의 고도가 낮을 때는 금수(金水)의 음(陰)적 기운이 발생합니다.

태양(太陽)의 기운(氣運)의 변화(變化)가 지구(地球)에도 기후(氣候)의 변화(變化)를 가져왔습니다. 이 지구(地球)의 기후변화(氣候變化)를 관찰하여 봄, 여름, 가을, 겨울의 4계절로 나누었습니다. 한 계절을 6등분하여 절기(節氣)와 중기(中氣)를 구분하여 24절기(節氣)가 되었습니다. 한 절기(節氣)와 한 중기(中氣)를 합쳐 1개월로 정하여 12개월이 되었습니다. 그리고 한 계절은 3개월이 되었습니다. 따라서 12개월은 태양(太陽)의 기운변화(氣運變化)에 따른 지구(地球)의 기후(氣候)의 변화(變化)를 나타낸 것입니다.

한 계절(季節)은 3개월인데, 매월(每月)에는 각 계절의 기(氣)가 함유되어 있습니다. 그 계절의 처음의 月은 아직 그 계절의 기(氣)는 희박하고 오히려 전 계절의 기(氣)가 얼마 정도는 남아 있고, 그 계절(季節)의 중간의 월이 되면 계절의 기(氣)가 본격적으로 되고, 최후로 마지막 월이 되면 그 계절의 기(氣)는 가장 깊어집니다.

한 계절(季節)은 3개월(個月)인데, 매월(每月)에는 각 계절(季節)의 기(氣)가 함유(含有)되어 있습니다. 절기(節氣)가 들어오는 때를 달(月)의 처음으로 잡습니다. 그 달의 기후(氣候)를 나타내기 위해, 기운(氣運)의 특성(特性)을 나타내는 천간(天干)을 이용하여, 그 달의 기후(氣候)의 특징(特徵)을 설명하였습니다. 그러므로 지장간(地藏干)은 지지(地支)속에 감추어진 힘을 말하며 다양한 변화(變化)를 일으키는 원동력(原動力)이 되었습니다.

### 🎯 지장간의 분류(지장간의 활용법)

① 월률분야(月律分野), 월령용사(月令用事)

1년의 흐름을 하나의 순환(循環) 고리로 생각해서 각 계절(季節)에 따른 오행(五行)을 배치(配置)하고, 각 월(月)마다 1개월간의 기후변화(氣候變化)에 따른 천간(天干)의 배치(配置)라고 봅니다.

② 인원용사(人元用事)

지장간(地藏干)이 월률분야(月律分野)처럼 월지(月支)에 따라 일정한 흐름을 가지고 있는 것이 아니고, 월지(月支)와는 상관없이 각

지지(地支)속에 순수하게 소속되어 있는 천간(天干)을 의미한다고
봅니다.

이 두 가지의 활용법은 각기 나름대로 특성을 가지고 있으나 아주 동
떨어진 것은 아닙니다. 어찌 보면 지장간(地藏干)의 인원용사(人元用事)
도 월률분야(月律分野)에서 파생(派生)된 것이 아닌가 하는 생각을 하게
되는데, 다만 기본적(基本的)으로 중요(重要)하게 많이 활용(活用)하는 것
이 지장간(地藏干)의 월률분야(月律分野)입니다.

## 지장간의 월률분야(月律分野)

지장간(地藏干)이 월률분야(月律分野)란 1개월간의 기후변화(氣候變化)
에 따른 천간(天干)의 배치(配置)를 나타낸 것으로서, 절입일(節立日)로
부터 차례대로 여기(餘氣), 중기(中氣), 정기(正氣)로 구성되어 있습니다.
한달동안 천간(天干)의 기운(氣運)이 어떻게 작용하는가를 나타낸 것입
니다.

지장간(地藏干)의 월률분야(月律分野)를 자세히 설명하자면,
여기(餘氣)란 전월(前月)의 기운(氣運)이 이월(移越)되어 남아 있다는
뜻으로 앞 절기(節氣)의 영향을 받고 있다는 것입니다. 초기(初期)라고
도 합니다. 예를 들어 인월(寅月)의 여기(餘氣)는 축월(丑月)의 정기(正氣)
인 기토(己土)가 양토(陽土)로 바뀌어 무토(戊土)가 된 것입니다.
중기(中氣)란 말 그대로 여기(餘氣)에서 정기(正氣)에 이르는 중간(中
間)에 있는 기(氣)로써, 중기(中氣)는 월률분야(月律分野)에서 가장 세력

(勢力)이 약(弱)하고 다른 지지(地支)와 삼합(三合)하여 변(變)하는 특성을 가지고 있습니다. 그러므로 항상 변화(變化)를 추구(追究)하는 경향이 있으며, 생기발랄한 어린이와 같은 작용을 합니다.

정기(正氣)란 그 달의 본래 기운(氣運)으로서 본기(本氣)라고도 합니다. 그 지지(地支)가 지닌 오행(五行)과 동일(同一)한 천간(天干)이 되고, 지지(地支)의 사령관격(司令官格)으로 가장 왕성(旺盛)한 기운(氣運)을 말합니다. 정기(正氣)는 월률분야(月律分野) 중에서 가장 강력(强力)한 힘을 가지고 대들보와 같은 중추적(中樞的)인 작용(作用)을 합니다.

월률분야(月律分野)는 여기(餘氣)와 정기(正氣)로 나뉘는 것과, 여기(餘氣)와 중기(中氣)와 정기(正氣)로 나뉘는 것이 있고, 각 월(月)마다 월지(月支)에서 사령(司令)하는 기간(其間)이 다릅니다. 즉 월지사령(月支司令)이란 말을 줄여서 월령(月令)이라 하는데, '월(月)'이란 태어난 달 월지를(月支) 말하고, '령(令)'이란 그곳의 우두머리로서 사령관(司令官)이 되어 명령(命令)하는 것을 말하니, 월령(月令)이란 사주(四柱) 기운(氣運)의 핵심부(核心部)와 같습니다. 따라서 월률분야(月律分野)는 엄밀하게 말하면 지장간(地藏干)이 월지(月支)를 사령(司令)하는 기간(其間)을 말하는 것입니다.

월지사령(月支司令)은 다른 말로 당령(當令)이라고 부르는데, 월령(月令)은 천시(天時) 즉 계절(季節)의 흐름과 밀접(密接)하게 연관(聯關)되어 있습니다. 그러므로 운명(運命)을 지배(支配)하는 중요(重要)한 역할(役割)을 담당(擔當)하고 있으므로, 지장간(地藏干)의 심천(深淺)을 파악하는 것입니다.

 **지장간(地藏干)의 쓰임**

지장간(地藏干)은 일간(日干)과의 관계에서 일간(日干)이 어떠한 계절
(季節)에 어떠한 힘을 받을 수 있는지를 판단(判斷)하는 기준(基準)이 되
었습니다. 지장간(地藏干)의 힘의 세기를 판단(判斷)하는 기준점(基準點)은
전체 사주(四柱)에서 세력관계(勢力關係)에 따라 강약(强弱)의 정도가 있
지만 기본적으로는 연월일시(年月日時) 중 월지(月支)의 지장간(地藏干)의
힘이 가장 강(强)합니다. 그리고 지장간(地藏干)을 세분하여 나누어진 여
기(餘氣), 중기(中氣), 정기(正氣) 중 정기(正氣)의 힘이 가장 강(强)합니다.

투간(透干)을 중히 여기시는 분들도 계십니다. 그런 분들은 여기(餘
氣)나 중기(中氣)의 지장간(地藏干)이 투간(透干 : 지장간이 사주의 천간에 나타
난 것)되어 있다면 이 역시 강한 힘을 발휘하게 된다고 봅니다. 그러므
로 해당 지지(地支)의 본래의 기운인 정기(正氣)를 중심으로 지지의 힘
을 판단하되 혹 천간(天干)에 투출(透出=透干)된 지장간(地藏干)이 있다
면 이도 작용하는 힘이 크므로 중요하게 봐야 한다고 합니다.

**지장간(地藏干)의 계통(系統)과 체용법(體用法)**

각기 다른 지장간(地藏干)을 가지고 있어, 지지(地支)들의 특성(特性)
또한 모두 다르지만, 공통점(共通點)을 가진 계통별(系統別)로 분류(分類)
하면 다음과 같습니다.

① 인신사해(寅辛巳亥)

인신사해(寅辛巳亥)는 발생(發生)의 지지(地支)로서 사생(四生), 사
맹(四孟)이라고도 합니다. 모두 양간(陽干)만 3개를 가지고 있으며,
매사에 의욕(意慾)이 강(强)하고 발명(發明)이나 개발(開發) 등의 창

의력(創意力)이 좋고 설계(設計)등에 소질(素質)이 있는 특성이 있
습니다. 매사(每事)에 진취적(進取的)이고 활동적(活動的)인 기운(氣
運)을 나타내는데, 별칭(別稱)으로는 창조파, 개척파, 시작파, 역마
살파, 준비운동파 등으로 부를 수 있습니다.

② 자오묘유(子午卯酉)

자오묘유(子午卯酉)는 전문(專門)의 지지(地支)로서 사전(四專), 사
정(四正)이라 합니다. 오행(五行)의 가장 순수(純粹)한 기운(氣運)을
의미하며, 춘하추동(春夏秋冬)의 한 가운데 달이 되어, 계절(季節)
의 강한 기운(氣運)을 지니고 있습니다. 그러므로 개성(個性)과 주
관(主觀)이 뚜렷하고 어떤 변화(變化)가 오더라도 다른 오행(五行)
의 기운(氣運)으로 잘 변하지 않는 특성이 있습니다. 별칭을 붙인
다면, 황제파, 정통파, 순종파, 양인살파(羊刃殺派), 장성살파(將星殺
派), 도화살파(桃花殺派) 등의 수식어가 어울린다고 생각됩니다.

③ 진술축미(辰戌丑未)

진술축미(辰戌丑未)는 잡기(雜氣)의 지지(地支)로서 사묘(四墓), 사고
(四庫)라 하며, 진술(辰戌)은 음간(陰干) 2개와 양간(陽干) 1개, 축미
(丑未)는 음간(陰干)만 3개를 가지고 있습니다. 만물(萬物)의 저장
(貯藏)과 보관(保管)을 주도(主導)하며, 종합(綜合)이나 포용(包容) 등
의 뜻을 내포(內包)하고 있습니다. 또한 모든 것을 감추고 있다는
뜻도 있어 진술축미(辰戌丑未)의 기운(氣運)을 파악(把握)하기는 생
각보다 쉽지 않습니다. 별칭으로, 상황파, 눈치파, 창고파, 무덤파,
잡기파, 화개살파(華蓋殺派), 고독파, 백호살파(白虎殺派) 등으로 대
신할 수 있습니다.

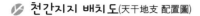 **천간지지 배치도**(天干地支 配置圖)

   지장간(地藏干)을 좀 더 쉽게 알기 위해, 천간(天干)과 지지(地支)를 배치해 보았습니다. 천간지지 배치도(天干地支 配置圖)라고 이름을 붙였습니다.

   목화수금토(木火土金水) 오행(五行)이 어느 것이 더 소중하고 어느 것이 덜 소중한 것은 없습니다. 각 오행(五行)은 각자 자기의 임무를 묵묵히 충실하게 지켜나가고 있습니다.

천간지지 월률배치도
(天干地支月率配置圖)

1년 360일을
천간(天干)으로 나누어 보면 다음과 같습니다.

- 갑을목(甲乙木) 72일 ● 병정화(丙丁火) 72일 ● 무기토(戊己土) 72일
- 경신금(庚辛金) 72일 ● 임계수(壬癸水) 72일

지지(地支)로 보면

- 목(木) 72일, 인월(寅月) 묘월(卯月)과 진월(辰月)의 12일
- 화(火) 72일, 사월(巳月) 오월(午月)과 미월(未月)의 12일
- 토(土) 72일, 진월(辰月) 술월(戌月) 각 18일로 무토(戊土) 36일
  축월(丑月) 미월(未月) 각 18일로 기토(己土) 36일
- 금(金) 72일, 신월(申月) 유월(酉月)과 술월(戌月)의 12일
- 수(水) 72일, 해월(亥月) 자월(子月)과 축월(丑月)의 12일

지장간(地藏干)으로 보면

- 갑을목(甲乙木)  65일,  갑목(甲木) 33일,  을목(乙木) 32일
- 병정화(丙丁火)  56일,  병화(丙火) 33일,  정화(丁火) 23일
- 무기토(戊己土) 109일,  무토(戊土) 64일,  기토(己土) 45일
- 경신금(庚辛金)  65일,  경금(庚金) 33일,  신금(辛金) 32일
- 임계수(壬癸水)  65일,  임수(壬水) 33일,  계수(癸水) 32일

위에서 천간지지 배치도(天干地支 配置圖)를 보았듯이 천간(天干)과 지지(地支)를 아무런 사심(私心)없이 공평(公平)하게 나누었습니다. 이 우주(宇宙)의 마음과 정신(精神)이 그러하기에 그런 것입니다.

그러나 지장간(地藏干)에서는 토(土)가 대폭 늘어났습니다. 그 이유를 살펴보도록 하겠습니다.

지장간(地藏干) 표를 보도록 하겠습니다.

지장간표(地藏干標)

| 月 | 寅月 | 卯月 | 辰月 | 巳月 | 午月 | 未月 |
|---|---|---|---|---|---|---|
| | 正 | 二 | 三 | 四 | 五 | 六 |
| 初氣 | 戊 7일 | 甲 10일 | 乙 9일 | 戊 7일 | 丙 10일 | 丁 9일 |
| 中氣 | 丙 7일 | | 癸 3일 | 庚 7일 | 己 9일 | 乙 3일 |
| 本氣 | 甲 16일 | 乙 20일 | 戊 18일 | 丙 16일 | 丁 11일 | 己 18일 |

| 月 | 申月 | 酉月 | 戌月 | 亥月 | 子月 | 丑月 |
|---|---|---|---|---|---|---|
| | 七 | 八 | 九 | 十 | 十一 | 十二 |
| 初氣 | 戊 7일 | 庚 10일 | 辛 9일 | 戊 7일 | 壬 10일 | 癸 9일 |
| 中氣 | 壬 7일 | | 丁 3일 | 甲 7일 | | 辛 3일 |
| 本氣 | 庚 16일 | 辛 20일 | 戊 18일 | 壬 16일 | 癸 20일 | 己 18일 |

　지장간(地藏干)의 천간(天干)의 비율(比率)이 조금씩 틀린 것들을 참조하여 가장 보편성(普遍性)을 가지고 있는 비율(比率)을 사용하였습니다.

　우주창조(宇宙創造)의 본체(本體)인 태극(太極)이 음양운동(陰陽運動)을 할 때에는, 우주만물(宇宙萬物)의 근원(根源)인 무극(無極)에서 나온 중(中)이라고 하는 성분이 음양운동(陰陽運動)을 영원(永遠)히 순환반복(循環反復)하도록 하였습니다.

　음양운동(陰陽運動)을 달리 수화운동(水火運動)이라고도 하며, 수화운동(水火運動) 과정(科程)에서 목(木)과 금(金)이 발생하였으며, 목화(木火)의 양(陽)운동과 금수(金水)의 음(陰)운동을 조절(調節)하고 조화(造化)시킨 작용(作用)을 토(土)가 중성적(中性的) 성격으로 이루어 냈습니다.

　천간(天干)으로 분화(分化) 발전(發展)하여, 갑을병정(甲乙丙丁)의 양(陽)운동과 경신임계(庚辛壬癸)의 음(陰)운동을, 조화(造化)의 본체(本體)인 무기토(戊己土)가 조화(造化)시켰습니다. 양(陽) 운동에서 음(陰) 운동으로 전환(轉換)되는 과정에서는 음토(陰土)인 기토(己土)가 작용(作用)을 하고, 음(陰)운동에서 양(陽)운동으로 변환(變換)되는 과정에서는 양토(陽土)인 무토(戊土)가 그 작용(作用)을 하였습니다.

지지(地支)에서는 사계절(四季節)이 생기고, 목화금수(木火金水)의 기운(氣運)을 중재(仲裁)하고, 조절(調節)할 필요성에 의해 각 계절(季節)의 사이에 토(土)가 위치하게 되었고, 그럼으로 인하여 토(土)의 역할(役割)이 더 커지게 되었습니다.

겨울인 해자월(亥子月)의 말미에서 축토(丑土)가, 봄인 인묘월(寅卯月)의 말미(末尾)에서 진토(辰土)가, 여름인 사오월(巳午月)월 끝자락에서 미토(未土)가, 가을인 경신월(庚辛月)의 끝에서 술토(戌土)가 그 역할(役割)을 수행합니다.

이러한 금수목화(金水木火)보다 토(土)의 대폭(大幅) 늘어난 역할(役割)과 그 역량(力量)으로, 지구(地球)의 기후(氣候)와 밀접한 영향을 가진 지장간(地藏干)에 있어서 토(土)가 크게 늘어난 것입니다.

한동석 선생은 '우주 변화(宇宙變化)의 원리(原理)'라는 저서를 통해, 하늘의 다섯 가지 기운(氣運)인 오행(五行)이, 이 우주의 유일(唯一)한 곤토(坤土)인 지구(地球)에 내려와 지구의 토(土) 기운(氣運)과 합쳐져 토(土)가 네 개가 되었다고 설명을 하고 있습니다.

다시 살펴보자면, 봄은 인묘진(寅卯辰) 3개월로 90일입니다. 목기(木氣)는 인월(寅月)과 묘월(卯月) 그리고 진월(辰月) 12일을 목(木)이 그 기운(氣運)을 장악(掌握)하고 있다고 하였습니다. 천간(天干)에서 갑을목(甲乙木)이 72일로 배분(配分)되고, 지지(地支)에서 인묘목(寅卯木)이 72일

배정(配定)되었습니다. 그리고 진월(辰月) 18일로 구성되어 있습니다. 그런데, 지장간(地藏干) 표에서는 그렇지 않습니다.

먼저 봄, 인묘진월(寅卯辰月)을 살펴보겠습니다.

- **인월**(寅月) - 무토(戊土) 7일, 병화(丙火) 7일, 갑목(甲木) 16일
- **묘월**(卯月) - 갑목(甲木) 10일, 을목(乙木) 20일,
- **진월**(辰月) - 을목(乙木) 9일, 계수(癸水) 3일, 무토(戊土) 18일

이렇게 봄, 인묘진(寅卯辰)월은 90일이 되었습니다.

목기(木氣)는 72일이라 하였습니다. 목기(木氣)를 살펴보니, 갑목(甲木) 26일과 을목(乙木) 29일입니다. 그리고 또 살펴보니 해월(亥月)에 갑목(甲木)이 7일이 있고, 미월(未月)에 을목(乙木) 3일이 있습니다. 그래서 합산해 보니 갑목(甲木) 33일, 을목(乙木) 32일입니다. 지장간(地藏干)의 갑을목(甲乙木)이 모두 65일입니다. 7일이 안 보입니다. '잃어버린 7일' 무슨 영화제목 같습니다.

이렇게 장황하게 설명을 늘어놓아 참으로 따분하기도 하겠지만, 저처럼 책을 스승삼아 공부하시고, 주위에 같이 토론할 이도 없으신 벗님들이 저처럼 일일이 날수를 세어보는 일이 있을까하여 그런 것이니 양해부탁 드립니다. 혼자 책을 보면서 곰곰이 생각한 점입니다.

- ❶ 인월(寅月)의 병화(丙火)와 해월(亥月)의 갑목(甲木)
- ❷ 인월(寅月)의 무토(戊土)와 잃어버린 갑목(甲木) 7일
- ❸ 진월의 계수(癸水)와 미월(未月)의 을목(乙木)

음(陰)이 극(極)에 달해 양(陽)이 생(生)하고, 양(陽)이 극(極)에 달해 음(陰)이 생(生)합니다. 음양(陰陽)이 질적변화(質的變化)를 일으킵니다. 우주조화의 근원(根源)인 무극(無極)에서 나온 중(中)이라고 하는 성질에 의해 영원한 순환반복(循環反復)을 합니다.

오행(五行)의 차원에서는 수(水)가 화(火)로 발전하면서 목(木)이 발생하고, 화(火)가 수(水)로 발전하면서 금(金)이 발생하였습니다. 수화운동(水火運動)입니다. 금수목화(金水木火)가 제 역할을 잘 하도록, 무극(無極)에서 나온 중(中)의 성질인 토(土)가 조절, 조화(造化)시키면서 우주운동을 해나갑니다.

목(木)은 양기(陽氣)이며, 그 성질이 분출(噴出)하려는 성질이고, 한 방향으로 쭉 뻗어나가는 성분이라고 하였습니다. 목(木)의 뒤를 이어 화기(火氣)가 분출(噴出)된 기운을 사방팔방 흩날리면서 위세를 뽐냅니다. 항룡유회(亢龍有悔)라는 글이 언뜻 떠오릅니다. 토(土)가 그 기운을 이어받아 살살 달래고 어루만지고 하여 금(金)으로의 전환을 이끌어 냅니다. 공중에 흩뿌려진 기운(氣運)들을 모으기 시작합니다. 음기(陰氣)로 양기(陽氣)를 감싸면서 말입니다. 금(金)은 수축(收縮)하는 작용이며, 겉을 딱딱하게 하는 성질이라 하였습니다. 그러나 아직 화기(火氣)의 영향이 남아있어 속까지는 딱딱해지지 않습니다. 이어서 수(水)가 나타나면서 속까지 딱딱하게 만들어 나갑니다. 천간(天干)으로 보면 임수(壬水)요, 지지(地支)로 보면 해수(亥水)입니다. 이때 목(木)이 씨앗이 형성됩니다.

해월(亥月)에 목(木)의 씨앗이 생겼습니다. 해(亥)는 목(木)의 생지(生地)입니다. 동네방네 소문냈습니다. 기다리고 기다리던 아이를 임신하고, 삼신할매에게 감사드리고, 기뻐서 축하잔치라도 열려고 말입니다. 그래서 해월(亥月)에 갑목(甲木)이 들어가 있는 것은 이 소식입니다. 그러나 씨앗이 생겼을 뿐이지 목(木)으로서의 역할은 하지 못합니다. 인월(寅月)에 병화(丙火)가 들어 있는 것도 마찬가지 이치(理致)임으로 미루어 짐작하시면 됩니다. 인(寅)은 화(火)의 생지(生地)이고, 사(巳)는 금(金)의 생지(生地)이고, 신(申)은 수(水)의 생지(生地)입니다.

목(木)의 씨앗이 해월(亥月)에서 생기고, 자월(子月)에 들어서서 수기(水氣)를 양분삼아 무럭무럭 자라고 있습니다. 수기(水氣)는 수축(收縮)하고 응결(凝結)시키는 기능을 하므로 목(木)의 기운(氣運)이 자랄 뿐 왕성(旺盛)한 수기(水氣)를 헤치고 나올 수는 없습니다.

축월(丑月)이 되었습니다. 그 동안 수(水)의 뿌리가 되어 힘을 뒷받침해주던 금(金)이 고단한 일생을 마치고 기억 저편으로 사라집니다. 화려한 날도 있었고 즐겁고 기쁜 날도 그리고 고단한 날도 있었습니다. 그 흔적만이라도 남겨 놓으려고 비석을 하나 세웁니다. 그래서 축(丑)은 금(金)의 묘지(墓地)입니다. 진월(辰月)의 계수(癸水)나 미월(未月)의 을목(乙木), 술월(戌月)의 정화(丁火)도 같은 소식임을 짐작해 볼 수 있습니다. 진(辰)은 수(水)의 묘지(墓地)이고, 미(未)는 목(木)의 묘지(墓地)입니다. 술(戌)은 화(火)의 묘지(墓地)입니다.

수(水)는 더 이상 금(金)의 도움을 받지 못하므로 새로운 힘은 발생하지 않습니다. 목(木)은 내 안에서 빨아먹고 있고, 화(火)는 반대편에 서서 호시탐탐 노려보고 있고, 특히 토(土)가 수(水)를 막아섭니다. 수(水)의 수축(收縮)하고 응결(凝結)하는 힘이 토(土)의 극(剋)을 받아 풀어집니다.

이때를 놓치지 않고 목(木)이 뛰쳐나옵니다. 인월(寅月)입니다. 오행
(五行)이 모두 자기의 해야 할 몫이 있고 자기의 역할을 충실히 하지만,
목(木)이 빨리 뛰쳐나와서 자기의 할 일이 있지만, 그래도 토(土)가 수
(水)를 막아주고 응축(凝縮)된 힘을 풀어준 공이 크다 하겠습니다. 토
(土)는 자기의 할 일이지만 그래도 목(木)으로서는 감사할 따름입니다.
토(土)의 기운이 인월(寅月)의 초기(初期)에 까지 그 영향을 미칩니다.
인월(寅月)의 갑목(甲木)이 바로설 수 있을 때까지는 아직 토(土)의 기운
이 필요합니다. 인월(寅月)의 처음에 무토(戊土)가 있는 것은 이것 때문
입니다. 사월(巳月)의 무토(戊土), 신월(申月)의 무토(戊土), 해월(亥月)의
무토(戊土)로 이와 같은 이치(理致)입니다. 마치 아들이 자라서 가장(家
長)이란 자리를 넘겨주고서는 그래도 못 미더운가 이건 이렇게 저건 저
렇게 간섭(干涉)하는 모양같습니다.

각월(各月)의 초기(初期)에는 전월(前月)의 기운(氣運)이 남아 있다고
합니다. 그래서 여기(餘氣)라고도 합니다. 무토(戊土)는 축월(丑月) 토(土)
의 여기(餘氣)인 것입니다.


여기서 짚고 넘어가야 하는 점은 인월(寅月)의 전월(前月)은 축토(丑
土)이고, 축토(丑土)는 기토(己土)인데 왜 무토(戊土)가 왔는가 하는 점
입니다. 천간지지(天干地支) 서두에서도 말했듯이 양(陽)은 굳세고 강하
다 했습니다. 수(水)에서 목(木)이 탈출하기 위해서는 굳세고 강하게 움
직여야 함은 당연지사입니다. 그래서 기토(己土)를 대신해 무토(戊土)를
데려다 앉혔습니다. 인(寅)은 화(火)의 생지(生地)요, 사(巳)는 금(金)의
생지(生地)요, 신(申)은 수(水)의 생지(生地)입니다. 신(申)의 전월(前月)은
미토(未土)이고, 미토(未土)는 기토(己土)임에도 신월(申月)의 지장간(地藏

干) 여기(餘氣)가 무토(戊土)인 것은 이와 같은 연유(緣由)에서라고 생각을 해봅니다.

이런 생각을 해보았습니다.

인(寅)의 집에는 세 명이 모여 삽니다. 무(戊)돌이, 병(丙)돌이, 갑(甲)돌이 이렇게 말입니다. 가장(家長)은 갑(甲)돌이입니다. 서로 서로 잘난 점도 있고 못난 점도 있고, 잘하는 것은 잘 한다고 따르고, 못하는 것은 잘 다독이면서 살아갑니다.

살다보면 이래저래 많은 사건(事件)이 일어납니다. 가장(家長)으로서 결정(決定)할 사항이 참으로 많습니다. 때로는 무(戊)돌이가 잘 알고 있는 분야에 대해서는 무(戊)돌이한테 물어 보고, 때로는 병(丙)돌이에게도 물어봅니다. 갑(甲)돌이는 결정(決定)을 내립니다. 그 결정(決定)이 무(戊)돌이 생각일 수도 있고, 병(丙)돌이 생각일 수도 있습니다. 갑(甲)돌이 생각일 수도 있죠. 허여튼 이렇게 서로서로 살을 부비며 살아갑니다.

인(寅)의 집에는 가장(家長)인 갑(甲)돌이가 있고, 무(戊)돌이와 병(丙)돌이 이렇게 셋이서 살아가고 있습니다.

지장간(地藏干)은 추명(推命)하는데 있어서 참으로 중요한 역할을 합니다. 쇠왕(衰旺)과 통근(通根)으로 이어지고, 강약(强弱)으로 이어지며, 이를 알아야 자평(子平)명리(命理)에서 가장 중요하게 여기는 중화(中和)시키는 것 즉 용신(用神)을 찾는데 그 쓰임이 있습니다. 지장간(地藏干)은 자꾸 하다보면 외워집니다. 외우는 것보다 그 원리(原理)를 이해(利害)하는 것이 우선이라 생각합니다.

쉽게 하는 법이 있는데, 실천(實踐)하기가 좀….

그 방법은 무엇인가 하면, 읽고 생각하고, 읽고, 생각하고, 또 보고, 그리고 지인에게 물어보고, 그리고 또 읽고, 또, 또, 또… 참 쉽죠!

학문에는 왕도(王道)가 없다하는데 이 방법이 왕도(王道)입니다.

### ☯ 왕상휴수사(旺相休囚死)

'오행(五行)은 쇠(衰)하고 왕(旺)하는 시기(時期)가 있다.'

왕상휴수사(旺相休囚死)를 한 마디로 잘라서 말하면 그렇습니다.

쇠(衰)란 무엇이고, 왕(旺)이란 무엇인가? 하는 것부터 살펴보겠습니다. 쇠(衰)는 쇠(衰)하여 약(弱)하다, 왕(旺)은 성(盛)하고 강력한 상(象)이라는 말입니다. 쇠(衰)는 쇠약(衰弱)하다, 왕(旺)은 왕성(旺盛)하다. 그렇게 보시면 됩니다. 쇠(衰)와 왕(旺)은 서로 표리관계(表裏關係)에 있습니다.

1년은 사계절(四季節), 12개월이 있습니다. 이는 지구가 태양을 공전함으로써 생기는 것입니다. 1년 365일 중에 동지(冬至), 하지(夏至)의 이지(二至)와 입춘(立春), 입하(立夏), 입추(立秋), 입동(立冬)의 사립(四立)이 있는데, 이는 지구와 태양과의 관계를 나타내는 것이며, 항상 정연하게 운행하고 있습니다. 그러므로 사계절(四季節), 12月이 생기며 쇠왕(衰旺)의 순환은 반복되고 있는 것이므로, 월(月) 자체가 쇠왕(衰旺)을 나타내는 근본원칙(根本原則)을 이룹니다.

다시 말하자면, 기(氣, 太極)에서 음양(陰陽)이 나왔습니다. 음양(陰陽)의 수축(收縮)과 팽창(膨脹)의 음양운동(陰陽運動)으로 오행(五行)이 발생하였습니다. 오행(五行)이 특성을 나타내는 10개의 천간(天干)으로, 환경을 나타내는 12개의 지지(地支)로 나타났습니다.

　10개의 천간(天干)이 계절(季節)마다 그 모양과 힘의 쇠왕(衰旺)이 달라지는데, 그것은 계절(季節)의 영향을 받기 때문입니다. 그러므로 천간(天干)과 계절(季節)과의 상관관계를 바르게 이해함으로써 그 계절(季節)에 태어난 천간(天干)과 일간(日干)의 쇠왕(衰旺)을 제대로 판단할 수 있게 됩니다.

　추명(推命)의 기본은 오행(五行)의 생극제화(生剋制化)입니다만, 오행(五行) 자체(自體)의 쇠왕(衰旺)도 같이 살펴보아야만 합니다. 일주(日柱) 자체의 기세(氣勢)를 판단(判斷)하여야만 다른 일곱 글자와의 관계(關係)에 있어서 일주(日柱)의 인생행로(人生行路)에 대한 길흉(吉凶)을 가늠해 볼 수 있기 때문입니다. 통상적으로는 일주(日柱)와 월령(月令)과의 관계가 가장 중요시 되는데 이 관계(關係)를 왕상휴수사(旺相休囚死)라고 합니다.

　오행(五行)을 그 성질에 따라서 방향(方向)과 계절(季節)을 구분(區分)하였으니, 목(木)을 동쪽, 봄으로, 화(火)를 남쪽, 여름으로, 금(金)을 서쪽, 가을로, 수(水)를 북쪽, 겨울로, 토(土)를 중앙, 사계(四季)로 배치(配置)하였습니다. 그럼으로 인(因)하여 오행(五行) 왕성(旺盛)하고 쇠퇴(衰退)하는 시기(時期)가 있게 되었습니다.

제2장　지지(地支)

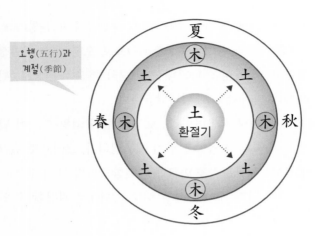

오행(五行)과
계절(季節)

오행(五行)과 각 계절간(季節間)의 상관관계(相關關係), 즉 쇠왕(衰旺)을 알기 쉽고 간단하게 정리하면 왕(旺), 상(相), 휴(休), 수(囚), 사(死)입니다.

- **왕**(旺) : 계절의 오행이 나와 같은 오행일 때
- **상**(相) : 계절의 오행이 나를 생해주는 오행일 때
- **휴**(休) : 내가 계절의 오행을 생할 때
- **수**(囚) : 내가 계절의 오행을 극할 때
- **사**(死) : 계절의 오행이 나를 극할 때

왕상휴수사
(旺相休囚死)

| | 봄(木)<br>寅 卯월 | 여름(火)<br>巳 午월 | 사계(土)<br>辰戌丑未월 | 가을(金)<br>申 酉월 | 겨울(水)<br>亥 子월 |
|---|---|---|---|---|---|
| 甲乙(木) | 旺 | 死 | 囚 | 休 | 相 |
| 丙丁(火) | 相 | 旺 | 死 | 囚 | 休 |
| 戊己(土) | 休 | 相 | 旺 | 死 | 囚 |
| 庚辛(金) | 囚 | 休 | 相 | 旺 | 死 |
| 壬癸(水) | 死 | 囚 | 休 | 相 | 旺 |

오행(五行)이 왕상(旺相)의 월(月)에 해당하면 득령(得令)하였다고 하며, 휴수사(休囚死)의 월(月)에 해당하면 실령(失令)하였다 합니다.


## 1) 왕(旺)

오행(五行)이 계절(季節)의 오행(五行)과 때를 왕(旺)이라 합니다.

갑(甲)과 을(乙)은 목기(木氣)입니다. 목기(木氣)는 양(陽)의 팽창운동(膨脹運動)으로 양(陽)이 솟아나는 기운을 의미하므로 동쪽에 배치하고, 봄을 의미하므로, 봄에 최고로 왕성(旺盛)합니다.

이처럼, 목기(木氣)는 봄 목왕절(木旺節)에, 화기(火氣)는 여름 화왕절(火旺節)에, 금기(金氣)는 가을 금왕절(金旺節)에, 수기(水氣)는 겨울 수왕절(水旺節)에, 토기(土氣)는 사계 토왕절(土旺節)에 최고로 왕성합니다.


## 2) 상(相)

오행(五行)이 월(月)의 오행(五行)으로부터 생(生)을 받을 때를 상(相)이라 합니다.

갑을(甲乙)인 목기(木氣)를 생(生)해주는 것은 수기(水氣)이므로, 겨울이 수왕절(水旺節)이 상(相)의 지위를 차지하였습니다. 이처럼, 목기(木氣)는 겨울 수왕절(水旺節), 화기(火氣)는 봄 목왕절(木旺節), 금기(金氣)는 사계 토왕절(土旺節), 수기(水氣)는 가을 금왕절(金旺節), 토기(土氣)는 여름 화왕절(火旺節)이 상(相)의 위치입니다.

## 3) 휴(休)

오행(五行)이 월(月)의 오행(五行)을 생(生)해 주면 휴(休)라 합니다.

갑을(甲乙)인 목기(木氣)가 생(生)해주는 것은 화기(火氣)이므로, 여름 화왕절(火旺節)이 휴(休)의 자리를 차지하였습니다. 이처럼, 목기(木氣)는 여름 화왕절(火旺節), 화기(火氣)는 사계 토왕절(土旺節), 금기(金氣)는 겨울 수왕절(水旺節), 수기(水氣)는 봄 목왕절(木旺節), 토기(土氣)는 가을 금왕절(金旺節)이 휴(休)의 위치입니다.

## 4) 수(囚)

오행(五行)이 월(月)의 오행(五行)을 극(剋)하면 수(囚)라 합니다.

갑을(甲乙)인 목기(木氣)가 극(剋)해주는 것은 토기(土氣)이므로, 사계 토왕절(土旺節)이 수(囚)의 자리를 차지하였습니다. 이처럼, 목기(木氣)는 사계 토왕절(土旺節), 화기(火氣)는 가을 금왕절(金旺節), 금기(金氣)는 봄 목왕절(木旺節), 수기(水氣)는 여름 화왕절(火旺節), 토기(土氣)는 겨울 수왕절(水旺節)이 수(囚)의 위치입니다.

## 5) 사(死)

오행(五行)이 월(月)의 오행(五行)으로부터 극(剋)을 당할 때 사(死)라 합니다.

갑을(甲乙)인 목기(木氣)를 극(剋)해주는 것은 금기(金氣)이므로, 가을 금왕절(金旺節)이 사(死)의 자리를 차지하였습니다. 이처럼, 목기(木氣)는 가을 금왕절(金旺節), 화기(火氣)는 겨울 수왕절(水旺節), 금기(金氣)는 여름 화왕절(火旺節), 수기(水氣)는 사계 토왕절(土旺節), 토기(土氣)는 봄 목왕절(木旺節)이 사(死)의 위치입니다.

## ☯ 십이운성(十二運星)

십이운성(十二運星)은 천간(天干)의 운명을 한평생 살아가는 인간의 삶의 과정에 비유하여 12가지 단계로 나타내는데 다음과 같습니다.

❶ **태**(胎) : 사람의 영혼이 입태(入胎)되어

❷ **양**(養) : 모태 속에서 자라다가

❸ **장생**(長生) : 열달만에 태어나서

❹ **목욕**(沐浴) : 목욕을 하고

❺ **관대**(冠帶) : 자라 성인이 되어 의관을 갖추어 입고

❻ **임관**(臨官) : 사회에 나가 활동하며 봉급을 받고

❼ **제왕**(帝旺) : 크게 출세하여 높은 자리에서 영화를 누리며

❽ **쇠**(衰) : 나이 들어 기력이 떨어지니 물러나고

❾ **병**(病) : 늙어서 병이 들고

❿ **사**(死) : 병든 육체는 죽게 되니

⓫ **묘**(墓) : 묘지에 장사지내고

⓬ **절**(絕) : 육체의 끈에서 끊어진 영혼은 또 다른 모태를 찾아 윤회를 거듭한다.

천간(天干)의 일간(日干)이나 어느 오행(五行)의 통근(通根)과 강약(强弱)을 판단하는 중요한 기준이 되며, 지지삼합(地支三合)을 여기서 볼 수 있습니다.

12운성표
[陰陽同生同死設]에
근거하여 作成

음양동생동사설(陰陽同生同死設)의 입장에서 12운성표(運星標)를 작성하고, 두 가지 학설(學說)을 소개합니다.

| | 絶 | 胎 | 養 | 生 | 浴 | 帶 | 官 | 旺 | 衰 | 病 | 死 | 墓 |
|---|---|---|---|---|---|---|---|---|---|---|---|---|
| 甲乙 | 申 | 酉 | 戌 | 亥 | 子 | 丑 | 寅 | 卯 | 辰 | 巳 | 午 | 未 |
| 丙丁戊己 | 亥 | 子 | 丑 | 寅 | 卯 | 辰 | 巳 | 午 | 未 | 申 | 酉 | 戌 |
| 庚辛 | 寅 | 卯 | 辰 | 巳 | 午 | 未 | 申 | 酉 | 戌 | 亥 | 子 | 丑 |
| 壬癸 | 巳 | 午 | 未 | 申 | 酉 | 戌 | 亥 | 子 | 丑 | 寅 | 卯 | 辰 |

### 12운성(運星)의 음양동생동사설(陰陽同生同死設)

오행(五行)은 음양(陰陽)에 관계없이 동일(同一)한 하나의 기(氣)입니다. 음양(陰陽)은 시간(時間)의 경과에 따른 기(氣)의 변화(變化)입니다. 즉 하나의 기(氣)를 1년이라는 시간의 흐름에 따른 특정한 상태에 따라 구별한 것일 뿐이지, 둘이 아닙니다.

목(木)의 음양(陰陽)인 갑을(甲乙)을 예로 든다면, 일 년 동안 목(木)이 생겨나서 왕성(旺盛)해지는 기간, 다시 말해서 기(氣)가 성장(成長) 발전(發展)하는 기간의 목(木)이 갑(甲), 기(氣)가 왕성(旺盛)한데서 점차 약(弱)해지고 사멸(死滅)할 경우까지의 기간에 해당될 경우의 목(木)을 을(乙)이라고 하는 것입니다.

음(陰)과 양(陽)이 한 곳에서 죽고, 같이 살게 되니 음간(陰干)의 역행(逆行)이라는 개념이 등장할 여지가 없고, 음간(陰干)과 양간(陽干) 모두 한 방향으로 행할 뿐입니다. 12운성(運星) 이론 자체는 인정하나, 음간(陰干)과 양간(陽干)의 구분 없는, 즉, 목화토금수(木火土金水) 오행(五行)만의 12운성(運星)을 인정합니다.

## 12운성(運星)의 음생양사, 양생음사설(陰生陽死, 陽生陰死設)

음양(陰陽)을 강한 것과 부드러운 것으로 구분합니다. 오행(五行)을 음양(陰陽)에 따라 서로 다른 상태로 봅니다. 오행(五行)에 대한 음양(陰陽)은 그 본질(本質)에 있어 차이(差異)가 있다고 합니다. 하나의 사물(事物)에 대한 특정 상태를 음양(陰陽)으로 구분하고, 이러한 음양(陰陽)은 기(氣)가 시간(時干)의 흐름에 따라 서로 달리 생(生)하거나 사(死)한다고 봅니다.

여기에서 주장하는 내용은 다음과 같습니다. '음양(陰陽)이 있고 오행(五行)이 생겼으니 오행(五行)에는 각각 음양(陰陽)이 있다. 갑을(甲乙)은 목(木)의 음양(陰陽)이다. 갑(甲)은 을(乙)의 기(氣)이고 을(乙)은 갑(甲)의 질(質)이다. 하늘에서 생기(生氣)의 형태로 만물(萬物)속을 유행(流行)하는 것이 갑(甲)이다. 땅에서 만물(萬物)의 형태로 있으면서 하늘의 생기(生氣)를 받아들이는 것이 을(乙)이다. 즉 천간(天干)을 구성하는 것은 양(陽)이며 기(氣)로, 지지(地支)를 구성하는 것은 음(陰)이며 질(質)로 인식한다. 이로써 하나의 오행(五行)은 기(氣)와 질(質)로 대변되는 양(陽)과 음(陰)으로 구성되어 있고, 이 음양(陰陽)이 서로 다른 별개의 상태이다.'

## ☯ 12지지의 환경(環境)

이해의 편의상 12지지(地支)를 지구의 환경(環境)에 비유해 보았습니다. 한참을 들여다보시면 언뜻 언뜻 떠오르는 생각이 있을 겁니다. 그 생각을 붙잡아 곰곰이 생각해 보신다면, 콩나물시루에 물을 주면 물은 다 빠져나가지만 콩나물이 자라듯이 어느 순간 부쩍 커 있음을 느끼시리라고 봅니다.

| 오행 | 음양 | 천간 | 지지 | 환경 |
|------|------|------|------|------|
| 水 | 양 | 癸 | 子 | 퐁 퐁 퐁 샘솟는 옹달샘 |
| 土 | 음 | 己 | 丑 | 냉기를 가득 품은 언 땅 |
| 木 | 양 | 甲 | 寅 | 따뜻한 봄 햇살 |
| 木 | 음 | 乙 | 卯 | 마구 자라는 숲 속 |
| 土 | 양 | 戊 | 辰 | 뿌리를 내리는 비옥한 땅 |
| 火 | 음 | 丙 | 巳 | 따가운 햇살 |
| 火 | 음 | 丁 | 午 | 후끈 후끈 달아오르는 열기 |
| 土 | 양 | 己 | 未 | 메마르고 생기 없는 땅 |
| 金 | 음 | 庚 | 申 | 암반지대 |
| 金 | 양 | 辛 | 酉 | 자갈만 가득 한 자갈 언덕 |
| 土 | 음 | 戊 | 戌 | 자갈이 많이 있는 자갈 땅 |
| 水 | 양 | 壬 | 亥 | 바다 |

12지지 환경 구분표

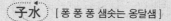

**子水** [퐁 퐁 퐁 샘솟는 옹달샘]

子水 = 음수(陰水), 대설(大雪), 동지(冬至), 23시~01시
子水 = 음력11월, 겨울, 정북방, 쥐
子水 = 壬10, 癸20의 혼합체

대설(大雪)이라는 절기(節氣)를 맞이하여 음력(陰曆) 11월인 자월(子月)이 됩니다.

천간(天干)으로 보면 계수(癸水)에 해당합니다. 자수(子水)는 양(陽)의 수(水)이지만 실질적인 작용은 음(陰)의 수(水)로 작용합니다. 자수(子水)는 임수(壬水) 10일, 계수(癸水)가 20일로 이루어진 순수한 물입니다. 지지(地支)중에서 계수(癸水)의 성분이 가장 많다고 보시면 됩니다.

자수(子水)는 수(水)가 가장 강한 지지(地支)입니다. 그래서 수왕지(水旺地)입니다. 수(水)는 신(申)에서 생(生)하고 자(子)에서 왕(旺)하며 진(辰)은 묘(卯)에 해당합니다. 그래서 신자진삼합 수국(申子辰三合 水局)을 형성합니다. 자수(子水)는 오화(午火)와 지지충(地支沖)의 관계에 있습니다.

'대설(大雪)은 십일월(十一月, 子月 : 壬癸)로서 음(陰)이 극성(極盛)하고 수기(水氣)가 동결(凍結)한 때이며 동지(冬至) 십일후(十日後)에는 일양(一陽)이 시생(是生)하여 화기(火氣)가 장생(長生)하기 시작(始作)한다.'고 옛 문헌에서 말하였습니다.

주역(周易) 괘상(卦象)으로 보면, 자(子)에서 일양(一陽)이 시생(始生)합니다. 지뢰복(地雷復) 괘(卦)입니다.

위쪽의 괘는 곤괘(坤卦)로서 땅(☷)을 의미하고, 아래쪽은 진괘(震卦)로서 우뢰(☳)의 형상입니다.

'지뢰복(地雷復)'은 새싹이 움트기 전 땅 아래에서 꿈틀거리는 봄의 씨앗이며, 아이에 해당합니다. 이것은 효(爻)의 자리를 시간의 흐름으로 보기 때문입니다. 가을에는 거두는 힘이 길러내는 힘보다 세지만, 동지(冬至)를 기점으로 점차 양기(陽氣)가 솟아오르기 시작합니다. 이 꿈틀거리는 단 하나의 양기(陽氣)가 바로 '지뢰복(地雷復) 괘(卦)'입니다. 계절(季節)이 순환(循環)하듯이 다시 봄이 오기 때문에 '돌아올 복'(復)이라 한 것입니다. 음(陰)이 극(極)에 달했을 때 양(陽)이 돌아온다는 말입니다. 길이 끝나는 곳에서 새로운 길이 시작되듯이 말입니다.

수기(水氣)는 음(陰)의 수축작용으로 기(氣)를 모아 뭉쳐 저장(貯藏)하는 성질이 있고, 씨앗을 싹 틔우기 위해 보관(保管)하는 역할을 합니다.

해수(亥水)에서 목(木)의 씨앗이 생겼습니다. 자월(子月)에서 목(木)의 씨앗이 자라기 시작합니다. 자수(子水)가 목(木)의 씨앗을 기르고 배양(培養)합니다. 금(金)이 아직까지도 그 힘을 쓰고 있으므로 자수(子水)는 계속적으로 힘을 받고 있습니다. 이 금(金)은 축월(丑月)에 휴식기로 접어들게 됩니다.

임(壬)은 수(水)의 기(氣)이고 계수(癸水)는 나타난 형(形)이고 질(質)

이라 볼 수 있으므로, 임수(壬水)의 뭉치는 기운이 작용하여 계수(癸水)의 물로 나타났습니다. 임수(壬水)와 계수(癸水)는 모두 물이므로, 임수(壬水) 10일, 계수(癸水) 20일로 구성된 자월(子月)은 말 그대로 순수한 수기(水氣)이며 물입니다. 수기(水氣)가 너무 왕성해 화기(火氣)가 숨어 버렸습니다. 사실은 자월(子月)에 수기(水氣)가 왕(旺)하다고 하여 다른 기운이 없는 것이 아닙니다. 다만 기세(氣勢)가 너무 왕(旺)하여 감히 다투지 못하고 물러나 있는 것입니다.

화기(火氣)없는 자월(子月), 음(陰)이 가장 많은 상태이고, 냉기(冷氣)가 서려있습니다. 그리고 물상으로 계수(癸水)는 작은 물이므로, 냉기(冷氣)가 서려 있는 차갑고 깨끗한 작은 물입니다. 그래서 퐁 퐁 퐁 샘솟는 옹달샘이라고 표현을 하였습니다.

## 丑土 [ 냉기를 가득 품은 언 땅 ]

丑土 = 陰土, 소한(小寒), 대설(大雪), 01시~03시
丑土 = 음력 12월, 겨울, 北方, 소
丑土 = 癸9, 辛3, 己18의 혼합체

소한(小寒)이라는 계절(節氣)를 맞이하여 음력(陰曆) 12월인 축월(丑月)이 됩니다.

천간(天干)으로 보면 기토(己土)에 해당합니다. 축토(丑土)는 계수(癸

水) 9일, 신금(辛金) 3일, 기토(己土) 18일로 이루어져 있습니다. 축토(丑土)는 음토(陰土)입니다.

축토(丑土)는 금(金)의 묘지(墓地)입니다. 금(金)은 사(巳)에서 생(生)하고, 유(酉)에서 왕(旺)이며, 축(丑)은 묘(墓)에 해당됩니다. 그래서 사유축삼합 금국(巳酉丑三合 金局)을 형성(形成)합니다. 축토(丑土)는 미토(未土)와 지지충(地支冲)의 관계에 있습니다.

'소한(小寒)은 십이월(十二月, 丑月 : 癸辛己)로서 음한(陰寒)이 최후(最後)의 위세(威勢)를 떨치므로 화기(火氣)는 쇠약(衰弱)하고 수기(水氣)는 왕(旺)하다. 대설(大雪)이 되면 금(金)과 습토(濕土)가 함께 존재하고, 지하(地下)부터 점차(漸次) 이양(二陽)이 돋아 오른다.'고 옛 문헌에서 말했습니다.

주역(周易) 괘상(卦象)으로 보면 축(丑)에서 이양(二陽)이 득세(得勢)합니다. 지택림(地澤臨) 괘(卦)입니다.

위쪽의 괘는 곤괘(坤卦)로서 땅(☷)을 의미하고, 아래쪽의 괘는 태(兌卦)로서 연못(☱)을 의미입니다.

임(臨)은 순서를 밟아 소망을 이루는 형상이라 했습니다. 아래쪽의 태괘(兌卦)는 밑에 이양(二陽)이 있어 변화(變化)를 시도하려고 합니다. 위에 곤괘(坤卦)가 이러한 뜻을 받아주지 못하므로, 부딪침이 발생할 수밖에 없고 혼란해집니다. 그래서 이때에는 시기(時期)를 잘 읽어서 일을 추진해야 하는 것입니다. '임(臨)'은 임하다는 뜻입니다. 임한다는 것은 높은 곳에서 낮은 곳을 대하거나, 내려다본다는 의미를 담고 있습니다.

축토(丑土)는 기토(己土)라 했습니다. 토기(土氣)는 확장(擴張)과 숙성(熟成)의 기능이 있습니다. 축토(丑土)는 계수(癸水)가 9일간의 힘을 발휘하고, 신금(辛金)이 3일 동안의 힘을 발휘하면서 계수(癸水)를 도운 후 물러납니다. 이제는 계수(癸水)가 더 이상 신금(辛金)의 도움을 받지 못하므로 자수(子水)의 힘이 더 커지지는 않습니다. 내부(內部)에서는 목기(木氣)가 자수(子水)를 고갈시키고 있습니다. 축토(丑土)가 자수(子水)를 막아서며 응집(凝集)하려는 힘을 풀어 헤치고 있습니다. 그러므로 축토(丑土)는 목기(木氣)를 보호(保護)하는 역할(役割)도 합니다. 목기(木氣)를 보호(保護)하여 인월(寅月)로 이끌어주는 역할도 합니다. 축토(丑土)는 음기(陰氣)를 숙성(熟成)시켜 양기(陽氣)로 이끌어 갑니다.

축토(丑土)는 습토(濕土)입니다. 수화운동(水火運動)에서, 자수(子水)에서 오화(午火)로 진행(進行)되어 가는 과정(過程)은, 수(水)를 바탕으로 화(火)로 변화(變化)되는 과정이기에 이때의 축토(丑土)는 계수(癸水)를 포함하게 되는 것입니다.

축토(丑土)는 음토(陰土)입니다. 음양(陰陽)의 세력적(勢力的)인 측면(側面)에서 살펴보자면, 음(陰)의 세력권(勢力圈)인 음권(陰圈)과 양(陽)의 세력권(勢力圈)인 양권(陽圈)으로 나누어 볼 수 있습니다. 음권(陰圈)은 음기(陰氣)가 그 권위(權威)를 뽐낼 때이며, 유술해(酉戌亥) 자축인(子丑寅)으로 볼 수가 있겠습니다. 유금(酉金)에서 인목(寅木)까지의 음권(陰圈)에서, 술토(戌土)는 음기(陰氣)를 확장(擴張), 팽창(膨脹) 발전(發展)시키는 양토(陽土)인 무토(戊土)의 역할(役割)을, 축토(丑土)는 음기(陰氣)가 최고로 강한 자수(子水)에서 인목(寅木)으로의 과정(過程)으로 음기(陰氣)를 수축(收縮), 쇠퇴(衰退)시키는 음토(陰土)인 기토(己土)의 역할을 하고 있습니다. 축토(丑土)는 음토(陰土)가 되었습니다.

차갑고 깨끗한 작은 물인 계수(癸水)와 서늘한 기운(氣運)인 신금(辛金)이 같이 있는 땅입니다. 습기를 가진 기토(己土)가 되었습니다. 축토(丑土)는 열기(熱氣)라고는 한 줌도 없고, 신금(辛金)이나 계수(癸水) 모두 냉기(冷氣)이고 뭉치는 기운이므로, 축월(丑月)은 냉기(冷氣)를 가득 품은 언 땅이라고 표현하였습니다.

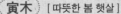

**寅木** [ 따뜻한 봄 햇살 ]

> 寅木 = 陽木, 입춘(立春), 우수(雨水), 03시~05시
> 寅木 = 음력 1월(正月), 봄, 동방, 호랑이
> 寅木 = 戊7, 丙7, 甲16 의 혼합체

입춘(立春)이라는 절기(節氣)를 맞이하여 음력(陰曆) 1월인 인월(寅月)이 됩니다.

천간(天干)으로 보면 갑목(甲木)에 해당합니다. 인목(寅木)은 무토(戊土) 7일, 병화(丙火) 7일, 갑목(甲木) 16일로 이루어져 있습니다. 인목(寅木)은 무토(戊土)와 병화(丙火)를 가진 갑목(甲木)이라는 말입니다. 인목(寅木)은 양목(陽木)입니다.

인목(寅木)은 화(火)의 생지(生地)입니다. 화(火)는 인(寅)에서 생(生)하고, 오(午)에서 왕(旺)하며, 술(戌)은 묘(墓)가 됩니다. 그래서 인오술삼합 화국(寅午戌三合 火局)을 형성합니다. 인목(寅木)은 신금(申金)과 지지충(地支沖)의 관계에 있습니다.

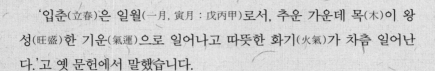

'입춘(立春)은 일월(一月, 寅月：戊丙甲)로서, 추운 가운데 목(木)이 왕성(旺盛)한 기운(氣運)으로 일어나고 따뜻한 화기(火氣)가 차츰 일어난다.'고 옛 문헌에서 말했습니다.

자평진전(子平眞詮)에서는 말하기를,

'입춘(立春)은 정월(正月－寅月：戊丙甲)로서 목왕절(木旺節)이지만, 입춘(立春)의 시기에는 땅 속으로는 봄의 기운이 시작되었지만, 그 기운이 아직 땅을 뚫고 올라오지는 못했고, 우수(雨水)가 지나야 비로소 그 기운이 표면으로 발산되는 것이다.'고 했습니다.

주역(周易) 괘상(卦象)으로 보면, 인(寅)에서 삼양(三陽)이 조화(調和)합니다. 지천태(地天泰) 괘(卦)입니다.

위쪽의 괘는 곤괘(坤卦)로서 땅(☷)을 의미하고, 아래쪽의 괘는 건괘(乾卦)로서 하늘(☰)을 의미입니다.

땅이 위에 있고 하늘이 아래에 있는 모습입니다. 땅의 마음은 하늘에 있고 하늘의 마음은 땅에 있다는 것이므로 서로 그리워하고 있는 마음입니다. 모든 것이 잘 풀리고 크게 좋다는 상(象)입니다.

인목(寅木)은 갑목(甲木)이라 했습니다. 갑목(甲木)은 양(陽)의 팽창운동으로 양기(陽氣)의 시작이고, 한 방향으로 뚫고 나가려는 기운입니다. 축월(丑月)에 신금(辛金)이 땅속으로 들어가 계수(癸水)가 더 이상 힘을 못 받고 쇠퇴하자, 축토(丑土)가 자수(子水)의 응집력(凝集力)을 풀어 헤

처 갑목(甲木)이 땅을 뚫고 올라오게 되었습니다. 자월(子月)에서 인월
(寅月)로의 변화(變化)를 조화(造化)시킨 토기(土氣)가 그 여운을 남기며
인월(寅月)의 초기(初期)를 차지하며, 수기(水氣)의 위세(威勢)에 눌려 기
(氣)를 펴지 못하던 병화(丙火)가 인월(寅月)에 씨앗을 가지게 되었습니
다. 양기(陽氣)가 대지 위에 올라오게 되었습니다. 그래서 따뜻한 봄 햇
살이라고 표현을 해보았습니다.

### 卯木 [마구 자라는 숲 속]

卯木 = 陰木, 경칩(驚蟄), 춘분(春分), 05시~07시
卯木 = 음력 2월, 봄, 正東, 토끼
卯木 = 甲10, 乙20의 혼합체

경칩(驚蟄)이라는 절기(節氣)를 맞이하여 음력(陰曆) 2월인 묘월(卯月)
이 됩니다.

천간(天干)으로 보면 을목(乙木)에 해당합니다. 묘목(卯木)은 갑목(甲
木) 10일, 을목(乙木) 20일로 이루어져 있습니다. 묘목(卯木)은 음목(陰
木)입니다.

묘목(卯木)은 목기(木氣)가 가장 강한 지지(地支)입니다. 목왕지(木旺支)
입니다. 목(木)은 해(亥)에서 생(生)하고, 묘(卯)에서 왕(旺)하고, 미(未)는
묘(墓)가 됩니다. 그래서 해묘미삼합 목국(亥卯未三合 木局)을 형성합니
다. 묘목(卯木)은 유금(酉金)과 지지충(地支沖)의 관계(關係)에 있습니다.

224

'경칩(驚蟄)은 이월(二月, 卯月 : 甲乙)로서, 목기(木氣)만이 왕성(旺盛)한 계절(季節)이나 초순(初旬)에는 목기(木氣)가 차츰 왕(旺)해지고 중순(中旬)에는 목기(木氣)가 왕(旺)하며 하순(下旬)에는 목기(木氣)가 중(重)할 정도(定度)로 왕(旺)한 것이다.'고 옛 문헌에서 말했습니다.

주역(周易) 괘상(卦象)으로 보면, 묘(卯)에서 사양(四陽)이 장성(壯盛)합니다. 뢰천대장(雷天大壯)괘(卦)입니다.

위쪽의 괘는 진괘(震卦)로서 우뢰(☳)의 형상입니다. 아래쪽의 괘는 건괘(乾卦)로서 하늘(☰)을 의미입니다.

대장(大壯)은 크게 왕성(旺盛)하다는 뜻입니다. 건장(健壯)한 양기(陽氣)가 아래에서 위로 올라가므로 부드러운 음기(陰氣)가 쇠퇴(衰退)하는 모양입니다. 또한 우뢰가 하늘 위 너무 높은 곳에서 울리기 때문에 비가 내리지 않는 아직은 시기상조(時機尙早)를 나타내는 상(象)입니다.

어떤 일을 해도 시기가 거의 도래 했다 하겠지만, 자칫하면 실속은 없고 소문만 무성하게 될 수도 있으므로 강한 운수만 믿고 저돌적으로 돌진하지 않아야 하여야 합니다. 이 괘상(卦象)은 차례나 예에 어긋나는 행동을 삼가는 것을 말하는 것입니다.

묘목(卯木)은 을목(乙木)이라 했습니다. 목(木)은 양(陽)의 팽창으로 한 방향으로 뻗어 나가는 성질이라 했습니다. 갑목(甲木)의 기(氣)가 을목(乙木)인 나무의 형질로 나타났습니다. 갑목(甲木)이나 을목(乙木)이나 모두 목기(木氣)이므로 목기(木氣)가 왕성(旺盛)합니다. 아무리 서슬퍼런 금기(金氣)라 하나 목기(木氣)가 너무 강해 꼭꼭 숨어 버렸습니다. 묘목(卯木)이 갑을목(甲乙木)으로 이루어져 있다고 하여 다른 기운(氣運)이 없는 것이 아닙니다. 다만 목기(木氣)의 위세(威勢)가 너무 강(强)하여 감히 다투지 못하고 물러나 있을 뿐입니다.

금기(金氣)가 물러나고 없는 묘월(卯月), 갑목(甲木)의 기운을 받아 을목(乙木)이 20의 힘을 가지고 마구 뻗어 나갑니다. 목기(木氣)가 충만해 집니다. 따라서 묘월(卯月)을 마구 자라는 숲 속이라 표현을 해 보았습니다.

## 辰土 [ 뿌리를 내리는 비옥한 땅 ]

辰土 = 陽土, 청명(淸明), 곡우(穀雨), 07시~09시
辰土 = 3월, 봄, 東方, 용
辰土 = 乙9, 癸3, 戊18의 혼합체

청명(淸明)이라는 계절(節氣)를 맞이하여 음력(陰曆) 3월인 진월(辰月)이 됩니다.

천간(天干)으로 보면 무토(戊土)에 해당합니다. 진토(辰土)는 본기(本氣)가 무토(戊土)이므로 양토(陽土)입니다. 진토(辰土)는 을목(乙木) 9일, 계수(癸水) 3일, 무토(戊土) 18일로 이루어져 있습니다. 진토(辰土)는 을목(乙木)과 계수(癸水)를 가진 무토(戊土)라는 말입니다.

진토(辰土)는 수(水)의 묘지(墓地)입니다. 수(水)는 신(申)에서 생(生)하고, 자(子)에서 왕(旺)이며, 진(辰)은 묘(墓)에 해당됩니다. 그래서 신자진삼합 수국(申子辰三合 水局)을 형성합니다. 진토(辰土)는 술토(戌土)와 지지충(地支沖)의 관계에 있습니다.

'청명(淸明)은 삼월(三月, 辰月 : 乙癸戊)로서, 목왕절(木旺節)인 춘절(春節)이나 계월(季月−계절의 마지막 달)이므로 토기(土氣)가 왕(旺)하고 수기(水氣)도 있다. 청명(淸明後)후 구일(九日)까지는 목기(木氣)가 무성(茂盛)하고 수기(水氣)가 모여들며 곡우(穀雨)후에는 수(水)와 온토(溫土)가 함께 존재(存在)한다.'고 옛 문헌에서 말했습니다.

주역(周易) 괘상(卦象)으로 보면, 진(辰)에서 오양(五陽)이 팽창(膨脹)합니다. 택천쾌(澤天夬) 괘(卦)입니다.

위쪽의 괘는 태괘(兌卦)로서 연못(☱)을 의미입니다.
아래쪽의 괘는 건괘(乾卦)로서 하늘(☰)을 의미입니다.
양(陽)이 팽창(膨脹)하여 극성(極盛)으로 가고 있으나, 마지막 남은 음(陰)이 강하게 바티고 있는 상(象)입니다. 그래서 하나 남은 이 음(陰)을 힘을 모아 척결(剔抉)해야 한다는 뜻입니다. 둑을 터뜨리듯 결단함을 나타내는 상(象)입니다.

진토(辰土)는 무토(戊土)라 했습니다. 토기(土氣)는 확장(擴張)과 숙성(熟成)의 기능이 있습니다. 을목(乙木)이 9일간 더 힘을 쓰고, 계수(癸水)가 3일간의 힘을 보태어 을목(乙木)을 도운 후 물러납니다. 이제는 을목(乙木)이 더 이상 계수(癸水)의 도움을 받지 못 해 자라지 못합니다.

진토(辰土)는 습토(濕土)입니다. 진토(辰土)는 계수(癸水)를 내포(內包)하고 있습니다. 그 수화운동(水火運動)에서, 자수(子水)에서 오화(午火)로 진행(進行)되어 가는 과정(過程)은, 수(水)를 바탕으로 화(火)로 변화(變化)되는 과정이기에 이때의 축토(丑土)나 진토(辰土)는 계수(癸水)를 포함하게 되는 것입니다.

진토(辰土)는 양토(陽土)입니다. 음양(陰陽)의 세력적(勢力的)인 측면(側面)에서 살펴보자면, 음(陰)의 세력권(勢力圈)인 음권(陰圈)과 양(陽)의 세력권(勢力圈)인 양권(陽圈)으로 나누어 볼 수 있습니다. 양권(陽圈)은 양기(陽氣)가 그 권위(權威)를 뽐낼 때이며, 묘진사(卯辰巳) 오미신(午未申)으로 볼 수가 있겠습니다. 묘목(卯木)에서 신금(申金)까지의 양권(陽圈)에서 진토(辰土)는 양기(陽氣)를 확장(擴張), 팽창(膨脹) 발전(發展)시키는 양토(陽土)인 무토(戊土)의 역할(役割)을, 미토(未土)는 양기(陽氣)가 최고로 강한 오화(午火)에서 신금(申金)으로의 과정(過程)으로 양기(陽氣)를 수축(收縮), 쇠퇴(衰退)시키는 음토(陰土)인 기토(己土)의 역할을 하고 있습니다. 그러므로 진토(辰土)는 양토(陽土)가 되었습니다. 진토(辰土)는 목기(木氣)를 확장(擴張)시켜 화기(火氣)로 이끌어 갑니다.

을목(乙木)이 힘을 발휘하여 마구 자라는, 계수(癸水)를 간직한 진토(辰土)입니다. 을목(乙木)이 촉촉해진 땅속으로 뿌리를 내리면서 튼튼해집니다. 그래서 진월(辰月)은 을목(乙木)이 뿌리를 내리는 비옥한 땅이라고 표현을 해 보았습니다.

## 巳火 [따가운 햇볕]

巳火 = 陽火. 입하(立夏). 소만(小滿). 09시~11시
巳火 = 음력 4월, 여름, 南方, 뱀.
巳火 = 戊7, 庚7, 丙16. 의 혼합체

입하(立夏)라는 절기(節氣)를 맞이하여 음력(陰曆) 4월인 사월(巳月)이
됩니다.

천간(天干)으로 보면 병화(丙火)에 해당합니다. 사화(巳火)는 그의 체
(體)는 음(陰)의 화(火)이지만 실질적인 작용 즉 그 용(用, 쓰임)은 양(陽)
의 화(火)로 작용합니다. 사화(巳火)는 무토(戊土) 7일, 경금(庚金) 7일, 병
화(丙火) 16일로 이루어져 있습니다. 사화(巳火)는 무토(戊土)와 경금(庚
金)을 가진 병화(丙火)라는 말입니다.

사화(巳火)는 금(金)의 생지(生地)입니다. 금(金)은 사(巳)에서 생(生)하
고, 유(酉)에서 왕(旺)하며, 축(丑)은 묘(墓)에 해당됩니다. 그래서 사유
축삼합 금국(巳酉丑三合 金局)을 형성합니다. 사화(巳火)는 인목(寅木)과
지지충(地支沖)의 관계에 있습니다.

'입하(立夏)는 사월(四月-巳月 : 戊庚丙)로서 화왕월(火旺月)이지만, 입하
초기(立夏初期)에는 양토(陽土)와 양금(陽金)이 득세(得勢)하고, 소만절(小
滿節)에는 병화(丙火)가 화왕세(火旺勢)를 얻는다.'고 옛 문헌에서 말했습
니다.

주역(周易) 괘상(卦象)으로 보면, 사(巳)에서 육양(六陽)이 지극(至極)합
니다. 중천건(重天乾) 괘(卦)입니다.

위쪽과 아래 모두 건괘(乾卦)로서 하늘(☰)을 의미입니다.

하늘 천(天)이라는 글자는 팔 다리를 벌린 사람(大)의 머리 위에 하늘(一)이 있는 것을 상징한다 했습니다.

초구(初九) 잠용(潛龍)이니 물용(勿用)이니라.

초구(初九)는 맨 밑에 처한 상태로 밤과 낮의 분별을 하지 못하는 어머니 양수(養水)속에 있는 것과 같은 혼돈(混沌)의 시기입니다. 즉 학문이 미비하고 인격이 갖추어지지 않아서 물속에 잠긴 형상입니다. 이때는 바깥출입을 삼가고 안으로 힘을 길러야 하기 때문에 머리를 세상 밖으로 드러내서는 안 됩니다.

구이(九二) 현룡재전(見龍在田)이니 이견대인(利見大人)이니라.

나타난 용(龍)이 밭에 있으니 대인(大人)을 봄이 이롭다는 말입니다. 잠룡(潛龍)에서 벗어나서 자신의 포부와 능력을 세상에 나와는 펼치는 상태입니다. 그러니 나를 이끌어 줄 웃어른, 스승을 만나야 역량을 마음껏 펼칠 수 있다는 것입니다.

구삼(九三) 군자(君子)는 종일건건(終日乾乾)하여 석척약(夕惕若)하면 려(厲)하나 무구(无咎)리라.

하괘(下卦)의 가장 높은 위치에서 상괘(上卦)로 올라가는 과도기이어서 강하기도 하지만 위태롭기도 합니다. 그래서 모든 것을 갖추어서 아침에서 저녁까지 굳세게 일을 하지만 저녁에는 잘못이 없었는지 반성하는 태도로 나아가야 한다는 말입니다.

구사(九四) 혹약재연(或躍在淵)하면 무구(无咎)리라.

하괘(下卦)에서 상괘(上卦)로 막 도약(跳躍)한 자리입니다. 위로 우두

머리가 될 수 있는지 시험을 해 볼 수 있는 위치입니다. 그러나 한번 뛰어보고 능력이 부족하고 무르익지 않았으면 다시 제자리로 돌아와야 허물이 없다는 말입니다.

구오(九五) 비룡재천(飛龍在天)이니 이견대인(利見代人)이니라.

하늘을 나는 용(龍)이 하늘에 있으니 능력을 발휘하는 최상(最上)의 위치에 이른 것입니다. 그러나 이 최상의 자리에서도 대인(大人)을 만나야 이롭다고 합니다. 구이(九二)에서도 대인(大人)을 만나야 이롭다 했습니다.

상구(上九) 항룡(亢龍)이니 유회(有悔)니라.

가장 윗자리에 올라서 더 이상 올라갈 곳이 없으면 다시 떨어질 뿐이니 후회(後悔)가 막급합니다. 그러므로 이때는 머리를 낮추어야 하는 것입니다.


일양(一陽) 시생(始生)하는 자수(子水)에서 육양(六陽)에 이른 사화(巳火)에 대하여 한번쯤 돌이켜 생각해 볼만한 내용입니다.


사월(巳月)은 병화(丙火)라 했습니다. 화기(火氣)는 수기(水氣)에서 분출(噴出) 즉 뿜어져 나온 목기(木氣)를 사방팔방 흩뿌리는 산포(散布)하는 성질입니다. 진월(辰月)에서 계수(癸水)가 자기의 역할(役割)을 완수(完遂)하고 물러났습니다. 목기(木氣)가 자라도록 하는 자양분(滋養分)이 사라짐으로 목기(木氣)는 더 이상의 자람은 없습니다. 사월(巳月)에는 목기(木氣)의 위세에 눌려 있던 금기(金氣)가 고개를 들기 시작합니다.

병화(丙火)는 양(陽)의 팽창운동(膨脹運動)으로 사방팔방(四方八方) 분열(分列)하며 성장하는 기운입니다. 장팔사모를 휘두르며 적진(敵陣)을 헤집는 장비처럼 병화(丙火)가 힘을 쓰기 시작하므로 강렬한 햇볕을 이쪽저쪽 마구마구 쪼아대기 시작합니다. 인정사정 없습니다. 흔히 강렬한 햇볕을 따가운 햇살이라 표현하기도 합니다. 침(針)이 되어 콕콕 찌르는 듯한 느낌입니다. 햇볕이 화살이 된 것 같기도 합니다. 아마도 사화(巳火)가 금(金)이 생(生)하는 자리이기에 그런 것 같다는 느낌입니다. 그래서 사월(巳月)을 따가운 햇살이라고 표현하였습니다.

**午火** [ 후끈 후끈 달아오르는 열기 ]

午火 = 陰火, 망종(芒種), 하지(夏至), 11시~01시
午火 = 음력 5월, 여름, 正南方, 말
午火 = 丙10, 己9, 丁11의 혼합체

망종(亡種)이라는 절기(節氣)를 맞이하여 음력(陰曆) 5월인 오월(午月)이 됩니다.

천간(天干)으로 보면 정화(丁火)에 해당합니다. 오화(午火)는 그의 체(體)는 양(陽)의 불(火)이지만, 실질적인 작용(作用) 즉 그 용(用, 쓰임)은 음(陰)의 화(火)로 작용합니다. 오화(午火)는 병화(丙火) 10일, 기토(己土) 9일, 정화(丁火)11일로 이루어져 있습니다. 사화(巳火)는 병화(丙火)와 기토(己土)를 가진 정화(丁火)라는 말입니다.

오화(午火)는 화(火)의 왕지(旺地)입니다. 화(火)는 인(寅)에서 생(生)하고, 오(午)에서 왕(旺)하며, 술(戌)은 묘(墓)에 해당됩니다. 그래서 인오술삼합 화국(寅午戌三合 火局)을 형성합니다. 오화(午火)는 자수(子水)와 지지충(地支冲)의 관계에 있습니다.

'망종(芒種)은 오월(五月-午月 : 丙己丁)로서, 여름의 화기(火氣)가 왕성(旺盛)한 때이나, 초순(初旬) 중순(中旬)에는 병화기토(丙火己土)가 강왕(强旺)하고 하순(下旬)에는 정화(丁火)가 강성(强盛)하며 하지(夏至)가 되면 낮이 가장 긴 때로서 양(陽)이 극(極)에 이르는 반면(反面) 음(陰)이 시생(是生)하게 된다.'고 옛 문헌에서 말했습니다.

주역(周易) 괘상(卦象)으로 보면, 오(午)에서 일음(一陰)이 시생(始生)합니다. 천풍구(天風姤)괘(卦)입니다.

물극필반(物極必返)이라 했습니다. 육양(六陽)인 사월(巳月)이 지나 오월(午月)에 일음(一陰)이 생(生)한 모습입니다. 괘(卦)의 뜻은 한 여인이 뭇 남자를 요리한다는 의미입니다. 우연한 기회에 여인을 만나 귀가 솔깃하도록 이로운 조건을 내세워 꾀는 말에 속을 수도 있습니다. 겉은 튼튼해 보이나, 속은 좀이 먹고 있습니다. 또 건상손하(乾上巽下)이니, 하늘아래에 심한 바람이 부는 상(象)입니다. 밖으로는 건실하고, 안으로는 순종(順從)해야 한다는 의미입니다.

오화(午火)는 정화(丁火)라 했습니다. 특이한 것은 오화(午火)의 지장간(地藏干)에는 병기정(丙己丁)으로 기토(己土)가 들어 있습니다.

사왕지(四旺地)의 지장간(地藏干)을 살펴보겠습니다.

- **수왕지**(水旺地) **자수**(子水) : 임(壬) 10. 계(癸) 20
- **목왕지**(木旺地) **묘목**(卯木) : 갑(甲) 10. 을(乙) 20
- **화왕지**(火旺地) **오화**(午火) : 병(丙) 10. 기(己) 9, 정(丁) 11
- **금왕지**(金旺地) **유금**(酉金) : 경(庚) 10, 신(辛) 20

오화(午火)는 다른 왕지(旺地)와는 다른 구성을 보이고 있습니다. 한 번 생각해 보도록 하겠습니다. 병정화(丙丁火)로만 이루어져 있으면 너무 뜨거운 열기(熱氣)로 인해서 생명(生命)이 다 타 죽을 수 있기 때문에, 음토(陰土)의 기토(己土)를 넣어 열기(熱氣)를 식게 하려는 뜻이고, 생명(生命)을 보존하려는 신(神)의 조화(造化)입니다.

……

이렇게 설명하여 다 통용(通用)된다면 얼마나 좋겠습니까?

나무아미타불, 관세음보살, 인샬라, 전능하신 하나님 아버지의 이름으로, 삼신할매, 칠성님, 사해용왕님… 등.

우리는 이렇게 설명되기 어려운 것을 위해 하나의 도피처(逃避處)를 만들어 놓고 사는 것이 아닌지 모르겠습니다. 물론 저도……

건곤(乾坤)이 일월(日月)을 거느리고 우주(宇宙)의 기틀을 잡았습니다. 일월(日月)에게 왕좌(王座)를 물려주고 산속으로 약초 캐러 갔습니다. 산속에 있기는 있는데 운무(雲霧)가 짙어서 어디 있는지 찾지를 못하겠습니다. 일월(日月)에게 음(陰)의 세상과 양(陽)의 세상을 나누어 다스리게 했습니다. 음(陰)의 세계(世界)는 수(水) 대왕(大王)이 다스리고, 양

(陽)의 세계는 화(火) 대왕(大王)이 다스립니다. 그러다 보니 일월(日月)이 서로 자기의 세계를 넓히려고 다툼을 합니다. 그래서 건곤(乾坤)이 토(土) 대왕(大王)을 보내 중재(仲裁)토록 하였습니다.

오월(午月)이 되자, 화(火) 대왕(大王)의 기세(氣勢)가 너무나 왕성(旺盛)하여 수(水) 대왕(大王)은 사면초가(四面楚歌)이고, 속수무책(束手無策)입니다. 궁리(窮理)끝에 이이제이(以夷制夷)를 생각해 냅니다. 그래서 토(土) 대왕(大王)에게 가서 부탁을 합니다.

"만물(萬物)을 조화(造化)하시고 중재(仲裁)의 권능(權能)을 가지신 위대하신 토(土) 대왕(大王)이시여!(에고 낯 간지러버라). 사실 여차여차 하고 저차저차 해서 그러하오니 이러쿵 저러쿵… 부디 헤아려 주십시오"

토(土) 대왕(大王)이 한참을 심사숙고(深思熟考)하더니 입을 뗍니다.

" 으허험. 수(水) 대왕(大王) 그대의 말을 듣고 보니, 그대의 처지가 참으로 딱하구려.(측은(惻隱)한 눈길로 그윽히 바라보면서) 한번 잘 생각해 보도록 하지요."

토(土) 대왕(大王)이 살짝 거드럼을 피면서 한 발을 슬쩍 빼면서 즉답(卽答)을 피합니다. 수(水) 대왕(大王)이 밸이 살짝 꼬이지만, 사정이 사정인지라, 어떤 말을 해야지 만이 될까 궁리(窮理)를 합니다. 머리 쓰는 데는 토(土) 대왕(大王)이나 화(火) 대왕(大王) 보다 한 수 위라고 자부(自負)해 오던 지라 …

"토(土) 대왕(大王)이시여. 제 말씀을 한번 들어 보오. 대왕(大王)께서는 건곤(乾坤) 선왕(先王)께서 화왕(火王)과 소인(小人)의 속 좁은 아녀자의 심보로 인하여, 세력(勢力)다툼으로 인한 이 우주(宇宙)의 질서(秩序)가 어지럽히는 것을 막기 위하여, 넓은 아량(雅量)과 탁월(卓越)한 식견(識見)을 가진 대왕(大王)으로 하여금 저희들을 잘 보살피라 하였사온

제2장 지지(地支)

즉, 대왕(大王)의 덕(德)은 이 우주(宇宙) 전체(全體) 어느 구석구석 미치
지 아니한 곳이 없을 정도로 넓고 크다는 것을 삼라만상(森羅萬象)이 다
알고 있는 주지(周知)의 사실입니다. 화왕(火王)과 소인(小人)의 덕(德)이
크다 한들 어찌 대왕(大王)의 덕(德)에 미치오리까? 주저리 주저리… 지
금 화왕(火王)의 기세(氣勢)를 꺾는 것이 삼라만상(森羅萬象)을 다 살리는
일이오며, 건곤(乾坤) 선왕(先王)께서 토(土) 대왕(大王)님의 능력(能力)을
높이 살펴 맡기신 일이오니 천지만물(天地萬物)을 굽어 살피시옵소서.
오직 토(土) 대왕(大王)께서 하실 수 있는 일이오며, 천지만물(天地萬物)
이 모두 토(土) 대왕(大王)의 큰 덕(德)을 칭송(稱誦)할 것이며, 그 칭송
(稱誦)은 저 은하에 흐르는 성신(星辰)이 다 없어지도록 천겁만겁(千劫萬
劫) 이어질 것이오며 …… 왈왈 왈왈왈 …"

　수왕(水王)의 장황(張皇)한 이야기를 듣고, 사실 토(土) 대왕(大王)도
화왕(火王)의 기세(氣勢)를 걱정하고 있었던 터라, 내심 잘되었다고 생
각합니다. 또한 자기를 이렇게 까지 치켜 세워주니 은근히 기분이 좋습
니다.

　"수왕(水王) 그대의 말이 다 맞는 말이기는 하나(어이 봐라. 나도 화왕(火
王)의 화세(火勢)에 갈라질까봐 걱정이 많다니까)……"

　말끝을 흐리자 이를 모를 리 없는 수왕(水王)이 재빨리 말꼬리를 붙
자고 늘어집니다.(무슨 일이든지 빨리빨리 몰라 부쳐야지 일이 된다게!)

　"대왕(大王)께서 나서 주기야 한다면 제가 계획(計劃)을 수립(樹立)하
겠습니다"

　"수왕(水王) 그대의 지모(智謀)가 출중(出衆)함은 온 세상이 다 아는지
라, 사실 나도 걱정되는 바가 없는 것도 아니고, 화왕(火王)의 성질이 워
낙 난폭(亂暴)하기도 한지라, 섣불리 건드리면 그 지랄같은 성질을 어찌

감당하겠소. 그럴 바에야 그냥 숨죽이고 가만히 있는 게 나은 편인데, 그렇다고 이 상황을 그냥 지켜볼 수는 없는 노릇이고, 참 난감하오. 어찌 하면 되는지 그 방책(方策)을 알려 주시겠소?"

"이미 그 방책(方策)을 가지고 있사옵니다. 화왕(火王)의 기세(氣勢)를 완전히 꺾지는 못할지라도 그 예봉(銳鋒)을 무디게 하는 방법이 지금으로서는 최선(最善)의 방책(方策)이옵니다."

"그것은 나도 동감(同感)하는 점이오."

"각설하고… 화왕국(火王國)의 세(勢)를 둘로 갈라 서로 힘을 한 곳으로 모으는데 불편함을 주도록 하는 것이 어떠실는지요?"

"좋은 방법이긴 하나 어떻게 화왕국(火王國)의 적진(敵陣) 깊숙이 들어간단 말이요?"

"대왕(大王) 우리 수왕국(水王國)의 해병대(海兵隊)는 귀신도 잡는다고 온 천하에 소문이 났습니다. 그리고 우리 수왕국(水王國) 해병대(海兵隊)의 안개로 변신(變身)하는 능력(能力)의 타(他)의 추종(追從)을 불허(不許)하니, 우리 해병대(海兵隊)를 지원(支援)토록 하겠습니다. 토왕국(土王國)의 든든한 보병(步兵)을 파견(派遣)하시면 될 것으로 봅니다. 우리 수왕국(水王國)의 해병대(海兵隊)가 안개처럼 소리없이 스며들어 교두보(橋頭堡)를 마련하면, 토왕국(土王國)의 보병(步兵)이 진지(陣地)를 굳건히 다져… 요래조래 요래조래… 어떠하오신지요. 대왕(大王)"

"듣고 보니 참으로 좋은 계책(計策)이요? 역시 이 우주(宇宙)의 제갈공명(諸葛孔明)이요 장자방(張子房)이란 명성(名聲)이 허명(虛名)이 아니구려. 내 그대의 계책(計策)을 따를 것이니, 자 어서 돌아가서 준비를 하시구랴 그려. 하! 하! 하!"

이리하여 화왕국(火王國)의 중간에 기토(己土)가 자리하게 됐다는 밑지 못할 전설(傳說)아닌 전설(傳說)이… 믿거나 말거나.

이 전설(傳說)아닌 전설(傳說)로 설명을 대신할까 합니다.

병화(丙火)의 강렬(强烈)한 햇볕이, 습토(濕土)인 기토(己土)에 내려 쪼이고 있습니다. 습기(濕氣)로 인해 오화(午火)는 무덥습니다. 병화(丙火)와 정화(丁火)가 함께하는 화기(火氣)가 왕성한 때입니다. 수기(水氣)는 화기(火氣)가 너무 거세어서 감히 다투지 못하고 물러나 있습니다. 화기(火氣)의 형상인 열기(熱氣)가 생겼고, 열기(熱氣)는 정화(丁火)입니다. 그래서 오월(午月)을 후끈 후끈 달아오르는 열기(熱氣)라고 표현했습니다.

 未土  [ 메마르고 생기 없는 땅 ]

未土 = 陰土, 소서(小暑), 대서(大暑), 13시~15시
미토 = 음력 6월, 여름, 南方, 양
未土 = 丁9, 乙3, 己18의 혼합체[ 지장간 地藏干 ]

소서(小暑)라는 절기(節氣)를 맞이하여 음력(陰曆) 6월인 미월(未月)이 됩니다.

천간(天干)으로 보면 기토(己土)에 해당합니다. 미토(未土)는 음토(陰土)입니다. 미토(未土)는 정화(丁火) 9일, 을목(乙木) 3일, 기토(己土) 18일로 이루어져 있습니다. 미토(未土)는 정화(丁火)와 을목(乙木)을 가진 기토(己土)라는 말입니다.

미토(未土)는 목(木)의 묘지(墓地)입니다. 목(木)은 해(亥)에서 생(生)하고, 묘(卯)에서 왕(旺)하며, 미(未)는 묘(墓)에 해당됩니다. 그래서 해묘미삼합 목국(亥卯未三合 木局)을 형성합니다. 미토(未土)는 축토(丑土)와 지지충(地支沖)의 관계에 있습니다.

'소서(小暑)는 유월(六月, 未月 : 丁乙己)로서, 초순(初旬)에는 화기(火氣)가 왕(旺)하고 목기(木氣)가 생기(生氣)를 띠고 있으며 대서(大暑)후에는 토기(土氣)가 왕성(旺盛)해 진다.'고 옛 문헌에서 말했습니다.

주역(周易) 괘상(卦象)으로 보면, 미(未)에서 이음(二陰)이 득세(得勢)합니다. 천산둔(天山遯) 괘(卦)입니다.

 위는 하늘이요 아래는 산이라는 괘(卦)로 이루어져 있습니다. 둔(遯)은 본래 돼지나 또는 돼지처럼 달아나다는 의미가 있습니다. 밑에 있는 2개의 음효(陰爻)가 위로 향해 올라오고 있어 양효(陽爻)가 밀려나는 형국(形局)입니다.

군자(君子)는 이 괘상(卦象)을 본받아 소인배를 멀리해야 합니다. 운수(運數)가 쇠(衰)했기 때문에 무엇을 해도 뜻대로 되지 않습니다. 오직 다음 기회(期會)를 기다리며 몸을 피(避)함이 상책(上策)입니다.

미토(未土)는 기토(己土)라 했습니다. 토기(土氣)는 확장(擴張)과 숙성(熟成)의 기능이 있습니다. 미월(未月)은 정화(丁火)가 9일간 더 힘을 발휘하고, 을목(乙木)이 3일간의 힘을 쓰면서 정화(丁火)를 도운 후 물러납니다. 이제는 정화(丁火)가 더 이상 을목(乙木)의 도움을 받지 못 합니다.

미토(未土)는 온토(溫土)입니다. 미토(未土)는 정화(丁火)를 내포(內包)하고 있습니다. 수화운동(水火運動)에서, 오화(午火)에서 자수(子水)로 진행(進行)되어 가는 과정(過程)은 화(火)를 바탕으로 수(水)로 변화(變化)되는 과정이기에 이때의 미토(未土)나 술토(戌土)는 정화(丁火)를 포함하게 되는 것입니다.

미토(未土)는 음토(陰土)입니다. 음양(陰陽)의 세력적(勢力的)인 측면(側面)에서 살펴보자면, 음(陰)의 세력권(勢力圈)인 음권(陰圈)과 양(陽)의 세력권(勢力圈)인 양권(陽圈)으로 나누어 볼 수 있습니다. 양권(陽圈)은 양기(陽氣)가 그 권위(權威)를 뽐낼 때이며, 묘진사(卯辰巳) 오미신(午未申)으로 볼 수가 있겠습니다. 묘목(卯木)에서 신금(申金)까지의 양권(陽圈)에서 진토(辰土)는 양기(陽氣)를 확장(擴張), 팽창(膨脹) 발전(發展)시키는 양토(陽土)인 무토(戊土)의 역할(役割)을, 미토(未土)는 양기(陽氣)가 최고로 강한 오화(午火)에서 신금(申金)으로의 과정(過程)으로 양기(陽氣)를 수축(收縮), 쇠퇴(衰退)시키는 음토(陰土)인 기토(己土)의 역할을 하고 있습니다. 그러므로 미토(未土)는 음토(陰土)가 되었습니다. 미토(未土)는 목화(木火)의 기(氣)를 숙성(熟成)시켜 금수(金水)의 기(氣)로 이끌어 갑니다. 화생토(火生土) 토생금(土生金)하여 화극금(火克金)하는 관계(關係)를 조화(造化)시켜 여름에서 가을로 변화(變化)가 일어납니다.

미월(未月)은 정화(丁火)가 힘을 발휘하여 마구마구 발산(發散)하고, 물은 이미 어디에 있는지 찾아보기 힘들고, 을목(乙木)이 물러나면서, 성장(成長)하는 기운(氣運)도 없어졌습니다. 생기(生氣)가 없는 땅이 되었습니다. 그래서 미월(未月)은 메마르고 생기(生氣)없는 땅이라고 표현(表現)을 하였습니다.

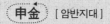 [ 암반지대 ]

申金 = 陽金, 입추(立秋), 처서(處暑), 15시~17시

申金 = 음력 7월, 가을, 西方, 원숭이

申金 = 己戊7, 壬7, 庚16의 혼합체

입추(立秋)라는 절기(節氣)를 맞이하여 음력(陰曆) 7월인 신월(申月)이 됩니다.

천간(天干)으로 보면 경금(庚金)에 해당합니다. 신금(申金)은 경금(庚金)을 그 본기(本氣)로 하므로 양금(陽金)입니다. 신금(申金)은 기토(己土)와 무토(戊土)가 7일, 임수(壬水) 7일, 경금(庚金) 16일로 이루어져 있습니다. 신금(申金)은 기토(己土), 무토(戊土)와 임수(壬水)를 가진 경금(庚金)이라는 말입니다.

신금(申金)은 수(水)의 생지(生地)입니다. 수(水)는 신(申)에서 생(生)하고, 자(子)에서 왕(旺)하며, 진(辰)은 묘(墓)에 해당됩니다. 그래서 신자진삼합 수국(申子辰三合 水局)을 형성합니다. 신금(申金)은 인목(寅木)과 지지충(地支冲)의 관계에 있습니다.

'입추(立秋)는 칠월(七月-申月 : 戊壬庚)로서 가을이 시작(始作)되고, 입추(立秋)로부터 처음은 노염(老炎)이 남아있고 중순(中旬)에는 임수(壬水)가 일어나며 처서(處暑)후에는 금기(金氣)가 차츰 강성(强盛)하여 진다.' 고 옛 문헌에서 말했습니다.

241

주역(周易) 괘상(卦象)으로 보면, 신(申)에서 삼음(三陰)이 조화(調和)합니다. 천지비(天地否) 괘(卦)입니다.

위쪽의 괘는 건괘(乾卦)로서 하늘(☰)을 의미입니다. 아래쪽의 괘는 곤괘(坤卦)로서 땅(☷)을 의미합니다.

겉으로는 평화롭지만, 안으로는 다투어서 서로 잘 어울리지 않는다는 뜻입니다. 천기(天氣)는 올라가고, 지기(地氣)는 내려가므로 상하(上下)의 격차(隔差)가 심하고, 음(陰)의 기반(基盤) 위에 양(陽)이 가중(加重)하니, 이것은 곧 "기초(基礎)가 약(弱)하여 무너지기 쉽다"는 것입니다. 구름이 해를 가린격 이어서 만물(萬物)이 자라기에 여의치 않으니, 화목(和睦)하게 어울리도록 노력(努力)해야 하며, 남을 존중(尊重)하고 자기를 내세우지 말아야 합니다. 어떤 일을 처음 배우는 사람처럼, 초심(初心)을 유지하고 겸손(謙遜)해야 합니다.

신금(申金)은 경금(庚金)이라 하였습니다. 금기(金氣)는 목화(木火)의 팽창(膨脹)하는 생명력(生命力)을, 조절(調節) 숙성(熟成)하는 토기(土氣)의 도움을 받아, 수렴(收斂)하는 기운(氣運)입니다.

미월(未月)에서 화기(火氣)가 물러나자, 신월(申月)에 화기(火氣)의 기세(氣勢)에 눌려 있던 수기(水氣)가 고개를 내 밀기 시작합니다. 또 미월(未月)의 토기(土氣)가 숙성조절(熟成調節) 작용을 하여(火生土 土生金), 신월(申月)은 금(金)의 기운이 시작되었습니다. 모으기 시작합니다. 자꾸만 모으려고 합니다. 토(土)도 있고 수(水)도 있는 큰 바위가 되었습니다. 그래서 신월(申月)을 암반지대(巖盤地帶)라 표현을 하였습니다.

[ 자갈만 가득한 자갈언덕 ]

酉金 = 陰金, 백로(白露), 추분(秋分), 17시~19시

酉金 = 음력 8월, 가을, 正西, 닭

酉金 = 庚10, 辛20의 혼합체

백로(白露)라는 절기(節氣)를 맞이하여 음력(陰曆) 8월인 유월(酉月)이 됩니다.

천간(天干)으로 보면 신금(辛金)에 해당합니다. 유금(酉金)은 신금(辛金)을 그 본기(本氣)로 하므로 음금(陰金)입니다. 유금(酉金)은 경금(庚金) 10일, 신금(辛金) 20일로 이루어져 있습니다. 유금(酉金)은 경금(庚金)을 가진 신금(辛金)이라는 말입니다.

유금(酉金)은 금(金)으로만 이루어진 금기(金氣)가 최고 왕성(旺盛)한 때입니다. 금왕지(金旺地)입니다. 금(金)은 사(巳)에서 생(生)하고, 유(酉)에서 왕(旺)하며, 축(丑)은 묘(墓)에 해당됩니다. 그래서 사유축삼합 금국(巳酉丑三合 金局)을 형성합니다. 유금(酉金)은 묘목(卯木)과 지지충(地支沖)의 관계에 있습니다.

'백로(白露)는 팔월(八月-酉月 : 庚辛)로서 금왕(金旺)한 달로서 초순(初旬)은 경금(庚金)이 왕(旺)하여 온갖 과일이 왕성(旺盛)하게 결실(結實)하며 중순(中旬) 하순(下旬)에는 신금(辛金)이 생왕(生旺)하여 금기(金氣)는 극왕(極旺)하고 온갖 과일은 완숙(完熟)해서 모체(母體)와 결별(訣別)하는 아픔이 있다.'고 옛 문헌에서 말했습니다.

주역(周易) 괘상(卦象)으로 보면, 유(酉)에서 사음(四陰)이 장성(壯盛)합니다. 풍지관(風地觀) 괘(卦)입니다.

 위쪽의 괘는 손괘(巽卦)로서 바람(☴)을 의미합니다.
아래쪽의 괘는 곤괘(坤卦)로서 땅(☷)을 의미합니다.

내부를 꿰뚫어 본다는 의미입니다. 지상(地上)에 바람이 불고 있는 상(象)이니,바람이 땅속까지 파고 스며들듯이 속속들이 관찰하라는 말입니다. 침착해야 맑은 하늘을 볼 수 있음입니다. 봄이 가까이 다가오고 있습니다. 좋은 일에는 나쁜 일이 끼어들어 근심이 생길 수 있으니, 늘 긴장(緊張)해야 합니다.

유금(酉金)은 신금(辛金)이라 했습니다. 금(金)은 모으는 기운(氣運)이고 겉은 단단하게 하는 역할(役割)을 합니다.

유월(酉月)은 금(金)의 기(氣)인 경금(庚金)과 금(金)의 형(形)인 신금(辛金)으로만 이루어져 있어 다른 기운(氣運)들이 감히 다투지 못하고 물러나 있으므로 금기(金氣)만이 가득한 달입니다. 목기(木氣)를 찾아볼 수 없는 금기(金氣)가 가장 강한 달입니다. 유금(酉金)이 더욱 더 수축(收縮)시키고 수축(收縮)시켜, 이제는 물도 흙도 없는 자갈 돌멩이를 형성하였습니다. 그래서 유월(酉月)을 자갈만 가득한 자갈언덕이라고 표현해 보았습니다.

戌土 [ 자갈이 많이 있는 자갈 땅 ]

> 戌土 = 陽土. 한로(寒露), 상강(霜降), 19시~21시
> 戌土 = 음력 9월, 가을, 西方, 개
> 戌土 = 辛9, 丁3, 戊18의 혼합체이다.

한로(寒露)라는 절기(節氣)를 맞이하여 음력(陰曆) 9월인 술월(戌月)이 됩니다.

천간(天干)으로 보면 무토(戊土)에 해당합니다. 술토(戌土)는 무토(戊土)를 그 본기(本氣)로 하므로 양토(陽土)입니다. 술토(戌土)는 신금(辛金) 9일, 정화(丁火) 3일, 무토(戊土) 18일로 이루어져 있습니다. 술토(戌土)는 신금(辛金)과 정화(丁火)를 가진 무토(戊土)라는 말입니다.

술토(戌土)는 화(火)의 묘지(墓地)입니다. 화(火)는 인(寅)에서 생(生)하고, 오(午)에서 왕(旺)하며, 술(戌)은 묘(墓)에 해당됩니다. 그래서 인오술삼합 화국(寅午戌三合 火局)을 형성합니다. 술토(戌土)는 진토(辰土)와 지지충(地支冲)의 관계에 있습니다.

'한로(寒露)는 구월(九月-戌月 : 辛丁戊)로서 토왕절(土旺節)이 된 것이지만, 구일간(九日間)은 팔월(八月)의 금기(金氣)가 왕성(旺盛)하고 상강(霜降)이 되면 화(火)는 고장(庫場)에 간직되고 토기(土氣)는 왕성(旺盛)해진다.'고 옛 문헌에서 말했습니다.

주역(周易) 괘상(卦象)으로 보면, 술(戌)에서 오음(五陰)이 팽창(膨脹)합니다. 산지박(山地剝) 괘(卦)입니다.

위쪽의 괘는 간괘(艮卦)로서 산(☶)을 의미합니다. 아래쪽의 괘는 곤괘(坤卦)로서 땅(☷)을 의미합니다.

천지만물(天地萬物)은 유(有)에서 생기고, 유(有)는 무(無)에서 생겼습니다. 권위(權威)를 잃어버리기 직전(直前)입니다. 내부(內部)에는 부정(不正)과 비리(非理)가 횡행(橫行)하고 있어서 오히려 정의(正義)가 쫓겨 날 지경입니다. 형세(形勢)가 어쩔 수 없으니 적절히 타협(妥協)을 해야 합니다. 한겨울이 지나면 봄이 다시 오니 차츰 회복됩니다. 또 간상곤하(艮上坤下)이니 산(山)이 점점 침식되어 평지(平地)로 될 직전의 상(象)입니다. 좁은 생각의 집착(執着)은 버릴 것이며, 자기 혼자만이 옳다고 주장해서는 안 됩니다. 반드시 타협(妥協)으로 위기(危機)를 넘겨야 합니다.

소나기는 온종일 내리지는 않습니다. 끊임없이 바뀝니다. 그리고 눈부신 태양이 떠오르는 것입니다.

술토(戌土)는 무토(戊土)라 했습니다. 토기(土氣)는 확장(擴張)과 숙성(熟成)의 기능이 있습니다. 신금(辛金)이 9일간 더 힘을 발휘하고, 정화(丁火)가 3일간의 마지막 힘을 쓰고서는 물러납니다.

술토(戌土)는 온토(溫土)입니다. 술토(戌土)는 정화(丁火)를 내포(內包)하고 있습니다. 수화운동(水火運動)에서, 오화(午火)에서 자수(子水)로 진행(進行)되어 가는 과정(過程)은 화(火)를 바탕으로 수(水)로 변화(變化)되는 과정이기에, 이때의 미토(未土)나 술토(戌土)는 정화(丁火)를 포함하게 되는 것입니다.

술토(戌土)는 양토(陽土)입니다. 음양(陰陽)의 세력적(勢力的)인 측면(側面)에서 살펴보자면, 음(陰)의 세력권(勢力圈)인 음권(陰圈)과 양(陽)의 세력권(勢力圈)인 양권(陽圈)으로 나누어 볼 수 있습니다. 음권(陰圈)은 음기(陰氣)가 그 권위(權威)를 뽐낼 때이며, 유술해(酉戌亥) 자축인(子丑寅)으로 볼 수가 있겠습니다. 유금(酉金)에서 해수(亥水)까지의 음권(陰圈)에서 술토(戌土)는 음기(陰氣)를 확장(擴張), 팽창(膨脹) 발전(發展)시키는 양토(陽土)인 무토(戌土)의 역할(役割)을, 축토(丑土)는 음기(陰氣)가 최고로 강한 자수(子水)에서 인목(寅木)으로의 과정(過程)으로 음기(陰氣)를 수축(收縮), 쇠퇴(衰退)시키는 음토(陰土)인 기토(己土)의 역할을 하고 있습니다. 그러므로 술토(戌土)는 양토(陽土)가 되었습니다. 술토(戌土)는 금기(金氣)를 확장(擴張)시켜 수기(水氣)로 이끌어 갑니다.

술월(戌月)은 신금(辛金)인 자갈이 있고, 온기(溫氣)인 정화(丁火)가 있는 무토(戌土)입니다. 그래서 술월(戌月)을 자갈이 많이 있는 자갈땅이라고 표현하였습니다.

亥水 [바다]

亥水 = 陽水. 입동(立冬), 소설(小雪), 21시~23시
亥水 = 음력 10월, 겨울, 北方, 돼지
亥水 = 戊9, 甲3, 壬18의 혼합체

247

입동(立冬)이라는 절기(節氣)를 맞이하여 음력(陰曆) 10월인 해월(亥月)이 됩니다.

천간(天干)으로 보면 임수(壬水)에 해당합니다. 해수(亥水)는 그 본체(本體)는 음(陰)의 수(水)이지만 실질적인 작용 즉 그 용(用, 쓰임)은 양(陽)의 수(水)로 작용합니다. 해수(亥水)는 무토(戊土) 7일, 갑목(甲木) 7일, 임수(壬水) 16일로 이루어져 있습니다. 해수(亥水)는 무토(戊土)와 갑목(甲木)을 가진 임수(壬水)라는 말입니다.

해수(亥水)는 목(木)의 생지(生地)입니다. 목(木)은 해(亥)에서 생(生)하고, 묘(卯)에서 왕(旺)하며, 미(未)는 묘(墓)에 해당됩니다. 그래서 해묘미삼합 목국(亥卯未三合 木局)을 형성합니다. 해수(亥水)는 사화(巳火)와 지지충(地支沖)의 관계에 있습니다.

'입동(立冬)은 십월(十月-亥月 : 戊甲壬)인데 수왕월(水旺月)로서 수기(水氣)가 가득하며 소설(小雪)때는 목기(木氣)가 발생(發生)하므로 소춘(小春)이라고 한다.'고 옛 문헌에서 말했습니다.

주역(周易) 괘상(卦象)으로 보면, 해(亥)에서 육음(六陰)이 지극(至極)합니다. 중지곤(重地坤) 괘(卦)입니다.

위쪽의 괘는 곤괘(坤卦)로서 땅(☷)을 의미합니다. 아래쪽의 괘도 곤괘(坤卦)로서 땅(☷)을 의미합니다.

세상에서 얻을 수 있는 즐거움 가운데 마음에 부끄러움이 없는 것보다 더 큰 것은 없습니다. 너그럽고 속이 깊은 마음을 나타냅니다. 위 아래의 괘(卦)가 전부 음(陰)이니, 유순(柔順)과 관용(寬容)입니다.

지(地)는 재물(載物)이요, 양물(養物)이요, 함축(含蓄)이니, 물질면(物質面)과 내조(內助)에는 길(吉)하나, 외부활동(外部活動)은 적합(適合)하지 않습니다. 명예(名譽)와 공훈(功勳)은 양보(讓步)하고, 잠시 물러서서, 조용히 전체를 포용(包容)해야 합니다. 모든 공(功)이 서서히 전부 돌아오니 참고 견뎌야 합니다. 남의 힘을 빌려 일을 성취(成就)할 수 있는 괘(卦)이니, 인간관계(人間關係)에 세심한 신경을 써야합니다.

해수(亥水)는 임수(壬水)입니다. 목화(木火)의 팽창된 생명력(生命力)을 토기(土氣)의 숙성(熟成)과 조화(調和)를 통해 금기(金氣)가 모으고 모은 것을, 수기(水氣)는 더욱 더 응축시켜 한 점으로 뭉쳐 저장(貯藏)하고 보관(保管)하는 성질이 있습니다.

해월(亥月)이 되자 수기(水氣)가 본격적으로 활동(活動)을 시작하는 것은 술월(戌月)에서 정화(丁火)가 자기의 역할(役割)을 완수(完遂)하고 물러났기 때문이고, 해월(亥月)에 목(木)의 씨앗이 생긴 것은 금기(金氣)가 유월(酉月)을 기점으로 사그러 들기 시작하자, 그 위세에 눌려 있던 목기(木氣)가 움츠렸던 목을 내밀기 때문입니다.

임수(壬水)는 큰물을 의미합니다. 해수(亥水)는 토기(土氣)도 있고, 목기(木氣)도 있는 임수(壬水)입니다. 그래서 해월(亥月)을 바다라고 표현했습니다.

> **大海不棄淸濁** (대해불기청탁)
> 큰 바다는 맑은 물이든 흐린 물이든 버리지 아니한다.

임수(壬水)를 말하는 것 같습니다.
아니 더 정확하게는 해수(亥水)를 표현한 말 같습니다.

# 제3장  합(合)과 충(沖)

명리학의 기초이론으로 음양(陰陽), 오행(五行), 천간(天干), 지지(地支)
를 알아보았습니다.

　명리학은 천간지지(天干地支)로 이루어 진 사주를 세워 인간의 길흉
화복(吉凶禍福)을 알아보는 학문이라 했습니다.

　천간(天干)의 특성(特性)과 지지(地支)의 환경(環境)을 알아보았습니
다. 그러나 더 나아가 천간(天干), 지지(地支)가 합(合)도 하고 충(冲)도
합니다.

　어떤 글자들끼리 만나면 합(合)하고 충(冲)하는 현상은 오행(五行)의
생극작용(生剋作用)과는 상관없는 기운(氣運)과 기운(氣運)의 상호작용
(相互作用)입니다. 천간(天干)은 천간(天干)끼리, 지지(地支)는 지지(地支)
끼리 작용합니다. 기운(氣運)과 기운(氣運)이 만나 전혀 새로운 오행(五
行)으로 변하기도 하고 변하지 않으면서 작용력만 나타나는 경우도 있
습니다. 충(冲)은 어떤 글자들이 만나면 서로 반대가 되어 기운(氣運)
이 충돌(衝突)하는 것입니다. 그러니 오행(五行)의 생극(生剋)과는 다릅
니다.

　일반적으로 합(合)은 만남, 결합, 화합, 기쁨 등을 나타내고, 충(冲)은
이별, 충돌, 다툼, 슬픔 등을 의미합니다. 합(合)과 충(冲)에 의해서 사주
는 많은 변화를 일으키게 되는 것입니다. 대인관계에 있어서 서로간의
길흉을 고려할 때 우선적으로 참고하게 되는 부분으로 중요합니다.

　합(合)과 충(冲)에는 천간합(天干合)과 천간충(天干冲) 그리고 지지합
(地支合)과 지지충(地支冲)이 있는데, 태어난 날의 천간(天干)이 자기 자

제3장 합(合)과 충(冲)

신을 의미하므로 일간(日干)이 천간합(天干合)이 되거나 천간충(天干冲)
이 될 때 가장 강하게 작용합니다.

　그것은 지지(地支)의 합(合)이나 충(冲)의 관계에서도 마찬가지로 일
지(日支 배우자의 자리)의 합(合)이나 충(冲)이 가장 강하게 작용합니다. 그
러나 다른 天干(년간, 월간, 시간)의 합(合)이나 충(冲) 그리고 다른 地支(년
지, 월지, 시지)의 합(合)이나 충(冲)도 역시 영향력이 있으므로 부수적으
로 참고하면 됩니다.

　사주의 길흉(吉凶)을 정확하게 판단하려면 일반적인 합(合)과 충(冲)
의 의미에서 더 나아가 각기 합(合)과 충(冲)의 결과가 그 사주의 주인
공(日干)에게 어떠한 영향을 주는지에 따라 길흉(吉凶)이 정해지므로,
합(合)이라고 해서 항상 좋다고만 볼 수 없으며 또한 충(冲)이라고 해서
항상 나쁘다고만 할 수 없습니다.

　명리학은 조화를 추구하는 학문이므로 항상 일간(日干)을 중심으로
판단하되 전체 기운의 상관관계와 흐름을 파악하는데 있어서 전체적인
입장을 견지해야 합니다.

　여기서는 서로의 일간(日干)이 합(合)또는 충(冲)이 되는 관계에 대해
서 자세하게 설명을 하겠습니다. 특히 지지삼합(地支三合)에 의해서 일
간(日干) 기운의 큰 변화가 일어나고, 충(冲)에 의해서 마찰, 충돌, 변동
상황이 일어나므로, 이를 고려하여 자신의 사주 구성에 이러한 요소들
이 있는지 없는지 잘 살펴야 자신의 사주를 제대로 파악할 수 있다 하
겠습니다.

# 제1절  천간(天干)의 합(合)과 충(冲)

## ① 천간합(天干合)

### 1) 천간합(天干合)이란 무엇인가?

천간합(天干合)이란 천간(天干)끼리 서로 화합(和合), 결속(結束)하여 강한 세력(勢力)을 형성(形成)하는 것을 말합니다. 천간합(天干合)은 甲乙丙丁戊己庚辛壬癸의 십간(十干)에서 여섯 번째 글자와 만나서 합(合)이 성립(成立)합니다. 줄여서 간합(干合)이라고도 합니다. 다섯 개의 합(合)이 생기므로 오합(五合)이라고도 하며, 음(陰)과 양(陽)이 만나므로 이를 부부지합(夫婦之合)이라고도 합니다.

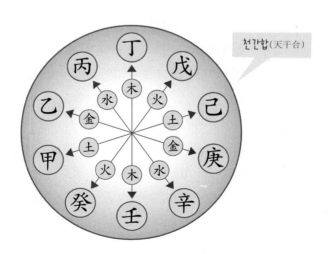

천간합(天干合)

제3장  합(合)과 충(冲)

천간합(天干合)의 구성원리(構成原理)는 다음과 같습니다.

천간(天干) 10글자를

> 갑(甲) 을(乙) 병(丙) 정(丁) 무(戊)
> 기(己) 경(庚) 신(辛) 임(壬) 계(癸)

위와 같이 두 줄로 배열(配列)하여 아래위로 조합(組合)하면 됩니다.

> 갑기합화토 (甲己合化土) 甲과 己가 合해서 化하면 土가 됩니다.
> 을경합화금 (乙庚合化金) 乙과 庚이 合해서 化하면 金이 됩니다.
> 병신합화수 (丙辛合化水) 丙과 辛이 合해서 化하면 水가 됩니다.
> 정임합화목 (丁壬合化木) 丁과 壬이 合해서 化하면 木이 됩니다.
> 무계합화화 (戊癸合化火) 戊와 癸가 合해서 化하면 火가 됩니다.

천간합(天干合)은 새로운 오행(五行)으로의 변화(變化)가 이루어지는 것이고, 합(合)이 제대로 이루어지지 않을 때는 두 글자가 본래(本來)의 역할(役割)을 상실(喪失)만 하고 쓸데없이 기반(羈絆)될 수도 있다는 뜻이므로 매우 중요합니다.

일반적(一般的)으로 합(合)이 되면, 사이가 좋다는 것이 첫 번째 의미이고, 두 번째의 의미는 합(合)을 함으로써 서로 작용력이 묶여버린다는 것입니다. 이를 기반(羈絆 묶여서 구속당한다)이라고도 하고, 합반(合絆), 합거(合去)라고도 합니다.

사주 천간(天干)에 천간합(天干合)이 있으면 일정한 성정(性情)을 지닌 게 된다고 옛사람들이 말하고 있는데, 일반적으로 현대에 통용(通用)될 수 있는 통변(通辯)은 아니지만 참고할 가치는 있습니다.

> 갑기합(甲己合)은 중정지합(中正之合)
> 을경합(乙庚合)은 인의지합(仁義之合)
> 병신합(丙辛合)은 위엄지합(威嚴之合)
> 정임합(丁壬合)은 음란지합(淫亂之合)
> 무계합(戊癸合)은 무정지합(無情之合)

갑기합토(甲己合土)는 동량지목(棟樑之木)인 갑목(甲木)과 중정지토(中正之土)인 기토(己土)의 합(合)으로 중정지합(中正之合)이라 합니다.

을경합금(乙庚合金)은 인(仁)의 목(木)과 의(義)의 금(金)의 합(合)으로 인의지합(仁義之合)이라 합니다.

병신합수(丙辛合水)는 황제 병화(丙火)와 미녀 신금(辛金)의 합(合)으로 위엄지합(威嚴之合)이라 합니다.

정임합목(丁壬合木)은 음란녀(淫亂女) 정화(丁火)와 정력남(精力男) 임수(壬水)의 합(合)으로 음란지합(淫亂之合)이라 합니다.

무계합화(戊癸合火)는 늙은남자 무토(戊土)와 어린여자 계수(癸水)의 합(合)으로 무정지합(無情之合)이라 합니다.

서로 극(剋)하는 관계이지만 남자(男子) 여자(女子)가 같이 결혼(結婚)하는 것처럼 합(合)을 합니다. 인간관계(십신 十神)에서 정재(正財)와 정관(正官)을 만난 것처럼, 바른 남편과 바른 아내가 만난 것이라는 말입니다.

   남자인 정관(正官)은 모두 양간(陽干)이고, 여자인 정재(正財)는 모두
음간(陰干)으로 음양조화(陰陽調和)를 이룬 것입니다. 다시 말하자면 갑
기합토(甲己土)에서 양간(陽干)인 갑목(甲木)이 남편인데, 갑목(甲木)의
입장에서 보면 음간(陰干)인 아내 기토(己土)는 목극토(木剋土)하여 내가
극(剋)하는 재성(財星)이고, 음양(陰陽)이 서로 다르므로 정재(正財)에 해
당합니다. 또한 음간(陰干)인 아내 기토(己土)의 입장에서 보면 목극토
(木剋土)로서 나를 극(剋)하는 성분은 관성(官星)인데 음양(陰陽)이 서로
다르므로 정관(正官)에 해당합니다. 을경합금(乙庚合金), 병신합수(丙辛合
水), 정임합목(丁壬合木), 무계합화(戊癸合化) 모두 이와 같습니다.

   십신(十神)에서 남편은 나를 극(剋)하는 관성(官星)으로 보고, 아내는
내가 극(剋)하는 재성(財星)으로 봅니다. 관성(官星)에는 편관(偏官)과 정
관(正官)이 있는데, 나와 음양이 같은 편관(偏官)과 나와 음양이 다른 정
관(正官)이 있습니다. 재성(財星)에도 편재(偏財)와 정재(正財)가 있는데,
나와 음양이 같은 편재(偏財)와 나와 음양이 다른 정재(正財)가 있습니
다. 남편은 양간(陽干), 아내는 음간(陰干)으로 부부(夫婦)가 서로 음양(陰
陽)이 다른 것이 음양(陰陽)의 이치(理致)에 맞다고 보는 것입니다.

### ☯ 천간합(天干合)과 오운육기(五運六氣)

   합(合)과 충(沖)은 중화(中和)의 근거(根據)이며 변화(變化)의 동력(動
力)이라했습니다. 이와 맞물려 생각할 것이 오운육기(五運六氣) 개념(概
念)입니다.
   천간(天干)과 지지(地支)는 오행(五行)이 각각 그 본기(本氣)입니다. 천

간(天干)에서는 합화(合化)에 의하여 변화(變化)의 운(運)이 형성(形成)되며, 지지(地支)에서는 충돌(衝突)에 의하여 변화(變化)의 기(氣)가 형성(形成)됩니다. 따라서 오운육기(五運六氣)란 천간(天干) 합화(合化)와 지지(地支) 충돌(衝突)에 의하여 변화(變化) 형성(形成)되는 운기(雲氣)입니다.

오운(五運)은 하늘의 위도(緯度)가 진사(辰巳)에 임(臨)했을 때, 어떠한 기운(氣運)이 되는지를 통칭(通稱)하는 것입니다. 진(辰)에 이르러 화(化)가 이루어지기에 그러합니다.

자평진전평주(子平眞詮評註)의 다음 글을 보면,

---

### 명리십간지합 여의도동원 출어내경
### 命理十干之合 如醫道同源 出於內經

명리(命理)에서 십간(十干)의 합(合)은 의학(醫學)의
도(道)와 근원(根源)이 같으니 내경(內徑)에서 나왔다.

---

그렇다면 황제내경(皇帝內徑)의 소문(素問)의 오운행대론(五運行大論)에서 황제(皇帝)가 우주운행상(宇宙運行象)에 대해 물었을 때 기백(歧伯)의 답을 보기로 하겠습니다.

기백(歧伯) 왈(曰), '신람(臣覽) 태시천원책문(太始天元冊文) ……'
기백이 답하기를 '태시(太始)때의 천원(天元)의 상(象)을 관찰해보니,
단천(丹天)의 붉은 기(氣)는 牛(우) 女(여)와 무분(戊分)을
금천(黃金天)의 노란 기(氣)는 心(심) 尾(미)와 기분(己分)을
창천(蒼天)의 파란 기(氣)는 胃(위) 室(실)과 柳(유) 鬼(귀)를
소천(素天)의 하얀 기(氣)는 亢(항) 氐(저)와 昴(묘) 畢(필)을

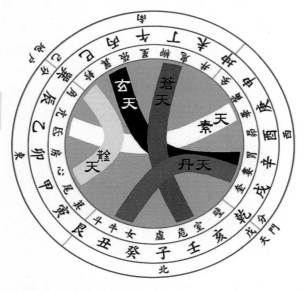

현천(玄天)의 검은 기(氣)는 張(장) 翼(익)과 婁(루) 胃(위)를

기(氣)가 걸쳐 지나가는 데, 이른바 무기(戊己)의 분(分)이라 하는 것

은 규벽(奎璧)과 각진(角軫)으로서 천지(天地)의 문호(門戶)가 됩니다.'

오운계시도
(五運啓示圖)

출처: 한동석 '宇宙變化의 原理'

위 그림을 보면서 28수(二十八宿)를 구체적(具體的)으로 나열(羅列)해
보면 다음과 같습니다.

> **동청룡**(東靑龍) : 角(각) 亢(항) 氐(저) 房(방) 心(심) 尾(미) 箕(기)
> **서백호**(西白虎) : 奎(규) 婁(루) 胃(위) 昴(묘) 畢(필) 觜(자) 參(삼)
> **남주작**(南朱雀) : 井(정) 鬼(귀) 柳(유) 星(성) 張(장) 翼(익) 軫(진)
> **북현무**(北玄武) : 斗(두) 牛(우) 女(여) 虛(허) 危(위) 室(실) 壁(벽)

자평진전평주(子平眞詮評註)에서는,

오운(五運)은 모두 각진(角軫−辰巳의 사이)에서 일어나는 것이니,

갑기(甲己)의 해에는 무기(戊己) 금천(黃金天)의 노란 기(氣)가 각진(角軫)을 걸쳐가는 데, 각진(角軫)은 진사(辰巳)에 속하므로, 갑기(甲己)년의 진사월(辰巳月)의 월건(月建)은 무진(戊辰) 기사(己巳)가 됩니다. 천간(天干)이 모두 토(土)로서 오운(五運)의 운행(運行)은 토(土)가 지배하는 것입니다.

을경(乙庚)의 해에는 경신(庚辛) 소천(素天)의 하얀 기(氣)가 각진(角軫)을 걸쳐가는 데, 각진(角軫)은 진사(辰巳)에 속하므로, 을경(乙庚)년의 진사월(辰巳月)의 월건(月建)은 경진(庚辰) 신사(辛巳)가 됩니다. 천간(天干)이 모두 금(金)으로서 오운(五運)의 행운(運行)은 금(金)이 지배하는 것입니다.

병신(丙辛)의 해에는 임계(壬癸) 현천(玄天)의 검은 기(氣)가 각진(角軫)을 걸쳐가는 데, 각진(角軫)은 진사(辰巳)에 속하므로, 병신(丙辛)년의 진사월(辰巳月)의 월건(月建)은 임진(壬辰) 계사(癸巳)가 됩니다. 천간(天干)이 모두 수(水)로서 오운(五運)의 운행(運行)은 수(水)가 지배하는 것입니다.

정임(丁壬)의 해에는 갑을(甲乙) 창천(蒼天)의 파란 기(氣)가 각진(角軫)을 걸쳐가는 데, 각진(角軫)은 진사(辰巳)에 속하므로, 정임(丁壬)년의 진사월(辰巳月)의 월건(月建)은 갑진(甲辰) 을사(乙巳)가 됩니다. 천간(天干)이 모두 목(木)으로서 오운(五運)의 운행(運行)은 목(木)이 지배하는 것입니다.

무계(戊癸)의 해에는 병정(丙丁) 단천(丹天)의 붉은 기(氣)가 각진(角軫)을 걸쳐가는 데, 각진(角軫)은 진사(辰巳)에 속하므로, 무계(戊癸)년의 진

사월(辰巳月)의 월건(月建)은 병진(丙辰) 정사(丁巳)가 됩니다. 천간(天干)
이 모두 화(火)로서 오운(五運)의 운행(運行)은 화(火)가 지배하는 것입
니다.

여기서 술해(戌亥)사이가 규벽(奎璧)의 분(分)으로서 천문(天門)이 되
고, 진사(辰巳) 사이가 각진(角軫)의 분(分)으로서 지호(地戶)가 됩니다.
오운(五運)이라 하는 것은 각각의 년(年)의 월건(月建)이 진사(辰巳)에 임
(臨)했을 때 천간(天干)을 지배하는 변화운(變化運)이라는 뜻입니다.

다시 말하면, 천지지기(天地之氣)가 출입하는 문호(門戶)는 규벽(奎璧),
각진(角軫)의 방향인데, 규벽(奎璧)은 신(辛)의 말(末)이고, 각진(角軫)은
을(乙)의 말(末)입니다. 천지지기(天地之氣)가 무분(戊分)인 규벽(奎璧)과
기분(己分)인 각진(角軫)에서 음양(陰陽)으로 갈라져서 분합작용(分合作
用)을 한다는 말입니다. 그러므로 양(陽)은 무분(戊分)에서 시동(始動)하
여서 을방(乙方)으로 나오고, 음(陰)은 기분(己分)에서 시정(始靜−靜하기
시작)하여서 신방(辛方)으로 들어간다는 뜻입니다.

무분(戊分)은 천문(天文)입니다. 규벽(奎璧)의 사이이고, 신(辛)의 말
(末)입니다. 황도대에서 춘분(春分)때 태양이 위치하는 곳이고, 춘분(春
分)은 낮과 밤이 길이가 같은 날이고, 이때부터 점점 낮이 길어지고 날
씨가 따뜻해지면서 만물이 소생합니다. 따라서 양도(陽道)가 펼쳐집니
다. 따라서 규벽(奎璧)은 무분(戊分)으로서 천문(天門)입니다.

기분(己分)은 지호(地戶)입니다. 각진(角軫)의 사이이고, 을(乙)의 말
(末)입니다. 황도대에서 추분(秋分)때 태양이 위치하는 자리이고, 이때
부터 다시 밤이 길어지고 날씨가 추워집니다. 여기서부터 만물(萬物)이
서서히 폐장(閉藏)하기 시작하는 것입니다. 음도(陰道)가 펼쳐지게 됩니
다. 따라서 각진(角軫)은 기분(己分)으로서 지호(地戶)입니다.

　오행(五行)은 우주(宇宙)의 기본법칙(基本法則)을 말하는 것이고, 오운(五運)은 오행(五行)의 변화(變化)된 법칙(法則)을 말합니다. 이렇게 음양오행(陰陽五行) 기운간의 상합작용(相合作用)으로 조성된 다섯 기운이 오운(五運)인 것이고 천간합(天干合)입니다.

## ☯ 육십갑자(六十甲子)와 진사월(辰巳月)

　10개의 천간(天干)과 12개의 지지(地支)를 조합하였습니다. 천간(天干)과 지지(地支)를 한 글자씩 배합(配合)해 나가면 60개의 간지(干支)가 생기는데 그 중 첫 간지(干支)인 갑자(甲子)를 따서 총칭으로 '육십갑자(六十甲子)'라 합니다.

　년(年)을 60갑자(六十甲子)의 처음인 갑자(甲子)로부터 세고, 월(月)도 60갑자(六十甲子)의 처음인 갑자(甲子)로부터 세기 시작하였습니다. 세고 또 세고 하다 보니 그 속에서 규칙을 발견됐습니다.

| 년 | 子月 | 丑月 | 寅月 | 卯月 | 辰月 | 巳月 | 午月 | 未月 | 申月 | 酉月 | 戌月 | 亥月 |
|---|---|---|---|---|---|---|---|---|---|---|---|---|
| 甲子 | 甲子 | 乙丑 | 丙寅 | 丁卯 | 戊辰 | 己巳 | 庚午 | 辛未 | 壬申 | 癸酉 | 甲戌 | 乙亥 |
| 乙丑 | 丙子 | 丁丑 | 戊寅 | 己卯 | 庚辰 | 辛巳 | 壬午 | 癸未 | 甲申 | 乙酉 | 丙戌 | 丁亥 |
| 丙寅 | 戊子 | 己丑 | 庚寅 | 辛卯 | 壬辰 | 癸巳 | 甲午 | 乙未 | 丙辛 | 丁酉 | 戊戌 | 己亥 |
| 丁卯 | 庚子 | 辛丑 | 壬寅 | 癸卯 | 甲辰 | 乙巳 | 丙午 | 丁未 | 戊申 | 己酉 | 庚戌 | 辛亥 |
| 戊辰 | 壬子 | 癸丑 | 甲寅 | 乙卯 | 丙辰 | 丁巳 | 戊午 | 己未 | 庚申 | 辛酉 | 壬戌 | 癸亥 |

| 년 | 子月 | 丑月 | 寅月 | 卯月 | 辰月 | 巳月 | 午月 | 未月 | 申月 | 酉月 | 戌月 | 亥月 |
|---|---|---|---|---|---|---|---|---|---|---|---|---|
| 己巳 | 甲子 | 乙丑 | 丙寅 | 丁卯 | 戊辰 | 己巳 | 庚午 | 辛未 | 壬申 | 癸酉 | 甲戌 | 乙亥 |
| 庚午 | 丙子 | 丁丑 | 戊寅 | 己卯 | 庚辰 | 辛巳 | 壬午 | 癸未 | 甲申 | 乙酉 | 丙戌 | 丁亥 |
| 辛未 | 戊子 | 己丑 | 庚寅 | 辛卯 | 壬辰 | 癸巳 | 甲午 | 乙未 | 丙辛 | 丁酉 | 戊戌 | 己亥 |
| 壬申 | 庚子 | 辛丑 | 壬寅 | 癸卯 | 甲辰 | 乙巳 | 丙午 | 丁未 | 戊申 | 己酉 | 庚戌 | 辛亥 |
| 癸酉 | 壬子 | 癸丑 | 甲寅 | 乙卯 | 丙辰 | 丁巳 | 戊午 | 己未 | 庚申 | 辛酉 | 壬戌 | 癸亥 |

갑(甲)과 기(己), 을(乙)과 경(庚), 병(丙)과 신(辛), 정(丁)과 임(壬), 무
(戊)와 계(癸)의 년(年)에는 월건(月建)이 같이 움직입니다.

> 갑(甲)과 기(己)로 시작하는 해는 자월(子月)이 갑자월(甲子月)이고,
> 을(乙)과 경(庚)으로 시작하는 해는 자월(子月)이 병자월(丙子月)이고,
> 병(丙)과 신(辛)으로 시작하는 해는 자월(子月)이 무자월(戊子月)이고,
> 정(丁)과 임(壬)으로 시작하는 해는 자월(子月)이 경자월(庚子月)이고,
> 무(戊)와 계(癸)로 시작하는 해는 자월(子月)이 임자월(壬子月)입니다.

> 갑(甲)과 기(己)로 시작하는 해는 진월(辰月)이 무진월(戊辰月)이고,
> 을(乙)과 경(庚)으로 시작하는 해는 진월(辰月)이 병자월(丙子月)이고,
> 병(丙)과 신(辛)으로 시작하는 해는 진월(辰月)이 무자월(戊子月)이고,
> 정(丁)과 임(壬)으로 시작하는 해는 진월(辰月)이 경자월(庚子月)이고,
> 무(戊)와 계(癸)로 시작하는 해는 진월(辰月)이 임자월(壬子月)입니다.

오운(五運)에서 말한 지호(地戶)인 진사월(辰巳月)의 월건(月建)이 천간
합(天干合)하여 변화(變化)하는 오행(五行)으로 됩니다.

> 갑기합토(甲己合土)년 무진(戊辰)월, 기사(己巳)월
> 을경합금(乙庚合金)년 경진(庚辰)월, 신사(辛巳)월
> 병신합수(丙辰合水)년 임진(壬辰)월, 계사(癸巳)월
> 정임합목(丁壬合木)년 갑진(甲辰)월, 을사(乙巳)월
> 무계합화(戊癸合火)년 병진(丙辰)월, 정사(丁巳)월

앞의 표를 보면 지금껏 우리가 보는 표와는 조금 다릅니다. 그러나 원리(原理)를 안다면 그리 당황하실 필요가 없습니다. 왜냐하면 이것이 60갑자에 의해 처음 만들어진 년과 달의 조견표라고 보시면 됩니다. 이때에는 한 해의 시작을 자월(子月)로 정월(正月)을 시작했으니까요. 그런데 지금은 인월(寅月)을 한 해의 처음인 정월(正月)로 삼았을 뿐입니다.

원래 시작된 이 순서에서 자월(子月)로 정월(正月)로 삼든, 인월(寅月)을 정월(正月)로 삼든, 해월(亥月)을 정월(正月)로 삼든 그것은 한해의 시작 기준일 뿐이고, 육십갑자(六十甲子)의 배열순서는 바뀌지 않습니다.

### ☺ 음양(陰陽)의 이치(理致)로 본 천간합(天干合)

천간합(天干合)을 음양(陰陽)의 이치(理致)로 살펴보겠습니다.

우주운동(宇宙運動)은 오행운동(五行運動)이고, 오행운동(五行運動)은 음양운동(陰陽運動)입니다. 천간(天干)에서 갑을병정무(甲乙丙丁戊)는 양운동(陽運動)을 하고, 기경신임계(己庚辛壬癸)는 음운동(陰運動)을 합니다.

갑(甲)은 양운동(陽運動)의 시작(始作)이고, 기(己)는 음운동(陰運動)의 시작(始作)입니다. 따라서 갑(甲)과 기(己)는 음양(陰陽)을 처음으로 생(生)하는 측면에서는 같은 기능을 담당합니다. 을(乙)과 경(庚)은 그 다음으로 발전순서(發展順序)이고, 병신(丙辛)은 또 그 다음, 정임(丁壬)은 또 그 다음, 무계(戊癸)는 음양(陰陽)이 극(剋)에 이른 상태를 표시하므로 음양(陰陽)의 측면으로 나누어 본다면 같은 기운(氣運)입니다. 이렇게 같은 기운(氣運)끼리 손잡은 것이 천간합(天干合)입니다.

우주(宇宙)에 떠도는 음양(陰陽)의 기운(氣運)들이 만나면, 양(陽)의 첫 기운인 갑(甲)과 음(陰)의 첫 기운인 기(己)가 작용하여 갑기합토(甲己合

土)로서 새로운 기운인 토기운(土氣運)이 생기며, 새로운 별이 탄생합니다. 새로운 별이 만들어지면 을경합금(乙庚合金)으로 굳어지게 되고, 다음으로 병신합수(丙辛合水)에 의해 별 위에 물이 생기고, 정임합목(丁壬合木)으로 생명체(生命體)가 만들어집니다. 마지막으로 생명체(生命體)는 무계합화(戊癸合火)의 원리(原理)로 또 다시 증발하여 새로운 음양(陰陽)의 기운(氣運)으로 머물게 됩니다. 이러한 우주원리(宇宙原理)로 별들이 태어나고 죽는 것입니다.

## 오운(五運)의 대화작용(對化作用)

무극(無極), 태극(太極), 음양오행(陰陽五行), 천간지지(天干地支)를 앞에서 설명을 하였습니다. 이러한 원리(原理)를 알아보는 그 목적(目的)은 무엇이냐? 하는 것이 크나 큰 화두(話頭)가 아닐 수 없습니다. 무릇 학문이라 함은 우리의 실생활에 쓰임이 있어야 합니다. 그렇지 않다면 그 학문은 죽은 학문이며, 학문이 아닙니다. 즉 무용(無用)입니다.

석가모니께서 '천상천하 유아독존 (天上天下 唯我獨尊)'이라 했습니다. 이 세상에서 자기가 최고 잘났다고 자부(自負)하는 독선적(獨善的)인 태도(態度)를 가진 사람을 일컫지만, '천상천하 유아독존 삼계개고 아당안지(天上天下 唯我獨尊 三界皆苦 我當安之)'란 말로서 우주만물은 모두 내 안에 존재하는 것으로, 세상을 살아가는 고통도 생각하기 나름인지라 내 스스로가 편안하게 할 수 있다는 뜻입니다. 뜬금없이 이런 말씀을 드리는 것은, 주체(主體)에 대해서 말씀을 드리는 것입니다. 이 세상은 바로 여러분의 것입니다.

춘하추동(春夏秋冬)의 계절(季節)이나 동서남북(東西南北)의 방위(方位)

중심의 오행(五行)의 변화(變化)를 관찰하였지만, 스스로 그러한 변화(變化)를 일으키는 변화작용(變化作用)의 주체(主體) 중심으로 보는 것, 이것이 바로 오운육기(五運六氣)인 것입니다. 즉 주체(主體)가 어떤 작용(作用)으로 어떻게 변화(變化)를 일으키는가 하는 것입니다.

대화작용(對化作用)이란 맞은편에 있는 상대방의 기운(氣運)을 받아서 내가 변화(變化)한다는 것입니다. 자기 자신이 절대적(絶對的)인 변화(變化)를 하지 못하고 상대방(相對方)의 기운(氣運)을 받아서 변(變)합니다. 그래서 상대적(相對的)인 운동(運動)을 함으로 이를 대화작용(對化作用)이라고 합니다. 상대방(相對方)의 기운(氣運)을 받아서 내 기운(氣運)이 바뀌게 된다는 것입니다.

갑기합토(甲己合土), 을경합금(乙庚合金), 병신합수(丙辛合水), 정임합목(丁壬合木), 무계합화(戊癸合火), 오운(五運)의 대화작용(對化作用)의 결과(結果)입니다.

식물이 자라는 과정을 비교해서 살펴보겠습니다. 우리의 일생(一生)을 비교하셔도 되고, 어떤 일의 본말(本末)을 생각하셔도 되고, 사회(社會)속에서의 인간관계(人間關係)를 비교해 보셔도 됩니다.

갑(甲)은 오행(五行)으로는 목(木)이고, 오운(五運)으로 갑기합(甲己合)하여, 기토(己土)의 대화작용(對化作用)을 받아 갑목(甲木)이 갑토(甲土)로 작용(作用)을 합니다.
한겨울이 지나 따뜻한 초봄이 되었습니다. 속에서 반발하고 있던 화(火)가 극한(極限)에 이르러 껍질을 뚫고 나오려 하지만 껍질이 너무 단

265

단하여 뚫고 나오지 못하고 있습니다. 이때 새싹이 나오려면 땅(土)에
다 심어주어야 합니다. 씨앗을 땅에 심으면 흙(甲土)이 견고한 껍질(水)
을 극하여 힘을 약화(弱化)시킵니다. 이 틈을 타고 속에 있던 싹(甲木)이
나옵니다.

갑(甲)은 토(土)로 바뀌어야만 토극수(土克水)를 해서 계수(癸水)속에
응고(凝固)되어 있던 양기(陽氣)를 탈출시킬 수 있고, 양기(陽氣)가 탈출
되어야 양(陽)의 세상이 열리는 것입니다. 그리고 양기(陽氣)가 분화해
나가게 됩니다. 갑(甲)이 갑토(甲土)로 바뀌어야 갑목(甲木)의 역할을 제
대로 할 수 있습니다. 즉, 딱딱한 수(水)의 껍질을 부드럽게 해서 수(水)
속에 있는 양기(陽氣)를 바깥으로 탈출 시킬 수 있는 것입니다. 그러므
로 갑토(甲土)의 작용을 합니다.

을(乙)은 오행(五行)으로는 목(木)이고 오운(五運)으로 을경합(乙庚合)
하여, 경금(庚金)의 대화작용(對化作用)을 받나 을목(乙木)이 을금(乙金)으
로 작용(作用)을 합니다.

싹(木)이 껍질을 뚫고 나왔지만 겨우내 딱딱했던 흙을 뚫고 나오기에
는 역부족입니다. 그러기 위해서는 겉 표면이 단단해야 하고, 또 을(乙)
은 자기의 형체(形體)를 가져야 만이 나무를 유지할 수 있습니다. 기운
(氣運)만 가지고 올라가면 나무를 유지할 수가 없습니다. 초목을 보면
처음에는 부드럽게 나오다가 조금 지나면 딱딱해집니다. 그래야 을목
(乙木)이 씩씩하게 자랄 수 있습니다. 나무가 형체(形體)를 가지려면 금
기운(金氣運)을 받아야 하는데 을목(乙木)이 을금(乙金)으로 바뀌어야 만
이 역할을 제대로 할 수 있는 것이므로 을금(乙金)의 작용을 합니다.

병(丙)은 오행(五行)으로는 화(火)이고, 오운(五運)으로 병신합(丙辛合)하여, 신금(辛金)의 대화작용(對化作用)을 받아 병화(丙火)가 병수(丙水)로 작용(作)을 합니다.

목(木)은 위로만 곧게 뻗어 올라가지만, 화(火)는 사방팔방 분열(分列)하는 것입니다. 이렇게 퍼지기 위해서는 탄력성(彈力性)이 좋아야 합니다. 병화(丙火)가 분열(分列) 확산(擴散)할 때 맞은편의 신금(辛金)이 응축(凝縮)하고 억압(抑壓)을 해주면 거기에서 수기(水氣)가 감돌게 됩니다. 탄력성(彈力性)을 가지기 위해서는 자기 자신이 수(水)로 바뀌어야 합니다. 그래야지 만이 자기 자체가 탄력성(彈力性)이 좋아서, 확산(擴散)을 해 나갈 수가 있는 것입니다. 또 하나는 양기(陽氣)가 너무 확산(擴散)되면 기운(氣運)을 다 잃어버릴 수가 있는데, 수(水)는 응고(凝固) 작용이 있기 때문에 양기(陽氣)의 발산(發散)을 막아줍니다. 양기(陽氣)를 흩뜨리는 작용을 도와주면서 양기(陽氣)를 보호(保護)하는 역할을 동시에 해줍니다. 따라서 병화(丙火)는 병수(丙水)의 작용(作用)을 하는 것입니다.

정(丁)은 오행(五行)으로는 화(火)이고, 오운(五運)으로 정임합(丁壬合)하여, 임수(壬水)의 대화작용(對化作用)을 받아 정화(丁火)가 정목(丁木)으로 작용(作用)을 합니다.

정화(丁火)는 병화(丙火)보다 불이 더 세분화되는 자리입니다. 그러므로 정(丁)은 수(水)가 더더욱 필요합니다. 그리고 무(戊)는 정(丁)보다 더욱 양기(陽氣)가 세분화됩니다. 병(丙)은 신(辛)과 만나서 물로 바뀌었는데, 정(丁)과 무(戊)는 아예 임계(壬癸)라는 물 자체가 작용을 합니다. 정(丁)과 무(戊)는 화(火)가 너무 분열(分列)하면 안 되기 때문에, 임계(壬癸)의 수(水)가 정화(丁火)를 싸서 한 단계 일보 후퇴(後退)를 시킵니다.

그래서 정(丁)은 화(火)의 전 단계인 목(木)으로 바뀝니다. 그리고 무(戊)는 토(土)인데 계수(癸水)가 무(戊)를 싸서 일보 후퇴(後退)를 해서 계화(癸火)로 바뀌게 되는 것입니다. 그러니까 화(火)가 작용하는 병정무(丙丁戊) 단계에 화(火)의 반대인 수(水)가 전부 작용하고 있습니다. 24절기에서 낮이 가장 긴 하지(夏至)에, 즉 양기(陽氣)가 최대 분열했을 때 일음(一陰)이 처음 생(生)하는 곳이 정(丁)의 단계입니다. 정화(丁火)가 정목(丁木)으로 작용을 합니다.

무(戊)는 오행(五行)으로는 토(土)이고, 오운(五運)으로 무계합(戊癸合)하여, 계수(癸水)의 대화작용(對化作用)을 받아 무토(戊土)가 무화(戊火)로 작용(作무(戊)는 무성(茂盛)하다는 뜻이 있습니다. 무(戊)는 정(丁)보다 더욱 양기(陽氣)가 세분화된 자리입니다. 따라서 물이 필요한데 계수(癸水)가 작용을 하여, 분열(分列)의 극(極)에 이른 무토(戊土)를 화(火)로 한 단계 늦춰서 생명(生命)을 잃지 않도록 조절(調節)을 합니다. 무토(戊土)가 무화(戊火)로 작용(作用)합니다.

기(己)는 오행(五行)도 토(土)이고, 오운(五運)도 갑기합(甲己合)하여 기토(己土)로써 작용(作用)을 합니다.

식물이 봄여름에 성장(成長)하였으면 가을에 열매를 맺기 위해 꽃을 피웁니다. 식물은 열매를 맺기 위해 모든 영양분을 꽃으로 보냅니다. 그러므로 성장(成長)을 멈추게 됩니다. 이렇게 성장(成長)을 중지시키고 성숙(成熟)으로 전환(轉換)시키는 꽃에 해당하는 것이 기토(己土)입니다. 기(己)는 통일(統一)로 들어가는 준비를 하는 자리입니다. 무(無)의 상(象)이고, 성질은 중(中)인데, 목극토(木剋土)를 당하고 있습니다. 아픔만큼 성숙(成熟)해 지는 것입니다. 기(己)는 기토(己土)의 작용(作用)을 합니다.

경(庚)은 오행(五行)도 금(金)이고, 오운(五運)도 을경합(乙庚合)하여 경금(庚金)으로 을목(乙木)을 싸면서 통일(統一) 작용(作用)을 합니다.

양기(陽氣)를 통일(統一)하는 실제 시작은 경(庚)에서 시작됩니다. 이 자리는 생명(生命)을 통일(統一)하는 자리이므로 바뀌지 않으며, 바뀌지 않는다는 것은 순수(純粹)하다는 것입니다. 꽃이 피고 나면 수정이 되어 꽃이 떨어지면서 작은 열매를 맺습니다. 이 작은 열매가 경금(庚金)입니다. 경금(庚金)의 작용을 합니다.

신(辛)은 오행(五行)으로는 금(金)이고, 오운(五運)은 병신합(丙辛合)하여, 병화(丙火)의 대화작용(對化作用)을 받아 신금(辛金)이 신수(辛水)로 작용(作用)을 합니다.

경(庚)에서 맺어진 작은 열매는 늦더위의 따가운 햇살을 받으면서 성숙(成熟)합니다. 1년으로 보면 신(辛)은 햇곡식이 여무는 가을 초에 해당합니다. 이때의 열매속의 씨는 아직 핵(核)이 형성되지 않은 채로, 새로운 生命을 낳지 못하므로 더 수축(收縮)되어야 합니다. 신(辛)은 경금(庚金)보다 강력하게 수렴작용(收斂作用)을 합니다. 경(庚)에서는 수축성(收縮性)을 필요로 했지만 신(辛)에서는 더욱 강력한 통일성(統一性)을 필요로 하므로, 신수(辛水)로 작용(作用)을 합니다.

임(壬)은 오행(五行)이 수(水)입니다. 오운(五運)으로 정임합(丁壬合)하여, 정화(丁火)의 대화작용(對化作用)을 받아 임수(壬水)가 임목(壬木)으로

제3장 합(合)과 충(冲)

작용(作用)합니다. 동지(冬至)에 일양시생(一陽始生)이라고 하는 것이 임
(壬)의 자리를 말하고, 임(壬)을 수중지목(水中之木)이라 합니다.

늦가을, 초겨울이 되어 날씨가 추워졌습니다. 늦가을, 초겨울의 추위
는 음(陰)으로 열매를 수축(收縮)시키게 됩니다. 그러면 겉의 껍질이 알
맹이를 압박하여 통일(統一)을 시키게 됩니다. 이때 열매 내부에서는 음
(陰-껍질과 추위)에 의해 압박을 받은 양(陽)이 이를 견디지 못하고 반발
하게 됩니다. 이렇게 반발하는 모습을 보고 목(木)이라고 합니다. 이렇
게 형성된 씨의 내면에 한 점으로 새로운 싹을 내는 고갱이를 핵(核)이
라고 하는데, 여기에서 양기(陽氣)가 탈출(脫出)하지 않으면 양(陽)이 유
폐(幽閉)되어서 새로운 세상을 열지 못합니다. 반대편의 정화(丁火)가
물을 녹여서 새로운 생명을 발하게 하는 것입니다. 그러므로 임목(壬木)
의 작용(作用)을 합니다.

계(癸)는 오행(五行)으로는 수(水)이고, 오운(五運)으로 무계합(戊癸合)
하여, 무토(戊土)의 대화작용(對化作用)을 받아 계수(癸水)가 계화(癸火)로
작용(作用)합니다. 그래서 계(癸)를 수중지화(水中之火)라 합니다.

이제 한 겨울이 되었습니다. 날씨는 더욱 추워져 씨앗(癸水)의 알맹이
(陽)를 더욱 압박(壓迫)하게 되고 그러면 양(陽)은 더욱 반발(反撥)하게
됩니다. 이때의 반발하는 모습을 화(火)라고 합니다. 반대편의 무토(戊
土)가 토극수(土克水)해서 수중지화인 계수(癸水)가 불타오릅니다. 그래
서 계(癸)는 토극수(土克水)를 당하면서 자신이 화(火)로 바뀌게 됩니다.
그러므로 계화(癸火)의 작용을 합니다.

**합(合)과 화(化)**

천간합(天干合)이 생긴 원리와 화(化)하여 변화는 오행(五行)에 대하여 설명을 하였습니다. 이것을 사주팔자에 적용하여 합(合)은 하는가? 합(合)하여 화(化)하는가? 를 살펴보도록 하겠습니다.

합(合)과 화(化)란 무엇을 의미할까요?

합(合)이라고 하는 것은 서로 마음에 들고 마음이 맞아 만나서 결합(結合)하는 것이고, 화(化)라고 하는 것은 만나서 결합(結合)하여 다른 것으로 변화(變化)해버린 것을 말합니다.

### [ 이 부분에서 관점을 두어야 할 사항입니다 ]

합(合)을 공부하면서, 합(合)이 되는 경우와 되지 않는 경우가 있고, 합(合)을 해서 변화(變化)하는 경우와 변화(變化)하지 않는 경우가 있습니다.

위와 같은 경우에 사주에 어떠한 영향을 미치는가를 생각해 보아야 합니다.

결론적(結論的)으로 보자면, 합(合)이 합화(合化)로 나타나든, 합이불화(合而不化)로 나타나든 변화(變化)는 시작(始作)된 것이며 정도(程度)의 차이(差異)가 있을 뿐입니다.

다음과 같이 나누어 생각해 보아야 합니다.

합(合)이 되지 않을 때
합(合)을 하였으나 변화(變化)가 일어나지 않았을 경우
　　　일간(日干)과의 관계일 때
　　　일간(日干) 아닌 경우의 관계일 때
합(合)이 되어 변화(變化)가 일어난 경우
　　　일간(日干)과의 관계일 때
　　　일간(日干) 아닌 경우의 관계일 때
행운(行運)에서 합(合)되는 글자가 들어 올 경우
　　　일간(日干)과의 관계일 때
　　　일간(日干) 아닌 경우의 관계일 때

　　현재의 통설은 합(合)이 되면, 사이가 좋다는 것이 첫 번째 의미이고, 두 번째의 의미는 합(合)을 함으로써 서로 작용력이 묶여버린다는 것입니다. 이를 기반(羈絆 묶여서 구속당한다)이라고도 하고, 합반(合絆), 합거(合去)라고도 합니다.

　　또, 합(合)이 되어 변화(變化)할 때, 합(合)이 되는 두 글자의 작용력은 완전히 사라지고 합화(合化)된 오행(五行)으로 변하는가, 아니면 두 글자의 작용력이 그대로 남아 있으면서 합화(合化)된 오행(五行)의 성분이 나타나는가, 아니면, 두 글자의 작용력이 있기는 하나 줄어들고 합화(合化)된 오행(五行)의 성분이 나타나는가, 줄어든다면 얼마만큼 줄어드는가 하는 의견이 분분하므로 많은 연구가 필요한 부분이라고 생각이 듭니다.

생각해 보면, 쉽게 합화(合化)하는 것도 아니고, 합(合)하면 다 기반(羈絆)되는 것도 아니고, 합(合)이 아무런 작용도 하지 않는 것도 아닙니다.

합(合)은 강한 세력을 따르기 때문에 월령을 포함한 강한 세력이 있어야 합화(合化)가 되고, 합(合)으로 기운이 뭉쳐서 작용이 둔화되기는 하지만(弱化), 모두 다 기반(羈絆)이라고 하여 운(運)이 정지되거나 희기(喜忌)가 바뀌는 것도 아닙니다. 문제가 되는 것(즉 희기(喜忌)가 바뀌는 것)은 용신(用神)이 합(合)으로 용신(用神)의 '작용'을 못하는 것과, 기신(忌神)이 합(合)으로 기신(忌神)의 '작용'을 못하는 것으로 봅니다. 그냥 합(合)이 아니라 합(合)으로 오행(五行) 본래의 작용을 하지 못하게 될 때(貪合忘剋) 기반(羈絆)이 되어 희기(喜忌)가 바뀔 수 있다는 것입니다.

사주에서 좋은 작용을 하는 글자들이 묶여버리면 흉(凶)할 것이고 나쁜 작용을 하는 글자가 묶여버리면 길(吉)하게 될 것입니다. 그러므로 합(合)이 되었다면 어떤 작용을 하는 글자들이 합(合)이 되었는가를 살펴서 해석을 해야 합니다.

## 2) 합(合)이 되는 경우와 합(合)이 되지 않는 경우

### (1) 합(合)이 되는 경우

합(合)이 되는 조건은 서로 붙어 있어야 합니다.

일간(日干)이 합(合)하는 경우와 일간(日干) 아닌 것이 합(合)하는 경우로 나누어 볼 수 있겠습니다.

**일간(日干)과 합(合)이 되는 경우**

| 時 | 日 | 月 | 年 | |
|---|---|---|---|---|
| 己巳 | 甲子 | 壬子 | 壬戌 | 사주 |

| 時 | 日 | 月 | 年 | |
|---|---|---|---|---|
| 戊辰 | 甲午 | 己丑 | 庚午 | 사주 |

**일간(日干) 아닌 것이 합(合)이 되는 경우**

| 時 | 日 | 月 | 年 | |
|---|---|---|---|---|
| 癸卯 | 丁酉 | 甲戌 | 己未 | 사주 |

| 時 | 日 | 月 | 年 | |
|---|---|---|---|---|
| 乙巳 | 壬午 | 己巳 | 甲午 | 사주 |

## (2) 합(合)이 되지 않는 경우

**일간(日干)이 합(合)이 되지 않는 경우**

| 時 | 日 | 月 | 年 | |
|---|---|---|---|---|
| 戊辰 | 甲寅 | 壬申 | 己巳 | 사주 |

| 時 | 日 | 月 | 年 | |
|---|---|---|---|---|
| 戊寅 | 己巳 | 壬申 | 甲申 | 사주 |

**일간(日干) 아닌 것이 합(合)이 되지 않는 경우**

| 時 | 日 | 月 | 年 | |
|---|---|---|---|---|
| 辛酉 | 戊戌 | 壬辰 | 丙辰 | 사주 |

| 時 | 日 | 月 | 年 | |
|---|---|---|---|---|
| 甲申 | 庚戌 | 己酉 | 壬子 | 사주 |

합(合)은 가까이 있어야 합니다. 일간(日干)은 월간(月干) 또는 시간(時干)으로 가까이 있어야 합(合)이 이루어지며, 일간(日干)이 연간(年干)과는 합(合)이 이루어지지 않습니다. 일간(日干) 아닌 것이 합(合)이 되는 경우는 년간(年干)과 월간(月干)의 경우입니다. 왜냐하면 합(合)은 가까이 붙어 있어야 하기 때문입니다.

## 3) 합(合)을 했을 경우 화(化)를 했는가?

합(合)을 하는 경우를 살펴보았습니다. 합(合)을 했을 경우에 한하여 화(化)를 하느냐 마느냐를 따져 보아야 합니다.

---

합(合)은 하나 변화(變化)하지는 않는다.

합이불화
(合而不化)

---

우선 크게 구분해야 할 것은 일간(日干)과의 합(合)이냐, 일간(日干) 아닌 것들의 합이냐를 구분하는 것입니다.

화(化)를 하는가? 안하는가? 를 판단할 때에, 일간합(日干合)의 경우에는 일간(日干)은 주체로서 자기 자신을 완전히 포기한다는 것은 쉽지 않은 일이므로, 일간(日干) 자신이 무근(無根) 무력(無力)하여야 하며, 사주전체의 상황이 합(合)하여 변화(變化)되는 오행(五行)을 방해하지 말아야 하는 것은 물론 사주 전체상황이 합(合)하여 변화(變化)되는 오행(五行)으로 가득 차 있을 때 합화(合化)가 된다고 봅니다.

그리고 일간(日干)이 합(合)을 할 때는 극(尅)하는 기운이 없어질 뿐이지 그 글자가 없는 것처럼 되는 것은 아니라고 보여 집니다. 그러므로 일간(日干)이 포함된 합(合)에서는 그 주변의 상황에 따라서 합화(合化)를 논하게 되는데, 화(化)하지 않았다면 합(合)에 대해서도 크게 비중을 두지 않습니다.

　　일간(日干)이 포함되지 않은 합(合)은, 두 글자의 앉은 자리의 여건에
의해서 화(化)하게 될 것인가 말 것인가를 결정하는 것입니다. 그리고
여기에서는 두 글자의 지지(地支)에 대해서만 고려를 한다는 점이 일간
(日干)이 합(合)을 하는 경우와 다르다는 것을 알아 두시면 됩니다.

## (1) 일간(日干)이 합(合)하는 경우에, 화(化)를 하는 경우와 화(化)하지<br>　　않는 경우

### 甲己合하여 化土하는 경우 - ❶

| 時 | 日 | 月 | 年 | |
|---|---|---|---|---|
| 戊 辰 | 甲 午 | 己 丑 | 庚 午 | 사 주 |

　　일간(日干) 갑목(甲木)이 기토(己土)와 붙어 있으므로, 일단 갑기합(甲
己合)이 되었습니다. 그래서 전체적으로 다시 관찰을 해봅니다. 지지(地
支)를 살펴보니까 오화(午火), 축토(丑土), 진토(辰土)로써 갑목(甲木)의
뿌리가 되어주는 수목(水木)은 보이지 않습니다. 그러면 일단 토(土)로
화(化)하게 될 가능성이 발생한다고 봅니다. 그리고 천간(天干)에는 토
기운의 화신(化身)인 무토(戊土)가 당당하게 버티고 등장을 했습니다.
이렇게 된다면 일간(日干)인 갑목(甲木)은 기토(己土)랑 합(合)을 해서,
갑기합화토(甲己合化土)가 되는 것으로 봅니다.

### 甲己合하여 化土 하는 경우 - ❷

| 時 | 日 | 月 | 年 | |
|---|---|---|---|---|
| 己 巳 | 甲 辰 | 丁 未 | 丁 亥 | 사 주 |

갑목(甲木)은 진토(辰土)위에 앉아서 수(囚)에 해당하여 힘이 없고, 기토(己土)는 사화(巳火)위에 앉아서 상(相)에 해당되어 힘이 있습니다. 또한 사주에 토 기운(土氣運)이 강하게 나타나고 있으므로 갑목(甲木)은 기토(己土)따라서 화토(化土) 하였습니다. 년지(年支) 해수(亥水)에 뿌리를 두려고 했더니, 중간에서 미토(未土)가 해수(亥水)를 꼼짝 못하게 막고 있어서(土克水) 그마저 희망이 사라졌습니다.

### 甲己合만 하는 경우 - ❶

| 時 | 日 | 月 | 年 | |
|---|---|---|---|---|
| 己 | 甲 | 壬 | 壬 | 사 |
| 巳 | 子 | 子 | 戌 | 주 |

일간(日干) 갑목(甲木)이 기토(己土)와 붙어 있으므로, 일단 갑기합(甲己合)이 되었습니다. 지지(地支)를 살펴보니, 갑목(甲木)의 뿌리가 되는 자수(子水)가 둘이나 붙어있는 상황입니다. 이렇게 되면 갑목(甲木)이 강(强)하게 됩니다. 그러므로 갑목(甲木)이 토(土)로 화(化)하는 필요성을 느끼지 못합니다. 이런 경우 합(合)은 되지만, 화(化)는 이뤄지지 않는 것으로 보게 됩니다.

### 甲己合만 하는 경우 - ❷

| 時 | 日 | 月 | 年 | |
|---|---|---|---|---|
| 己 | 甲 | 甲 | 戊 | 사 |
| 巳 | 寅 | 寅 | 戌 | 주 |

일간(日干) 갑목(甲木)도 기토(己土)도 모두 지지(地支)에서 힘을 받고 있어 합(合)은 하지만 화토(化土)하지는 않습니다.

277

을경합(乙庚合), 병신합(丙辛合), 정임합(丁壬合), 무계합(戊癸合) 모두
같은 원리입니다.

전체적인 상황을 관찰하여, 천간(天干)과 지지(地支)에서 화(化)하여
생기는 오행(五行)의 기운을 강화시켜주는 글자가 있다면, 화(化)하여
생(生)하는 오행(五行)으로 변화를 할 것이고, 그렇지 않다면 합(合)만
하고 변화는 없다고 보시면 됩니다. 천간(天干)보다는 지지(地支)의 영
향력이 더 크다고 생각하시면 됩니다.

## (2) 일간(日干) 아닌 것이 합(合)하는 경우에, 화(化)를 하는 경우와 화(化) 하지 않는 경우

일간(日干) 아닌 다른 천간(天干)이 합(合)을 했을 경우는, 두 글자의
앉은 자리의 여건에 의해서만 화(化)하게 될 것인가 말 것인가를 결정
합니다.

일간합(日干合)의 경우에는 주변의 전체상황을 참고하여 살펴보지만,
일간(日干)이 아닌 다른 천간(天干)에서 합(合)을 하는 경우는 자신들의
앉은자리에 대해서만 살펴보면 되므로, 일간(日干)이 합(合)을 하는 경
우보다, 일간(日干) 아닌 다른 천간(天干)에서 합(合)을 하는 경우에는
합화(合化)를 하는 경우가 의외로 많다는 점을 알 수 있습니다.

### 甲己合하여 化土하는 경우 - ❶

| 時 | 日 | 月 | 年 | |
|---|---|---|---|---|
| 癸卯 | 丁酉 | 甲戌 | 己未 | 사주 |

갑기합(甲己合)이 있습니다. 갑기합(甲己合)이 변화하여 토(土)가 되는
가? 이것이 중요합니다. 년간(年干) 기토(己土)는 년지(年支) 미토(未土)

위에 앉아 있어서 왕상휴수사(旺相休囚死)로 보면 왕(旺)합니다. 그러나 월간(月干) 갑목(甲木)은 월지(月支) 술토(戌土)위에 앉아서 왕상휴수사(旺相休囚死)로 보면 수(囚)에 해당하여 힘이 너무 없습니다. 그래서 힘이 없는 갑목(甲木)이 힘 있는 기토(己土)를 따라 토(土)로 변화합니다. 화토(化土)가 되었습니다.

### 甲己合하여 化土하는 경우 - ❷

| 時 | 日 | 月 | 年 | |
|---|---|---|---|---|
| 丙 辰 | 戊 寅 | 甲 戌 | 己 巳 | 사 주 |

갑목(甲木)의 지지(地支)는 술토(戌土)이므로 갑목(甲木)이 힘이 없고, 기토(己土)의 지지(地支)는 사화(巳火)이므로 화생토(火生土)로 기토(己土)는 힘을 받고 있습니다. 그래서 갑목(甲木)이 화토(化土)합니다.

### 甲己合만 하는 경우 - ❶

| 時 | 日 | 月 | 年 | |
|---|---|---|---|---|
| 乙 亥 | 丙 子 | 甲 子 | 己 亥 | 사 주 |

이 사주는 갑기(甲己)가 붙어 있으므로, 갑기합(甲己合)은 하지만 화토(化土)는 성립하지 않습니다. 갑목(甲木)은 자수(子水)위에 앉아 왕상휴수사(旺相休囚死)에서 상(相)이 되어 힘이 있으며, 기토(己土)는 해수(亥水)위에 앉아 수(囚)가 되며 힘이 없습니다. 갑목(甲木)이 수(水)의 생기(生氣)를 받아서 토(土)로 변해야 할 이유를 못 느낍니다.

제3장 합(合)과 충(冲)

## 甲己合만 하는 경우 - ❷

| 時 | 日 | 月 | 年 | |
|---|---|---|---|---|
| 戊<br>寅 | 己<br>酉 | 己<br>巳 | 甲<br>子 | 사<br>주 |

　천간(天干)에서 합(合)은 되었으나, 지지(地支)에 각자의 뿌리가 있으므로 합화(合化)되지 않습니다. 기토(己土)는 사화(巳火)위에 있어서 힘을 받고 있고, 갑목(甲木)도 자수(子水)위에 앉아 힘을 받고 있습니다. 게다가 사화(巳火)의 옆에 자수(子水)가 있어서 아무래도 화력이 약하게 될 가능성이 높겠습니다. 갑목(甲木)이 토(土)로 화(化)하기는 어려울 것 같습니다.

## 甲己合만 하는 경우 - ❸

| 時 | 日 | 月 | 年 | |
|---|---|---|---|---|
| 癸<br>亥 | 癸<br>酉 | 己<br>巳 | 甲<br>寅 | 사<br>주 |

　천간(天干)에서 합(合)은 되었으나, 지지(地支)에 각자의 뿌리가 있으므로 합화(合化)되지 않습니다. 기토(己土)는 지지(地支)에 사화(巳火)가 있어서 힘을 받고 있고, 갑목(甲木)도 지지(地支)에 인목(寅木)이 있어 힘을 받고 있으므로, 화토(化土)하지 않습니다.

## 乙庚合만 하는 경우 - ❹

| 時 | 日 | 月 | 年 | |
|---|---|---|---|---|
| 戊<br>戌 | 己<br>巳 | 庚<br>戌 | 乙<br>亥 | 사<br>주 |

천간(天干)에서 합(合)은 되었으나, 지지(地支)에 각자의 뿌리가 있으므로 합화(合化)되지 않습니다. 을경(乙庚)이 붙어 있어서 을경합(乙庚合)이 되었습니다. 합(合)이 되어 금(金)으로 변하는 가를 살펴보겠습니다. 을목(乙木)이 해수(亥水)에 앉아 생(生)을 받고 있고, 경금(庚金)도 술토(戌土)에 앉아 힘을 받고 있습니다. 금(金)으로 변할 마음이 없습니다.

갑기합(甲己合)하여 화(化)하면 토(土)가 되는데 갑목(甲木)이 기토(己土)를 따라 토(土)로 변화는 것이고, 을경합(乙庚合)하여 화(化)하면 금(金)이 되는데 을목(乙木)이 경금(庚金)을 따라 금(金)으로 변합니다.

각자의 뿌리를 살펴보고, 갑목(甲木)이 뿌리가 없어 그 힘이 약(弱)하면 기토(己土)를 따라 화(化)하여 토(土)가 되고, 뿌리가 있어 그 힘이 강(强)하면 기토(己土)를 따라가지 않는다 하였습니다. 을목(乙木)도 뿌리가 없어 그 힘이 약(弱)하면 경금(庚金)을 따라 화(化)하여 금(金)이 되고, 뿌리가 있어 그 힘이 강(强)하면 경금(庚金)을 따라가지 않고 화(化)하지 않는다 하였습니다.

그렇다면 병신합화수(丙辛合化水), 정임합화목(丁壬合化木), 무계합화화(戊癸合化火)는 어떻게 설명을 하여야 하는가라는 의문이 생깁니다.

예를 들어 병(丙)이 힘이 있고 신(辛)은 힘이 없고, 병(丙)도 힘이 있고 신(辛)도 힘이 있고, 병(丙)은 힘이 없고 신(辛)은 힘이 있고, 병(丙)도 힘이 없고 신(辛)도 힘이 없고 하는 네 가지의 경우가 생길 수 있습니다.

병신합(丙辛合)하여 화(化)가 되어 화(火)로 변한다든가 금(金)으로 변한다든가 하면 그 뿌리를 살펴보면 되겠는데, 화(化)하면 수(水)로 변한다 했으니 그 방법으로는 안되겠습니다. 이럴 때는 지지(地支)를 살펴보고 판단합니다. 화(化)하여 되는 오행 수(水)의 기운을 지지(地支)들이 강화시켜 준다면 화(化)하여 변화를 할 것이고, 그렇지 않으면 합(合)은 하되 변화(變化)는 하지 않는 것입니다.

정임합(丁壬合), 무계합(戊癸合)도 마찬가지입니다. 지지(地支)에, 화(化)하여 생기는 오행(五行)의 기운을 강화시켜주는 글자가 있다면 화(化)하여 변화(變化)가 됩니다.

### 4) 쟁합(爭合)과 투합(妬合)

일음이양(一陰二陽)을 쟁합(爭合)이라 하고 일양이음(一陽二陰)을 투합(妬合)이라 합니다.

쟁합(爭合)이란 두 개의 양간(陽干)이 하나의 음간(陰干)를 두고 서로 합(合)하려고 경쟁하는 상황을 말합니다. 투합(妬合)이란 두 개의 음간(陰干)이 하나의 양간(陽干)를 두고 서로 합(合)하려고 둘이서 상호 질투하는 것을 말합니다.

▶ **쟁합**(爭合)

| 時 | 日 | 月 | 年 | 남 |
|---|---|---|---|---|
| 乙<br>亥 | 甲<br>寅 | 己<br>巳 | 甲<br>寅 | 사<br>주 |

하나의 기토(己土)를 사이에 두고 두 개의 갑목(甲木)이 합(合)을 이루려고 하는 쟁합(爭合)입니다. 년간 갑목(甲木)과 월간 기토(己土)가 먼저 합(合)을 이루는 것으로 보는 것이 통례입니다. 그 결과 갑목(甲木)의 비견(比肩) 역할과 기토(己土)의 정재(正財) 역할이 상실되는 것으로 봅니다.

그러나 절대적인 것은 아니고, 사주를 둘러 볼 때, 갑목(甲木)의 뿌리의 힘이 훨씬 강하기 때문에 갑목(甲木)이 그 역할을 상실하는 정도는 기토(己土)가 그 역할을 상실하는 정도보다 훨씬 약합니다.

갑인(甲寅) 일주(日柱)는 자기 기운이 넘쳐나 배우자 궁(宮) 즉, 월지(月支)가 좋은 역할을 못하는데다가, 기토(己土) 처성(妻星)이 비견(比肩) 갑목(甲木)과 합(合)으로 묶여 그 역할을 상실하였으니 부부관계가 순탄치 못할 것임을 암시하고 있습니다.

| 時 | 日 | 月 | 年 | 남 |
|---|---|---|---|---|
| 乙 亥 | 甲 寅 | 己 未 | 戊 寅 | 사 주 |

이 때는 갑기합(甲己合)이라 하더라도 일간(日干)과의 합(合)은 합하여 그 역할을 상실하는 것이 아니라 기토(己土) 정재(正財)의 역할이 그대로 유지된다고 봅니다. 사주에서 재(財)가 편중(偏重)하여 편재화(偏財化)되는 것은 별개의 문제입니다.

| 時 | 日 | 月 | 年 | 남 |
|---|---|---|---|---|
| 己 巳 | 甲 寅 | 己 巳 | 甲 寅 | 사 주 |

년간과 월간의 갑기합(甲己合), 일간과 시간의 갑기합(甲己合)으로 서로 별개의 합(合)이 되어 쟁합(爭合)이 되지 않습니다. 다만 합(合)은 합(合)이되 유정(有情)할 뿐 갑목(甲木)의 뿌리가 워낙 깊어 진정한 합화(合化)가 일어나는 것은 아닙니다.

제3장 합(合)과 충(沖)

### ▶ 투합(妬合)

| 時 | 日 | 月 | 年 | 여 |
|---|---|---|---|---|
| 己 | 丁 | 壬 | 丁 | 사 |
| 巳 | 巳 | 寅 | 巳 | 주 |

임수(壬水)를 사이에 두고 두 개의 정화(丁火)가 다투는 투합(妬合)입니다. 년간 정화(丁火)가 월간 임수(壬水)와 먼저 합(合)을 이루는 것으로 보는 것이 통설입니다. 그 결과 정화(丁火)의 비견(比肩) 역할과 임수(壬水)의 정관(正官) 역할이 합(合)으로 묶여 그 역할을 상실합니다(기반 羈絆). 임수(壬水) 관성(官星)이 비견(比肩) 정화(丁火)와 합(合)으로 묶여 버렸으므로 임수(壬水) 관성(官星)이 그 역할을 상실하였으므로, 부부관계가 심히 염려된다 할 것입니다.

| 時 | 日 | 月 | 年 | 남 |
|---|---|---|---|---|
| 乙 | 丁 | 壬 | 乙 | 사 |
| 巳 | 巳 | 午 | 巳 | 주 |

정임합(丁壬合)이라 하더라도 일간(日干)과의 합(合)은 합하여 가버리는 것(합거 合去)이 아니라 임수(壬水) 정관(正官)의 역할이 그대로 유지된다고 봅니다. 다만 임수(壬水)는 메말라버린 물이기에 이미 정관(正官) 역할을 다하지 못하고 있는 것은 별개 문제입니다. - 임수(壬水)가 지지(地支) 모두 화(火)로 이루어 진 지글지글 끓는 땅 위에서 메말라 버렸습니다.

| 時 | 日 | 月 | 年 | 남 |
|---|---|---|---|---|
| 壬 | 丁 | 壬 | 丁 | 사 |
| 寅 | 巳 | 寅 | 巳 | 주 |

년간과 월간의 정임합(丁壬合), 일간과 시간의 정임합(丁壬合)하여 각자 사이좋게 별도의 합(合)을 이루어 투합(妬合)이라 하지 않습니다.


## 5) 암합(暗合)

일반적으로 천간합(天干合)은 명합(明合), 지장간(地藏干)의 합(合)을 암합(暗合)이라 하지만, 다른 시각으로는 여덟 글자 상호간에 명확하게 드러나는 합을 명합(明合)이라 하고, 명확하게 드러나지 않는 합(合)을 암합(暗合)이라 말합니다. 즉 남몰래 비밀스럽게 은밀히 한다는 말입니다.

인간사의 거의 대부분은 사실상 은밀하고도 비밀스럽게 이루어집니다. 특히 한 개인의 입장에서 보면 많이 아는 것 같지만 실제로는 세상 사람 모르는 일투성입니다. 여덟 글자 속에 모든 경우의 수가 함축되어 있어 그 것을 읽어 낸다고 하는 것이 실은 매우 어려우며, 암합(暗合)에 이르러서는 더욱 어려워집니다.

암합(暗合)은 천간(天干)의 오합(五合)을 변화시켜서 대입해보는 이야기입니다. 그러니까 천간(天干)과 지지(地支)나, 지지(地支)와 지지(地支)를 서로 연결시켜 보는 것입니다. 천간(天干)과 지지(地支)속에 있는 지장간(地藏干)에서 합(合)을 찾고, 각 지지(地支)속에 있는 지장간(地藏干)들 간의 합(合)을 찾아보는 것입니다.


암합(暗合)에 있어서 정기(正氣) 지장간(地藏干)의 암합(暗合)만을 인정하는 것이 통상적이지만, 여기(餘氣)와 중기(中氣) 지장간(地藏干)의 암합(暗合)을 마냥 부정할 수만은 없는 일입니다.

정기(正氣) 지장간(地藏干)의 암합(暗合)은 비교적 실현 가능성이 높은

제3장 합(合)과 충(冲)

편이고, 여기(餘氣)와 중기(中氣)의 지장간(地藏干)의 암합(暗合)은 비교적 실현 가능성이 낮은 편이라고 보는 것이 현실적일 것입니다. 우리가 세상을 살아가면서 마음속에서 수많은 생각들이 시시각각 일어날 것이며 그 중에서 그저 생각뿐인 상념들은 여기(餘氣)와 중기(中氣)의 지장간(地藏干)의 암합(暗合)과 비슷하다고 이해해도 되겠습니다.

암합(暗合)에는 크게 세 가지 시각이 있습니다.

첫째는 사주가 세월의 흐름으로 맞이하는 행운(行運)과의 암합(暗合)입니다. 사주에는 명확하게 드러나지 않았던 것이 행운(行運)과의 합(合)이 드러남으로 인해 암합(暗合)이 되는 경우로, 우리 인생이 의외의 격랑속으로 빠져들 수 있다는 것이며 긍정적 변화일수도 부정적 변화일 수도 있습니다.

둘째는, 명암합(明暗合)이라하여 천간(天干)과 지장간(地藏干)의 암합(暗合)이 있습니다. 이 또한 천간(天干)과 정기(正氣) 지장간(地藏干)의 암합(暗合)만을 인정하고 동주(同住)내에서의 인정함이 우선일 것이다. 그렇지만 역시 여기(餘氣)와 중기(中氣)의 지장간(地藏干)의 암합(暗合)과 타주(他柱)와의 암합(暗合)을 마냥 무시할 수만 없는 것입니다.

참고로 적천수(滴天隨)에 이르기를 '天合地者 地旺宜靜' 천간(天干)과 지지(地支)가 합(合)을 이룬 경우에 지지(地支)가 왕성(旺盛)하고 마땅히 정(靜)해야 한다는 뜻입니다.

천합지자(天合地者)란 원칙적으로 네 가지가 있습니다.

- 정해(丁亥)는 천간(天干)의 정화(丁火)랑 지지(地支) 해수(亥水)의 본기인 임수(壬水)가 만나서 정임합(丁壬合)[亥水의 地藏干 = 戊甲壬)
- 무자(戊子)는 천간(天干)의 무토(戊土)와 지지(地支) 자수(子水)의 본기인 계수(癸水)가 무계합(戊癸合)[癸水의 地藏干 = 壬癸]
- 신사(辛巳)는 천간(天干)의 신금(辛金)과 지지(地支) 사화(巳火)의 본기인 병화(丙火)가 병신합(丙辛合)[巳火의 地藏干 = 戊庚丙]
- 임오(壬午)는 천간(天干)의 임수(壬水)와 지지(地支) 오화(午火)의 본기인 정화(丁火)가 정임합(丁壬合)[午火의 地藏干 = 丙己丁]

이 네 개의 간지(干支)는 서로 단결이 되므로 유정(有情)한 것으로, 길흉(吉凶)에 대해서는 전체의 상황에 의해서 판단을 해야 되겠습니다만, 좋은 작용을 할 때에는 그 좋은 작용력이 강화되겠지만, 만약 이 암합(暗合)으로 밀착되어 있는 사주가 나쁜 작용을 하는 암시가 된다면 이번에는 주인공이 허망한 일로 인해서 물질적으로나 정신적으로 상당한 낭비를 하게 된다는 이야기가 됩니다.

이 외에 갑오(甲午), 기해(己亥), 계사(癸巳)를 천합지(天合地)에 포함시키는 견해가 있지만 이들은 모두 정기(正氣) 지장간(地藏干)이 아니므로 합력이 현저하게 떨어진다고 보는 것이 타당할 것입니다.

셋째로 지지(地支)끼리 이루어지는 암합(暗合)이 있습니다. 이 또한 일부 이견이 있기는 하나 정기(正氣) 지장간(地藏干) 사이에서만 이루어

제3장 합(合)과 충(冲)

지는 합만이 실질적 암합(暗合)으로서 그 합력이 강하다고 보는 것이
타당할 것입니다.

子水(壬癸)와 戌土(辛丁戊)는 戊癸合으로 暗合하고,

丑土(癸辛己)와 寅木(戊丙甲)은 甲己合으로 暗合하고,

卯木(甲乙)과 申金(戊壬庚)은 乙庚合으로 暗合하고,

午火(丙己丁)와 亥水(戊甲壬)는 丁壬合으로 暗合하고,

寅木(戊丙甲)과 未土(丁乙己)는 甲己合으로 暗合합니다.

자진(子辰)과 사유(巳酉)는 삼합(三合)으로 반합(半合)이 됩니다. 이 경
우는 암합(暗合)은 고려하지 않고, 반합(半合)의 단결력이 더 강하게 된
다고 생각을 하면 되겠습니다.

암합(暗合)도 합(合)이니 만큼 그 합은 영향은 있다고 봅니다. 인간사
에는 은밀한 일이 많아 변화무쌍하니, 잠재적 격동 가능성을 내포하고
있다는 뜻이겠습니다. 때로는 암합(暗合)의 작용으로 일이 어그러질 때
가 있고, 뜻밖의 도움을 받기도 할 것입니다.

암합(暗合)이 가장 무섭게 작용하는 곳은 남녀의 관계입니다. 암합(暗
合)이 내 일간(日干)이나 용신(用神)에 좋게 작용을 하면 좋은 경과가 나
타날 것입니다. 가령 일간(日干)이 허약한데 암합(暗合)으로 일간(日干)
의 기운을 도와준다면 그 사람에게는 비밀의 원조자가 있는 걸로 보시
면 됩니다.

사주를 하나 보도록 하겠습니다.

앞에서 천간(天干)과 지지(地支)의 관계에서 지지(地支)의 본기(本氣)만을 적용할 것인가? 자기 기둥에서만 살펴보고 다른 기둥의 지지(地支)에서의 암합(暗合)은 성립하지 않는가? 하는 의문이 들기도 합니다.

| 時 | 日 | 月 | 年 | 남 |
|---|---|---|---|---|
| ○<br>戊 | 丙<br>戊 | ○<br>丑 | ○<br>未 | 사<br>주 |
| 辛<br>丁<br>戊 | 辛<br>丁<br>戊 | 癸<br>辛<br>己 | 丁<br>乙<br>己 | |

실제 사주입니다. 이 사람은 분명 암합(暗合)의 영양을 받고 있는 것으로 보고 있습니다. 병술 일주(丙戌 日柱)입니다. 일단 일지(日支) 술토(戌土)를 살펴보면, 신금(辛金), 정화(丁火), 무토(戊土)의 천간(天干)을 가지고 있습니다. 병신합(丙辛合)이 되어서 암합(暗合)이 되었습니다. 시지(時支)도 술토(戌土)이므로 암합(暗合)이 되었습니다. 더욱이 월지(月支) 축토(丑土:癸辛己) 속에도 신금(辛金)이 있어 암합(暗合)이 되었습니다.

그런데 지지(地支)의 본기(本氣)가 아니고 술토(戌土)에서는 여기(餘氣)이고, 축토(丑土)에서는 중기(中氣)입니다. 여기(餘氣)와 중기(中氣)도 암합(暗合)하는데 포함된다면 이 사주는 일간(日干) 병화(丙火)가 월지(月支), 일지(日支), 시지(時支) 모두 암합(暗合)이 존재하는 사주가 됩니다.

병화(丙火)가 월지(月支)를 얻지 못하고 일지(日支)는 화(火)의 고지(庫地)이므로 겨우 뿌리를 얻었지만 토(土)의 기운이 강한데 병화(丙火)은 허약합니다. 마음 같아서는 토(土)로 확 변하고 싶은데 그래도 내가 병화(丙火)인데 하고 자존심을 세우고 있습니다.[伍陽從氣不從勢 : 伍陽은

氣를 따르지 세력을 따르지 않는다. - 滴天隨]

병신합(丙辛合)으로 암합(暗合)이 되었습니다. 신금(辛金)은 병화(丙火)에서 보았을 때 정재(正財)입니다. 재물이고, 남자에게는 여자를 의미합니다. 토기(土氣)가 왕(旺)한데 병화(丙火)가 허약하니 도움이 필요한데, 인성(印星)인 목(木)이 와서 병화(丙火)를 돕고, 금기(金氣)가 와서 토(土)를 설기(洩氣 : 힘을 빼냄)시켜 주기만을 바라는 입장입니다. 신금(辛金)이 지장간(地藏干)에라도 들어있으니 그나마 다행입니다. 더욱이 일간(日干) 병화(丙火)가 신금(辛金)과 암합(暗合)을 하고 있으니 좋다고 해야 할는지?

이 세상은 무엇인가를 얻었다면 그에 상응하는 노력이 있어야 한다는 것을 느낍니다. 암합(暗合)의 영향으로 좋은 점이 있기도 하지만 그에 상반되는 점도 있다는 것을 알아두셨으면 합니다.


## 6) 행운(行運)과의 간합(干合)

사주 원국에서는 간합(干合)이 위치별로 다른 영향을 발휘하지만, 운(運)에서 들어오는 글자는 위치를 따지지 않고 그대로 합(合)을 합니다. 대운(大運)과 세운(歲運)은 사주 원국의 한 오행(五行)이 아니라 사주 전체에 작용하는 환경(環境)과 같은 것이기 때문입니다.

행운(行運)에서도 합(合)이 들어 올 수도 있습니다. 이때는 길(吉)이 흉(凶)이나 평(平)으로, 흉(凶)이 평(平)이나 길(吉)로 변화될 수 있습니다.

희신(喜神)은 사주 내에서 나에게 도움이 되는 글자를 말하고, 기신(忌神)은 사주 내에서 도움이 안 되는 글자입니다. 따라서 희신(喜神)이 합하면 그 뜻을 저버리니 도리어 나빠지고, 기신(忌神)이 합하면 그 나쁜 작용이 없어지니 좋은 것이라 할 수 있습니다.

> [적천수]에 다음과 같은 글이 있습니다.
> 대체로 기신(忌神)과 합(合)을 해서 변화하여 가버리거나, 희신(喜神)이 합(合)을 해서 변화하여 온다면 좋겠지만, 만약 기신(忌神)과 합(合)이 되더라도 가지 않는 경우가 있으니 합(合)을 반가워하기에는 흡족하지 못한 것이다.
> 또 희신(喜神)이 합(合)을 해도 오지 않는다면 이 또한 아름답지 못한 것으로 도리어 기반(羈絆)이 되어 유통의 장애만 발생하게 된다. 오고 안 오고는 화(化)하고 화(化)하지 않는 것을 말하는 것이니 마땅히 잘 살펴야 한다.

### ▶ 일간(日干)과 행운(行運)과의 간합(干合)

사주 중에서 일간(日干)과 연결된 간합(干合)이 없고 대운(大運)을 맞이하여 일간(日干)이 간합(干合)하는 경우는, 양일생(陽日生)은 반드시 정재(正財)와 음일생(陰日生)은 정관(正官)과 간합(干合)하게 됩니다.

| 時 | 日 | 月 | 年 | 남 |
|---|---|---|---|---|
| 丁 卯 | 甲 申 | 癸 丑 | 壬 子 | 사 주 |

위 사주에서 갑목(甲木) 일간이 기토(己土) 대운을 맞이하면 갑기(甲己) 간합(干合)하는 상태로 기토(己土)는 정재(正財)입니다.

기토(己土)는 정재(正財)입니다. 갑기합(甲己合)으로 갑목(甲木)은 이

제3장 합(合)과 충(冲)

시기에 기토(己土)에 대해서 관심을 가집니다. 즉 재물에 관심을 가지게 된다는 말입니다. 갑목(甲木)의 성격이 나아가려고 하고 시작을 잘 하는 성격이므로 돈 벌려고 사업을 시작하려고 할 것 같습니다. 누군가 옆에서 그렇게 하라고 부추길지도 모르겠습니다.

또한 남자 사주에서 정재운(正財運)이 간합(干合)하는 것은 독신자는 강한 이성의 운기로 혼기(婚期)가 다가왔음을 알 수 있고, 기혼자는 더한층 금슬이 좋아지는 운기(雲氣)로 봅니다. 그러나 사주 중에 무토(戊土)인 편재(偏財)가 있으면 삼각관계 즉 이성문제의 갈등이 발생하기 쉬운 운기(雲氣)에 들어서는 것을 뜻합니다. 재성(財星)은 여자를 의미합니다. 대운(大運)에서 정재(正財)인 기토(己土)가 들어와 합(合)을 하는데, 사주에 무토(戊土) 편재(偏財)는 또 다른 여자를 의미하기에 그렇습니다.

| 時 | 日 | 月 | 年 | 여 |
|---|---|---|---|---|
| 丁 亥 | 辛 丑 | 辛 卯 | 甲 戌 | 사 주 |

사주 중에 비견(比肩)이 있는 것은 대운(大運)을 맞아 쟁합(爭合)이나 투합(妬合)의 운기가 되므로 간명할 때 조심하지 않으면 안 됩니다.

여명(女命)에서 관성(官星)은 직장으로도 보고, 남자로도 봅니다. 위 사주는 여자 사주인데 신금(辛金) 일주로서 사주 중에 비견(比肩) 신금(辛金)이 또 있고, 병화(丙火) 대운(大運)을 맞을 경우 병화(丙火)의 정관(正官)과 신금(辛金)은 각각 투합(妬合)의 운을 맞이하게 됩니다.

먼저 신축(辛丑) 일주(日柱)가 신약하니, 인성(印星)인 토기운(土氣運)과 비겁(比劫)인 금기운(金氣運)이 나에게 도움이 된다고 보시면 됩니다.

병화(丙火)의 대운은 화기운(火氣運)이니 일단은 좋은 작용을 하지 못하겠습니다. 게다가 병신합(丙辛合)까지 있어서 내 할 일을 오롯이 해야 함에도 마음이 병화(丙火) 관성(官星)에 쏠리고 있다는 것입니다. 또한 나를 도와주던 비견(比肩)인 월간(月干) 신금(辛金)과도 병신합(丙辛合)이 되어 나에게 신경을 쓰지 않으니 더욱 신약(身弱)해질 가능성이 있어 나쁘게 작용이 된다고 보겠습니다.

직장이나 사회생활로 본다면, 스트레스를 많이 받고, 직장을 그만둘까도 생각하겠고, 자신감의 결여로 혼자만의 시간을 보낼 경우가 많겠습니다. 남편은 이 운(運)에는 타 여성에게 애정을 쏟게 되므로 가정불화의 운으로 보고, 남자친구가 생기면 남자친구가 내 친구에게 마음을 두는 운세라고 보시면 되겠습니다.

| 時 | 日 | 月 | 年 | 남 |
|---|---|---|---|---|
| 己 亥 | 壬 寅 | 丁 卯 | 甲 申 | 사 주 |

사주 중 일간 임수(壬水)는 월간 정화(丁火)의 정재(正財)와 간합(干合)이 있습니다. 즉 평소에는 아내와 화목하지만 다시 정화(丁火) 대운(大運)이 들어오면 정재(正財)의 간합(干合) 운(運)을 맞이하면 투합(妬合)이 됩니다.

임수(壬水) 일간(日干)이 신약(身弱)하여 인성(印星)인 금기운(金氣運)이나 비견(比肩)인 수기운(水氣運)이 나에게 도움이 되는데, 대운(大運)에서 정재(正財)인 정화(丁火)가 들어오게 됩니다. 정화(丁火)는 나에게 정재(正財)이므로 재물이고 여자입니다. 원국에서 월간(月干)의 정화(丁火)와 합(合)을 하고 있는 상황이라 돈 버는데 관심을 많이 가지고 있는데,

대운(大運)에서 정화(丁火)가 또 들어오니 재물에 관심이 높아지며, 마음이 분산되므로 부업이나 다른 사업을 확장하여 낭패를 보기가 십상이겠습니다. 또한 본인은 다른 여성에 대하여 애정을 쏟는 운기를 맞이하는 상태이므로, 다른 여자에게 관심을 둘 수 있겠으며, 심한 경우에는 이 기간 중에 아내와 별거 또는 이별의 우환이 있을 수 있겠습니다.

그러나 정재(正財)를 재물과 여자로 딱 구분지어 생각할 수는 없으니, 알게 된 여자로 인해 부업을 하여 낭패를 볼 수도 있겠습니다.

| 시 | 일 | 월 | 년 |
|---|---|---|---|
| 癸<br>卯 | 壬<br>午 | 癸<br>酉 | 甲<br>辰 |

| 辛<br>巳 | 庚<br>辰 | 己<br>卯 | 戊<br>寅 | 丁<br>丑 | 丙<br>子 | 乙<br>亥 | 甲<br>戌 |
|---|---|---|---|---|---|---|---|

남자 사주로서, 임수(壬水) 일간(日干)으로서 약간 신강(身強)합니다. 사주가 조금은 차갑습니다. 재성운(財星運)과 관성운(官星運)이 좋습니다. 일지(日支)에 편재(偏財) 오화(午火)를 깔고 앉아 있어 항상 재물에 관심이 있습니다. 복권이나 일확천금을 바라는 마음이 크다 하겠습니다.

정축(丁丑) 대운에서 정임합(丁壬合)으로 정재(正財)와 합(合)을 함으로 재산을 어느 정도 불린 것으로 보여 집니다. 축대운(丑大運)에서 투자실패가 있었다고 합니다. 신강(身強)에 관성운(官星運)이니 좋을 듯도 하지만 축토(丑土)는 습토(濕土)로 사주를 한습하게 하고, 지장간(地藏干)에 계수(癸水)와 신금(辛金)이 있어 과욕은 금물입니다.

무인(戊寅) 대운에서는 무계합(戊癸合)이나 화(火)로 변하지는 않습니다. 일반적으로 신강(身強) 사주의 경우 관성(官星)이 비겁(比劫)을 견제

하여 좋습니다만, 이 사주는 무계합(戊癸合)으로 무토(戊土)와 계수(癸水)
겁재(劫財)가 유정(有情)하여 토극수(土克水)를 하지 않을 수 있습니다.
무토(戊土) 대운에 하는 일에서는 성과가 상당히 좋았다고 합니다. 그러
나 앞서 축토(丑土) 대운에 진 빚을 갚느라 열심히 수고는 했으나 내 주
머니에 남는 것은 없었다고 합니다. 즉 겉으로 보기에는 화려하고 실속
은 없는 시기였습니다.

### ▶ 사주내의 오행(五行)과 행운(行運)과의 간합(干合)

| 시 | 일 | 월 | 년 |
|---|---|---|---|
| 木<br>火 | 壬<br>戌 | 丁<br>丑 | 木<br>土 |

| 70 | 60 | 50 | 40 | 30 | 20 | 10 | 0 |
|---|---|---|---|---|---|---|---|
| 己<br>巳 | 庚<br>午 | 辛<br>未 | 壬<br>申 | 癸<br>酉 | 甲<br>戌 | 乙<br>亥 | 丙<br>子 |

여명(女命)입니다. 임수(壬水) 일주(日柱)로 신약(身弱)합니다. 갑술(甲
戌) 대운(大運)에 결혼했으나 술 대운(戌大運)에 이혼했습니다. 신약(身
弱)하여 금수운(金水運)이 좋습니다.

계유(癸酉) 대운(大運) 중에 상당한 돈을 벌기도 했습니다. 그러나 임
대운(壬大運)에 거의 모든 돈을 날렸습니다. 신약(身弱)하니 임수(壬水)
비견운(比肩運)이 좋을듯하지만 정임합(丁壬合)으로 사주의 정재(正財)인
정화(丁火)와 합(合)을 하니 내 사주의 재물을 비견(比肩)이 가져가는 것
과 같습니다. 임수(壬水) 비견(比肩)이 정화(丁火) 정재(正財)를 탐합망극
(貪合忘剋)하여 오히려 손재(損財)가 되었습니다.

| 탐합망극<br>(貪合忘剋) | 합(合)을 탐(貪)하여 극(剋)을 잊어버리다. |
| --- | --- |

| 時 | 日 | 月 | 年 | 여 |
| :---: | :---: | :---: | :---: | :---: |
| 乙<br>○ | 甲<br>○ | 乙<br>○ | ○<br>○ | 사<br>주 |

　사주 중의 오행(五行)과 대운(大運)과의 간합(干合)은 길흉(吉凶)이 다양하므로 자세한 검토가 필요합니다. 경금(庚金) 대운(大運)이 들어오면 을목(乙木)과 간합(干合)을 합니다(乙庚合). 을목(乙木)이 사주 내에서 좋은 영향을 미치고 있었다면 을경합(乙庚合)으로 그 영향은 나쁘게 나타날 것이고, 을목(乙木)이 사주 내에서 나쁜 영향을 미치고 있었다면 을경합(乙庚合)으로 그 영향은 좋게 나타날 것입니다.

## 7) 사주 용신(用神)과의 간합(干合)

| 시 | 일 | 월 | 년 |
| :---: | :---: | :---: | :---: |
| 庚<br>午 | 甲<br>寅 | 丁<br>卯 | 甲<br>子 |

| | 癸<br>酉 | 壬<br>申 | 辛<br>未 | 庚<br>午 | 己<br>巳 | 戊<br>辰 |
| --- | :---: | :---: | :---: | :---: | :---: | :---: |

### 🔖 적천수천미

　갑목(甲木)이 중춘(仲春)에 생하여, 지지(地支)에 록(祿, 비견) 인(刃, 겁재)을 두고, 천간(天干)에 비견(比肩)이 투출하였으니 왕(旺)함이 극에 이르렀다.

시상(時上) 경금(庚金)이 뿌리가 없는 것이 마음에 걸리지만, 월간(月干) 정화(丁火)가 용신(用神)이 되니 통휘(通輝)의 기상이 있어서 일찍 관계에 나아가 벼슬이 관찰에 이르렀다.

애석한 것은 한신(閑神)인 토(土)가 없는 것으로 임신운(壬申運)에 이르러 체용(體用)을 함께 상하게 하니 화(禍)를 면할 수 없었다.


다시 말하면, 목 기운(木氣運)이 강한 갑목(甲木) 일주(日柱)로서, 정화(丁火)가 상관(傷官)으로 용신(用神)입니다.

임신(壬申) 대운(大運)에 임수(壬水)는 용신(用神)인 정화(丁火) 상관(傷官)을 합(合)하는데, 월지(月支)가 묘목(卯木)이고 사주에 목(木)이 강하고, 월간(月干) 정화(丁火)의 뿌리 오화(午火)는 멀리 시지(時支)에 있으니 정임합(丁壬合)하여 목(木)으로 변화했습니다. 용신(用神)이 합(合)이 되어 화(化)하여 흉(凶)했다고 볼 수 있습니다.

그리고 일지(日支)는 내 몸이니 일지(日支)의 충(沖)은 몸에 변고가 있을 수 있다고 보여질 수 있습니다.


## 8) 일간(日干) 합(合)의 작용력

| 時 | 日 | 月 | 年 |
|---|---|---|---|
| 實 | 花 | 苗 | 根 |
| 자<br>식 | 본<br>인 | 부<br>모 | 조<br>상 |

근묘화실(根苗花實)이라는 말이 있습니다.

년주(年柱)는 뿌리요, 월주(月柱)는 싹이며, 일주(日柱)는 꽃이며, 시주

(時柱)는 열매라는 말입니다. 또한 년주(年柱)는 조상을 의미하고, 월주 (月柱)는 부모를, 일주(日柱)는 자신을, 시주(時柱)는 자식을 의미한다고 하였습니다.

여기에 근거하여 합(合)의 작용력을 살펴보면 다음과 같습니다.

● 일간(日干)이 월간(月干)과 합(合)을 했을 때는,

부모와 정이 많으며 서로 정신적으로 의지하고 형제자매와도 화 합합니다.

합화(合化)된 의미의 오행이 길(吉)하면 더욱 윗사람의 덕이 많으 며 또한 초년부터 안정되고 직장이나 재물복이 있습니다.

● 일간(日干)이 시간(時干)과 합(合)을 하면.

배우자 및 자손이나 그 아랫사람과 정이 많으며 서로 정신적으로 의지하고, 말년까지 명예나 안정이 이루어지며 덕이 많습니다.

## ❷ 천간 충(天干冲)

합(合)과 반대되는 의미로서 충(冲)입니다. 합(合)은 만난다는 뜻이고 충(冲)은 충돌(衝突)한다는 말입니다.

충돌(衝突)한다는 말은 무슨 의미(意味)인가 하면, 서로 반대쪽에는 상반(相反)된 기운(氣運)이 있어, 이 기운(氣運)이 충돌(衝突)을 일으킨다 는 뜻입니다. 즉 방위(方位)개념에서 나온 것입니다. 동서남북(東西南北) 대칭(對稱)이 충(冲)인 것입니다.

천간충(天干沖)이란 천간(天干)끼리 서로 충돌(衝突)하는 것을 말합니다. 일곱 번째 글자와 상충(相沖)이어서 칠충(七沖)이라고도 하고, 나를 극(剋)하는, 음양(陰陽)이 같은, 편관(偏官)이어서 칠살(七殺)이라고도 합니다.

십신(十神)에서 나를 극(剋)하는 성분을 관성(官星)이라 합니다. 관성(官星)에는 나와 음양(陰陽)이 다른 정관(正官)과, 나와 음양(陰陽)이 같은 편관(偏官)이 있습니다. 정관(正官)을 관(官)으로 편관(偏官)을 살(殺)이라고도 부릅니다. 정관(正官)과 편관(偏官)을 합쳐 관성(官星)이라고 하며, 관살(官殺)이라고도 부릅니다.

### 🕊 지지충(地支沖)은 중(重)하고, 천간충(天干沖)은 경(輕)하다.

충(沖)은 방위개념에서 나온 것으로 천간충(天干沖)은 충(沖)이라기보다 지지충(地支沖)과 연계(連繫)된 지지극(地支剋)의 반영(反影)이라고 보여지기 때문입니다. 그러기에 '천극지충(天剋地沖)'이라는 말이 있습니다. 이 말은 천간(天干)에는 극(剋)을 논하고 지지(地支)에서는 충(衝)을 논한다는 의미입니다. 천간(天干)에서는 서로 충(沖)이 일어나지 않고 극(剋)만 있다는 것입니다.

천간충(天干沖)은 지지(地支)의 지장간(地藏干) 등의 도움으로 어느 정도 완화(緩和)시킬 수 있지만, 지지충(地支沖)이 보다 훨씬 엄중(嚴重)하고 복잡(複雜)하며, 뿌리 자체가 뽑혀 회복(回復)될 가망(可望)이 훨씬 희박(稀薄)하기에, 지지충(地支沖)은 중(重)하고, 천간충(天干沖)은 경(輕)하다고 하는 것입니다.

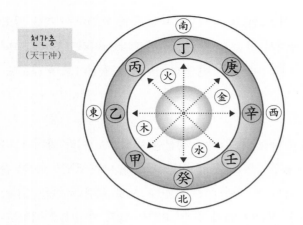

구체적(具體的)으로 보면,

| 甲 | 乙 | 丙 | 丁 | 戊 | 己 | 庚 | 辛 | 壬 | 癸 |
|---|---|---|---|---|---|---|---|---|---|
| 庚 | 辛 | 壬 | 癸 | 甲 | 乙 | 丙 | 丁 | 戊 | 己 |

갑경충(甲庚沖)　을신충(乙辛沖)　병임충(丙壬沖)　정계충(丁癸沖)

이 네 가지가 칠살(七殺)에 속하는 것 중에서, 천간충(天干沖)입니다.

● 천간충(天干沖)은 네 쌍이 존재하는데 음양관계(陰陽關係)를 무시(無視)하고 같은 음양(陰陽)으로 이루어진 관계(關係)이므로, 반발하고 더 나아가 서로 상반(相反)된 기운(氣運)을 가졌기 때문에 부딪치는 기운(氣運)이 발생(發生)합니다.

● 무(戊)와 기(己)는 천간충(天干沖)을 성립하지 않습니다. 왜냐하면

충(沖)이란 방위개념(方位概念)이므로 중앙(中央)에 위치하는 무기(戊己)는 충(沖)을 형성할 수 없는 것입니다.

- 경병(庚丙)과 신정(辛丁)은 천간충(天干沖)이 성립하지 않습니다. 편관(偏官), 칠살(七殺)로 보는 것은 별개의 문제입니다. 즉 편관(偏官)이나 칠살(七殺)로 볼 수는 있으나, 충(沖)으로는 볼 수 없다는 말입니다. 왜냐하면 충(沖)은 방위개념(方位概念)인데 이들은 정반대의 위치에 있지 않기 때문입니다.


- 지지(地支)에서는 진술충(辰戌沖), 축미충(丑未沖)의 토(土)끼리의 충(沖)이 성립하지만, 천간(天干) 무기(戊己)는 중재자(仲裁者)로서 천간충(天干沖)이 성립하지 않습니다.

  진술충(辰戌沖)은 진(辰)중의 지장간(地藏干) 을계무(乙癸戊)와 술(戌)중의 지장간(地藏干) 신정무(辛丁戊)에서 을신충(乙辛沖), 정계충(丁癸沖)을 반영한 것입니다.

  축미충(丑未沖)은 축(丑)중의 지장간(地藏干) 계신기(癸辛己)와 미(未)중의 지장간(地藏干) 정을기(丁乙己)에서 을신충(乙辛沖), 정계충(丁癸沖)을 반영한 것입니다.

  지장간(地藏干)중 무기(戊己)는 오히려 중재자(仲裁者)로서의 소임(所任)이 강화(强化)된다고 봅니다. 따라서 천간(天干)에서는, 지지(地支)에서 처럼, 토(土)끼리의 무기충(戊己沖)이 성립될 수가 없습니다.


- 고전(古典)에 보면,

  '천간(天干)의 갑경(甲庚)이 서로 충(沖)하고, 을신(乙辛)이 서로 충(沖)하고, 병임(丙壬)이 서로 충(沖)하고, 정계(丁癸)가 서로 충(沖)

제3장 합(合)과 충(沖)

한다. 이는 동서(東西), 남북(南北)으로 서로 대치하고 있기 때문입니다. 병(丙)과 경(庚), 정(丁)과 신(辛)은 서로 볼 때는 극(剋)하는 관계로 논하지, 충(冲)으로 논하지 않는다. 이는 남(南)과 서(西)의 방향은 서로 대치가 없기 때문이다.'라고 말하고 있습니다.

이 말은 충(冲)이란 방위(方位)의 개념(槪念)이란 말입니다. 또한 무기토(戊己土)는 방향이 중앙(中央)이기 때문에 충(冲)이 일어날 수가 없습니다.

구궁도(九宮圖)를 보겠습니다.

| 구궁도<br>(九宮圖) | 손(巽) | 리(离) | 곤(坤) |
|---|---|---|---|
| | 진(震) | 中央 | 태(兌) |
| | 간(艮) | 감(坎) | 건(乾) |

| 각 궁(宮)의<br>천간지지<br>(天干地支)<br>배속(配屬) | 辰巳 | 丙午丁 | 未申 |
|---|---|---|---|
| | 乙<br>卯<br>甲 | 戊己 | 庚<br>酉<br>辛 |
| | 寅丑 | 癸子壬 | 亥戌 |

이 두 도표를 보고 설명을 해 보겠습니다.

감리(坎离)는 수화(水火)가 대치(代置)하고, 진태(震兌)는 목금(木金)이 대치(代置)합니다. 동시에 자오묘유(子午卯酉) 사정방(四正方)이 갑을, 병정, 경신, 임계(甲乙,丙丁,庚申,壬癸)의 군건한 뿌리가 됨을 알 수가 있습니다.

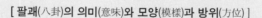

[ 팔괘(八卦)의 의미(意味)와 모양(模樣)과 방위(方位) ]

건위천(乾爲天) 하늘, 건삼련(乾三連) ☰, 戌乾亥

태위택(兌爲澤) 못,   태상절(兌上絶) ☱, 庚酉申

리위화(离爲火) 불,   리허중(離虛中) ☲, 丙午丁

진위뢰(震爲雷) 우레, 진하련(震下連) ☳, 甲卯乙

손위풍(巽爲風) 바람, 손하절(巽下絶) ☴, 辰巽巳

감위수(坎爲水) 물,   감중련(坎中連) ☵, 壬子癸

간위산(艮爲山) 산,   간상련(艮上連) ☶, 丑艮寅

곤위지(坤爲地) 땅,   곤삼절(坤三絶) ☷, 未坤申

또한 중앙(中央) 무기(戊己)의 뿌리는 각 네 모서리에 진술축미(辰戌丑未)로 포진(布陣)하여 중재자(仲裁者)로서 인신사해(寅申巳亥) 생지(生地)를 갈무리함을 볼 수 있습니다.

그러므로, 네 기둥 여덟 글자 중, 두 기둥 네 글자가

갑인(甲寅), 경신(庚申)으로 만나거나

을묘(乙卯), 신유(辛酉)로 만나거나

병오(丙午), 임자(壬子)로 만나거나

정사(丁巳), 계해(癸亥)로 만날 때는

오히려 동서(東西) 남북(南北)의 부부지상(夫婦之象)이 되어 충(冲)으로 보지 않습니다. 극(剋)의 관계(關係)이니 재관(財官)이 득기(得氣)를 이루는 것입니다.

무진(戊辰), 무술(戊戌)로 만나거나

기미(己未), 기축(己丑)으로 만나면

제3장  합(合)과 충(冲)

괴강(魁罡)끼리의 해후(邂逅), 진토(辰土)끼리의 유착(癒着)이라고 하며, 중재(仲裁)의 기(氣)가 뭉쳤다하여 역시 충(沖)으로 보지 않습니다.

다시 말하면, 순수(純粹)한 기운(氣運)끼리의 천간지지(天干地支)에서의 동시적(同時的) 만남은 충(沖)이더라도 극(剋)과 극(剋)의 상통(相通-서로 통한다)으로 절처봉생(絶處逢生)한다고 보면 될 것입니다.

이와 관련된 간지(干支)를 열거(列擧)해 보면
갑인(甲寅)과 을묘(乙卯), 병오(丙午)와 정사(丁巳)
무진(戊辰)과 무술(戊戌), 경신(庚申)과 신유(辛酉)
임자(壬子)와 계해(癸亥), 기축(己丑)과 기미(己未)
이와 같이 됩니다.

충(沖)이 중(重)한 것은 분명(分明)하나, 천간(天干)에서의 충(沖)은 상대적(相對的)으로 지지충(地支沖)보다 경(輕)할 뿐입니다. 위의 경우도 일부 특수(特殊)한 경우이지 일반적인 현상은 아닙니다.

정리하면, 천간(天干)의 극(剋) 중에서 갑경(甲庚), 을신(乙辛), 병임(丙壬), 정계(丁癸)는 지지충(地支沖)과 연계된 방위개념(方位概念)이 지지극(地支剋)의 반영(反映)과 함께 천간(天干)에 투영된 것으로 천간충(天干沖)이라고 합니다.

### 🏵 추명(推命)에의 적용(適用)

명리학은 천간지지(天干地支)로 이루어 진 사주를 세워 인간의 길흉화복(吉凶禍福)을 알아보는 학문이라 했습니다. 합(合)이라고 무조건 좋은 것도 아니고, 충(冲)이라고 무조건 나쁜 것만은 아닙니다. 일반적으로 볼 때 합(合)보다는 충(冲)이 나쁜 작용을 많이 하는 것은 사실이나 전체의 상황을 살펴서 판단해야 합니다.

 인간관계(십신 十神)를 표현하는 용어로는 편관(偏官)과 편재(偏財)에 해당합니다. 극(剋)을 하는 입장에서는 상대방이 편재(偏財)이고, 극(剋)을 당하는 입장에서는 상대방이 편관(偏官)입니다. 재성(財星 = 偏財, 正財)은 아내를 나타내고, 관성(官星 = 偏官, 正官)은 남편을 나타냅니다. 서로 음양이 다른 것끼리의 만남이 음양조화(陰陽造化)를 이룰 수 있는데, 양(陽)끼리, 음(陰)끼리 만났으니 치우쳤다고 보는 것입니다. 편(偏)은 한 쪽으로 치우친 것을 의미하니, 삐딱한 남편과 삐딱한 아내가 만난 것과 같다고 할 수 있습니다. 음양조화(陰陽造化)를 이루지 못하므로 남녀구별이 안 되는 것입니다. 그래서 서로 잘났다고 앙앙거리고 서로 못났다고 상대방의 기를 죽이는 것이라고 보는 것입니다.

 천간합(天干合)과 마찬가지로 충(冲)도 서로 붙어있어야 충(冲)이 됩니다. 일간(日干)이 충(冲)이 되는 경우도 있고, 일간(日干) 아닌 다른 천간(天干)끼리의 충(冲)도 있습니다.
 사주내에 충(冲)도 있고 합(合)도 있을 수 있습니다. 천간 합(天干合)이 충(冲)이 되면 그 합(合)은 성립하지 않고, 천간 충(天干冲)이 합(合)이 되면 그 충(冲)은 성립하지 않습니다. 그러면 합(合)과 충(冲) 중에서 먼저 성립되는 것을 정해야 합니다.
 년주(年柱)에서 월주(月柱)로, 일주(日柱)로, 시주(時柱)로 흐르는 순서대로 먼저 합충(合冲)이 성립한다고 보는 견해가 통설이나, 사주팔자는

자기 자신을 일간(日干)으로 보고 간명하기에, 일간(日干)이 천간충(天干
沖)이 될 때가 다른 천간(天干)끼리의 충(沖)보다 더 영향이 크다고 보게
되고, 일간(日干)에 가까운 것부터 먼저 합충(合沖)을 논하는 것이 옳다
고 하는 견해도 있습니다.

● 일간(日干)과 월간(月干)의 충(沖)
부모, 형제 또는 윗사람과 정신적 불화가 심하고 갈등이 많아서
부모 곁을 떠나는 경우가 많으며, 초년부터 불안정한 생활이 되기
쉽습니다.

● 일간(日干)과 시간(時干)의 충(沖)
자손이나 아랫사람과 정신적 갈등이 심하여 인연(因緣)이 박(薄)하
며 자손(子孫)이나 아랫사람이 부모(父母)를 무시(無視)하는 경우가
많습니다.

## 제 2 절  지지(地支)의 합(合)과 충(冲)

### ① 지지 삼합(地支 三合)

> 지지 삼합표

| 生地 | 旺地 | 庫地 | 십이운성 | |
|------|------|------|----------|------|
| 寅 | 午 | 戌 | 合化 | 火局 |
| 申 | 子 | 辰 | 合化 | 水局 |
| 亥 | 卯 | 未 | 合化 | 木局 |
| 巳 | 酉 | 丑 | 合化 | 金局 |

　12 지지(地支) 중에서 위와 같이 3개의 지지(地支)가 서로 합(合)하여 하나의 기운으로 통일됨으로써 강력한 세력을 이루게 됩니다.

　해묘미(亥卯未), 인오술(寅午戌), 신자진(申子辰), 사유축(巳酉丑) 등의 삼합(三合)은 일반적으로 각기 목(木), 화(火), 수(水), 금(金)으로 화(化)하는 것으로 알려져 있습니다. 그러나 원래 오행(五行)이 변하는 것이 아니라 하나의 세력을 형성하고 강화시키려 것이라는 견해도 있습니다.

　연해자평이나 명리정종에도 천간합(天干合)과 지지육합(地支六合)은 합(合)과 화(化)를 설명했으나. 삼합(三合)은 국(局)으로 표현합니다. '국(局)' 이란 '모임이나 회합'을 뜻하는 말입니다. 적천수나 자평진전에 합(合)과 합이불화(合而不化)는 천간(天干)의 합(合)에 대해서만 말하고 있습니다.

### 🔵 삼합(三合)은 생왕묘(生旺墓)의 합(合)

　어느 오행(五行)의 생(生)하는 지지(地支 = 生地)와 왕(旺)한 지지(地支 = 旺地)와 보관되는 지지(地支 = 庫地, 墓地)가 모인 것을 의미합니다. 이

제3장 합(合)과 충(冲)

세 지지(地支)가 모여 있을 때는, 그 의미하는 오행(五行)의 일생(一生)이 모두 포함되므로, 그 오행(五行)의 세상이 된다 하겠습니다. 그러므로 그 오행(五行)의 기운이 전체적으로 장악(掌握)하고 있다고 보는 것입니다.

삼합(三合)은 춘하추동(春夏秋冬)이 순차적(順次的)으로 이어가는 구조로 되어있으며, 생지(生地)가 왕지(旺地)를 생(生)하고, 각 합화(合化) 오행(五行)의 묘지(墓地, 庫地)로 연결되어 있는 구조입니다.

특이하게도 사유축(巳酉丑) 합화(合化) 금국(金局)의 경우만 생지(生地)가 왕지(旺地)를 극(剋)하는 구조인데, 오행상(五行上) 한 단계 건너뛰어진 금화교역(金火交易)의 결과(結果)이며, 이는 정중앙(正中央)의 중재(仲裁)로 화생토(火生土) 토생금(土生金)의 과정을 거치면서 외관상(外觀上) 극(剋)을 내면상(內面上) 생생화화(生生化化)로 승화(昇華)시킨 아름다운 귀결(歸結)입니다.

생지(生地)는 왕지(旺地)가 자신의 영역에서 그 힘을 마음껏 발휘하도록 힘을 뒷받침해주고, 고지(庫地, 墓地)는 왕지(旺地)가 힘을 다 발휘하고는 돌아가 쉴 곳을 의미하므로 왕지(旺地)가 자신의 기운을 발휘할 수 있도록 마음의 안정을 주는 존재입니다.

다시 말하자면, 역마(驛馬) 생지(生地)에서 일을 벌이고, 장성(將星), 도화(桃花) 왕지(旺地)에서 일을 크게 확장하고, 화개(華蓋) 묘지(墓地)로 마무리 한다고 보면 됩니다.

그러므로 세 지지(地支)가 모여 있다 하여 삼합(三合)이라 하는데, 왕지(旺地)가 있음으로 모든 것이 이루어짐으로 왕지(旺地)가 가장 중요한 역할을 한다 하겠습니다.

## ☯ 삼합(三合)은 사회합(社會合)

　삼합(三合)을 가족합(家族合)이라고 보는 견해와, 사회합(社會合)으로 보는 견해가 있습니다.

> **[ 지지합(地支合)을 바라보는 관점(觀點) ]**
> ❶ 삼합(三合)을 가족합, 방합(方合)을 사회합, 육합(六合)을 부부합
> ❷ 삼합(三合)을 사회합, 방합(方合)을 가족합, 육합(六合)을 부부합

　다음과 같은 설명을 곁들이면서, 삼합(三合)을 사회합(社會合)으로 보도록 하겠습니다.

　방합(方合)은 그 자체로서 오행기(五行氣 - 五行의 氣運)가 부여됩니다. 대표적인 것은 진술축미(辰戌丑未) 토(土)씨네 가족입니다. 인묘진(寅卯辰)은 목(木)씨네, 사오미(巳午未)는 화(火)씨네, 신유술(申酉戌)은 금(金)씨네, 해자축(亥子丑)은 수(水)씨네 가족(家族)입니다.

　육합(六合)은 낙하산 합(合)이라 할 정도로 은밀(隱密)하고 개인적(個人的)인 합(合)이니, 밤마다 몸을 섞는 음양부부(陰陽夫婦)의 합(合)이라 봐도 되겠습니다. 하지만 삼합(三合)이나 방합(方合)만큼 강렬한 합(合)은 아닙니다. 부부(夫婦)는 사랑해도 헤어지면 그냥 남이기 때문입니다.

제3장 합(合)과 충(冲)

삼합(三合)은 일단 모든 합(合) 중에서 삼합(三合)만이 천간(天干)의 눈치를 살핍니다. 천간(天干)에서 도와줘야 삼합(三合)이 제대로 성립(成立)하기 때문입니다.

삼합(三合)의 경우는 생왕묘(生旺墓)의 3요소가 모두 손을 잡고 순일기세(純一氣勢)로 향(向)하여 통일(統一)되는 맛이 있습니다. 서로 간의 출신성분(出身性分)이 다르지만 한 목표를 향해 달려가는 팀웍의 개념입니다. 축구팀에서 수비, 미드필드, 공격이 있듯이. 삼합(三合)의 경우는 서로 다른 출신들의 이질적(異質的)인 것들이 모여서 하나의 세(勢)를 이루는 것입니다. 끈끈하고 단결력(團結力)이 아주 좋다고 합니다. 그러므로 본인이 다소 부담스럽더라도 적극적(積極的)으로 융화(融和)하고 화합(和合)하고 가능한 한 함께 가려는 시도를 많이 해야 합니다.

제대로 이루어진 삼합(三合)이 방합(方合)보다 실제로 훨씬 그 기세(氣勢)가 세다고 봅니다.

> 참고  어떤 분은 삼합(三合)을 순(純), 방합(方合)을 집(集), 육합(六合)을
> 교(交), 암합(暗合)을 은(隱)이라 표현하기도 합니다.

### ☯ 삼합(三合)과 천간(天干)의 동태(動態)

지지(地支)의 삼합(三合)이 천간(天干)의 오합(五合)과 서로 상관관계를 맺으면 그대로 화(化)해 버립니다. 예를 들어, 지지(地支)에 인오술(寅午戌) 삼합(三合)으로 목국(木局)이 되고, 천간(天干)에 무계합(戊癸合)이 있거나 병정화(丙丁火)가 있다면 이것은 지지(地支)의 합(合)을 도와주는

작용이 됩니다. 반대로 천간(天干)에 정임합(丁壬合)으로 되어 있는데, 지지(地支)에 인묘목(寅卯木)이 있거나 해묘미(亥卯未)가 되어 있다면 역시 천간(天干)의 합(合)을 도와주는 의미도 됩니다.

삼합(三合)의 기운(氣運)은 천간(天干)에서 그 뜻이 이루어질 때 정말 역량(力量)이 엄청납니다. 천간(天干)의 입장에서 보면 지지(地支)의 삼합(三合)으로 근(根 - 뿌리)을 삼고, 삼합(三合)의 기세(氣勢)를 천간(天干)으로 끌어 올렸으니 '호랑이에 날개를 달아 놓은 형국'과 같다 할 수 있겠습니다. 원국(原局)에 반합(半合)이 이루어져 있을 때, 운(運)에서 삼합(三合)을 완성(完成)시켜 천간(天干)에서 뜻을 이루는 경우도 그 힘이 대단합니다.

원래부터 한 가족(家族)이 아니었던 삼합(三合)의 일원(一員)들이 모여서 하나의 꿈을 향해 돌진(突進)하려면 천간(天干)에서 모두들 공감할 만한 이상점(理想點)을 보여야 합니다. 그래서 삼합(三合)은 언제나 천간(天干)의 동태(動態 - 움직임)를 살핍니다.

천간(天干)에서 지향점(指向點)이 없거나 방해(妨害)를 받으면, 삼합(三合)은 껍데기만 합(合)이요, 동상이몽(同床異夢)하여 결국 콩가루 가족(家族)처럼 되는 경우도 많습니다. 하지만 하나의 목표(目標)로 단일(單一)하여 모아지면 그야말로 무서워지는 것이 삼합(三合)입니다. 삼합(三合)의 기세(氣勢)가 제대로 모아지면 웬만한 천간(天干)보다 낫습니다.

삼국지에서 유비가 제갈공명을 만나기 전까지는 이리 저리 쫓겨 다니고 기반(基盤)을 잡지 못하였지만, 공명을 만나 천하삼분지계(天下三分之計)를 듣고 확연대오(確然大悟)하여 촉한을 건국한 이야기가 생각납니다.

311

### ☯ 삼합(三合)의 적용(適用)

지지삼합(地支三合)은 혼기(婚期)와 관련이 있는데, 일지(日支)가 삼합
(三合)이나 반합(半合)이 되는 것은 그 해에 혼기(婚期)가 있음을 나타냅
니다. 그것은 지지(地支)와 세운(歲運)이나 대운(大運)과의 합(合)으로 보
게 됩니다. 사주에서 남녀(男女)의 상호 월지(月支), 일지(日支)가 삼합(三
合)이 되면 궁합(宮合)은 대단히 좋다고 봅니다.

지지삼합(地支三合)이 있으면 다른 구성원(構成員)들 간의 화합(和合)
을 뜻합니다. 삼합(三合)은 협조(協助), 협동(協同)을 관장하게 되는데,
사주(四柱)에서 또는 행운(行運)에서 지지삼합(地支三合)하는 것은, 그 기
간 동안은 타인(他人)과 화합(和合)과 협동(協同)하는 일이 있습니다. 또
한 본인(本人)도 화합(和合), 협동(協同)하도록 노력(努力)을 기울여야 합
니다.

합(合)이 된 오행(五行)이 길성(吉星)이 되면 길(吉)한 작용을 하게 되
며, 합(合)이 된 오행(五行)이 흉성(凶星)이 되면 흉(凶)의 작용을 합니다.

사주원명에 삼합(三合)이 되어있는 경우가 있고, 대운(大運)이나 세운
(歲運)에서 합(合)하여 오는 경우가 있습니다.

### 1) 반합(半合)

삼합(三合)의 정신(精神)은 기(氣)의 조화(造化)가 중심(中心)이요, 방
합(方合)의 정신(精神)은 세(勢)의 결집(結集)이 중심(中心)입니다. 그러나
지지(地支) 네 글자 중 세 글자가 모두 갖추어지는 경우는 많지 않습니
다. 실제(實際)로는 두 글자로 이루어지는 반합(半合)이 많이 나타나게

됩니다. 오히려 세 글자 모두가 갖추어지는 경우는 기세(氣勢)의 편중(偏重)을 뜻하는 것이기도 합니다. 두 글자만으로도 합(合)은 이루어지며 이를 반합(半合)이라 합니다.

### 반합(半合)은 왕지(旺地)를 중심(中心)으로

반합(半合)은, 삼합(三合)에서 왕지(旺地)를 포함한 2개가 합(合)이 된 것을 반합(半合)이라고 합니다. 삼합(三合)에서 왕지(旺地)가 빠진 것은 아무 것도 아닙니다.

왕지(旺地)와 생지(生地)의 합(合)과, 왕지(旺地)와 고지(庫地)의 합(合)의 두 경우가 있는데, 왕지(旺地)와 생지(生地)의 합(合)이 왕지(旺地)와 고지(庫地)의 합(合)보다 더 강합니다.

> 인오술 삼합(寅午戌 三合)에서, 인오합(寅午合)과 오술합(午戌合)
> 신자진 삼합(申子辰 三合)에서, 신자합(申子合)과 자진합(子辰合)
> 해묘미 삼합(亥卯未 三合)에서, 해묘합(亥卯合)과 묘미합(卯未合)
> 사유축 삼합(巳酉丑 三合)에서, 사유합(巳酉合)과 유축합(酉丑合)

### 반합(半合)에서의 힘의 우열(優劣)

삼합(三合)처럼 중심세력의 오행(五行)으로 변화(變化)까지는 안 되지만, 단결력(團結力)이 강하다고 봅니다.

반합(半合)중에서도 특히 왕지(旺地)인 자오묘유(子午卯酉)가 월령(月令)을 장악(掌握)한다거나, 합국(合局)의 원신(元神)이 천간(天干)에 투간(透干)될 때는 매우 강력(强力)한 힘을 발휘합니다. 그렇지 않은 경우라도 합(合)의 기세(氣勢)는 이루어지며 상대적(相對的)으로 영향력(影響力)이 조금 떨어질 뿐입니다.

반합(半合)은 삼합(三合)보다 힘이 약한데, 힘이 삼합(三合)의 반쯤 있다고 생각하면 됩니다. 또한 반합(半合)은 힘이 미약하기 때문에 주변 환경에 따라 성립되기 어려운 경우도 있습니다.

합(合)과 충(沖)이 혼합 되어 있을 때는 해당 지지(地支)의 천간(天干) 기운(氣運)과 주변의 기운(氣運) 등을 정확히 파악해야 합니다.

## 2) 삼합(三合)의 성립 조건

삼합(三合)이 성립하기 위한 조건에서는 많은 견해가 있습니다. 여기서 나누어 살펴보도록 하겠습니다.

❶ 삼합(三合)은 붙어 있어야 한다.

㉠ 삼합(三合)이 순서대로 붙어 있어야 한다.

**寅午戌未　午巳酉丑**

인오술(寅午戌)이 붙어 있어야 삼합(三合)이 되고
신자진(申子辰)이 붙어 있어야 삼합(三合)이 되고
사유축(巳酉丑)도 붙어 있어야 삼합(三合)이 되고
해묘미(亥卯未)도 붙어 있어야 삼합(三合)이 됩니다.

예 亥卯未○　○亥卯未　未卯亥○　○未卯亥

해묘미(亥卯未) 삼합(三合)으로 예를 든다면 네 가지 경우가 생기겠습니다. 물론 나머지 지지(地支) 한 글자에 의해서 48가지의 경우가 생깁니다. 사주전체로 볼 적에는 192가지의 경우가 생기게 됩니다. 사주의 지지(地支)가 이렇게 생겼을 경우에만 三合이 성립한다고 봅니다.

서로 서로 바짝 순서대로 붙어 있습니다. 사주 원국의 지지(地支) 배합이 일정하게 배치되어 있지 않으면 원칙적으로는 삼합(三合)이 되지 않는 것으로 봅니다.

| 時 | 日 | 月 | 年 | |
|---|---|---|---|---|
| 丁<br>卯 | 己<br>未 | 乙<br>卯 | 癸<br>亥 | 사<br>주 |

가운데에 묘목(卯木)을 두고서 양쪽에서 해미(亥未)가 사이좋게 연결되어 있는 상황이 됩니다. 해묘미(亥卯未)의 목국(木局)이 되는데, 더구나 시지(時支)의 묘목(卯木)까지 곁들어 있어서 탓을 할 것이 없다고 해야 하겠습니다.

이러한 정도가 되어야 목국(木局)이라고 하지 그 나머지의 상황은 확실한 삼합(三合)이라고 하는 이야기를 못하겠다는 말입니다. 그리고 더욱 중요한 것은 묘목(卯木)의 왕지(旺支)가 월지(月支)에 있다는 점입니다. 이렇게 되어야 비로소 목(木)으로 화(化)하는 분위기가 된다고 보는 것입니다.

| 時 | 日 | 月 | 年 | |
|---|---|---|---|---|
| 己<br>亥 | 辛<br>卯 | 辛<br>未 | 己<br>未 | 사<br>주 |

해묘미(亥卯未)가 완전하게 되어있는 사주로써 삼합(三合)이라고 하겠습니다. 아쉬운 점은 묘목(卯木)이 월령(月令)을 잡지 못하고 약간 벗어나서 일지(日支)에 있다는 점입니다.

월지(月支)가 삼합(三合)의 왕지(旺地)인 묘목(卯木)이 되는 경우, 삼합(三合)의 생지(生地)인 해수(亥水)가 되는 경우, 삼합(三合)의 고지(庫地)인 미토(未土)가 되는 세 가지 경우가 생기는데, 가장 왕성한 목국(木局)은 묘월(卯月)이 되고, 그 다음은 해월(亥月), 그리고 마지막으로 미월(未月)의 해묘미(亥卯未)가 됩니다. 그 외의 해묘미(亥卯未)는 어떻게 되어있던지 반합(半合)이 되는 것으로 봅니다.

ⓛ 삼합(三合)이 붙어 있으면 된다. 순서에 상관하지 않는다.

| 辰亥未卯　　子申辰酉 |
|---|

예　亥未卯○　卯亥未○　卯未亥○　未亥卯○
　　○亥未卯　○卯亥未　○卯未亥　○未亥卯

해묘미 삼합으로 예를 든다면 8가지 경우가 발생합니다. 물론 나머지 지지 한 글자에 의해서 96가지의 경우가 생깁니다. 사주 전체로 볼 적에는 384가지의 경우가 생기게 됩니다. 이렇게 순서에 상관없이 세 글자가 붙어 있으면 삼합(三合)이 성립한다고 봅니다.

| 時 | 日 | 月 | 年 | |
|---|---|---|---|---|
| 癸<br>未 | 乙<br>亥 | 己<br>卯 | 乙<br>丑 | 사<br>주 |

해묘미(亥卯未)가 붙어 있어 삼합(三合)이 성립합니다.

그러나 순서대로 세 글자가 붙어 있어야 삼합(三合)이 성립한다고 보는 견해에서는, 삼합(三合)이 성립하지 않고 단지 해묘(亥卯)의 반합(半合)만 유효한 것으로 봅니다.

| 時 | 日 | 月 | 年 | |
|---|---|---|---|---|
| 己 | 丁 | 辛 | 己 | 사 |
| 酉 | 卯 | 未 | 亥 | 주 |

해묘미(亥卯未)가 붙어 있어서 삼합(三合)이 성립합니다.

주의할 것은 중요한 글자인 가운데 묘목(卯木)이 유금(酉金)과 충돌을 하고 있는 상황입니다. 해묘미(亥卯未) 삼합(三合)이 되어 강력한 목국(木局)을 형성하여 비록 유금(酉金)이 와도 대응할 수 있다고 보기도 하고, 묘유충(卯酉冲)이 되어 묘목(卯木)이 깨어진 상황이기 때문에 삼합(三合)이 성립되지 않는다고 보기도 합니다.

삼합(三合)이 성립된다고 보면 삼합(三合)의 힘이 유금(酉金)을 대처하기 위해서 힘을 쓰기 때문에 힘이 빠진 삼합(三合)이 된다고 봅니다.

그러나 순서대로 세 글자가 붙어 있어야 삼합(三合)이 성립한다고 보는 견해에서는, 삼합(三合)이 성립하지 않고 단지 묘미(卯未)의 반합(半合)만 유효할 것으로 보는데, 그것마저도 묘유충(卯酉冲)으로 묘목(卯木)이 깨어져 있는 상황이기 때문에 글자로는 해묘미(亥卯未)가 갖춰져 있지만 작용력은 그냥 기본적인 타고난 글자의 의미대로만 보면 된다고 하겠습니다.

❷ 삼합이 붙어 있지 않아도 세 글자만 있으면 성립한다.

㉠ 중간에 다른 지지가 끼어 있어도, 그 성분에 따라 성립할 수 있다.
중간에 끼어 있는 글자가, 화(化)하는 오행의 성분을 강화시켜 준
다면 성립한다.

○○○○　　○○○○
亥寅卯未　　午戌未寅

亥卯○未　　亥○卯未　　亥未○卯　　亥○未卯
卯亥○未　　卯○亥未　　卯未○亥　　卯○未亥
未亥○卯　　未○亥卯　　未卯○亥　　未○卯亥

해묘미(亥卯未) 삼합(三合)으로 예를 든다면 중간에 한 글자가 끼인
경우는 12가지가 발생합니다. 물론 나머지 지지(地支) 한 글자에 의해
서 144가지의 경우가 생깁니다. 그 중에서 같은 배열 6가지 경우와 순
서대로 배열되어 있으면서 붙어 있는 경우 8가지를 빼면 130가지입니
다. 사주 전체로 볼 적에는 520가지의 경우가 생기게 됩니다.

중간에 끼어 있는 글자가, 화(化)하는 오행(五行)의 성분을 강화시켜
준다면 삼합(三合)이 성립한다고 보는 것입니다.

중간에 끼인 글자가 삼합(三合)을 이루는 한 글자이거나, 삼합(三合)
하여 이루는 오행과 같은 오행의 경우이거나, 생(生)하는 경우이거나,
설기(洩氣)하는 경우이거나, 삼합(三合)하여 이루는 오행이 중간에 끼인
오행을 극(剋)하는 경우이거나, 중간에 끼인 오행이 삼합(三合)하여 이
루어지는 오행을 극(剋)하는 경우가 생기겠습니다.

### ▶ 삼합(三合)을 이루는 한 글자인 경우

亥(亥)卯未　亥(卯)卯未　亥(未)卯未　亥卯(亥)未　亥卯(卯)未　亥卯(未)未
亥(亥)未卯　亥(卯)未卯　亥(未)未卯　亥未(亥)卯　亥未(卯)卯　亥未(未)卯
卯(亥)亥未　卯(卯)亥未　卯(未)亥未　卯亥(亥)未　卯亥(卯)未　卯亥(未)未
卯(亥)未亥　卯(卯)未亥　卯(未)未亥　卯未(亥)亥　卯未(卯)亥　卯未(未)亥
未(亥)亥卯　未(卯)亥卯　未(未)亥卯　未亥(亥)卯　未亥(卯)卯　未亥(未)卯
未(亥)卯亥　未(卯)卯亥　未(未)卯亥　未卯(亥)亥　未卯(卯)亥　未卯(未)亥

　해묘미(亥卯未)를 예를 들었을 때 36가지의 경우 중 같은 배열 6가지를 제외하고, 또 해묘미(亥卯未)가 순서적으로 붙어 있는 8가지의 경우를 제외하면 22가지의 경우가 발생합니다. 전체적으로는 88가지의 경우가 발생합니다.
　이런 경우 삼합(三合)으로 성립한다고 봅니다.

### ▶ 중간에 끼인 글자가 삼합하여 이루는 오행과 같은 오행 글자인 경우

亥(寅)卯未　亥卯(寅)未　亥(寅)未卯　亥未(寅)卯
卯(寅)亥未　卯亥(寅)未　卯(寅)未亥　卯未(寅)亥
未(寅)亥卯　未亥(寅)卯　未(寅)卯亥　未卯(寅)亥

　해묘미(亥卯未)를 예를 들어보면 12가지의 경우가 생기고, 전체적으로 48가지의 경우가 생깁니다. 이런 경우에 삼합(三合)이 성립한다고 봅니다.
　해인묘미(亥寅卯未)의 경우 해묘미(亥卯未)에 삼합(三合)하여 이루는 목국(木局)의 오행인 인목(寅木)이 중간에 끼여 있습니다. 해묘미(亥卯未)

319

삼합(三合)하여 목국(木局)을 형성하는데 인목(寅木)으로 목기(木氣)를 더해줌으로 삼합(三合)이 무난히 성립한다고 봅니다.

사신유축(巳申丑酉)의 경우 사유축(巳酉丑)에 삼합(三合)하여 이루는 금국(金局)의 오행인 신금(申金)이 중간에 끼여 있습니다. 사유축(巳酉丑) 삼합(三合)하여 금국(金局)을 형성하는데 신금(申金)으로 금기(金氣)를 더해 줌으로 삼합(三合)이 무난히 성립한다고 봅니다.

### ▶ 삼합으로 이루는 오행을 중간에 끼인 글자가 생하는 경우

亥(子)卯未　亥卯(子)未　亥(子)未卯　亥未(子)卯

卯(子)亥未　卯亥(子)未　卯(子)未亥　卯未(子)亥

未(子)亥卯　未亥(子)卯　未(子)卯亥　未卯(子)亥

해묘미(亥卯未) 목국(木局)을 생(生)하는 글자는 자수(子水)가 있어 12개의 경우가 생기고,

인오술(寅午戌) 화국(火局)을 생(生)하는 글자는 묘목(卯木)이 있어 12개의 경우가 생기고,

신자진(申子辰) 수국(水局)을 생(生)하는 글자는 유금(酉金)이 있어 12개의 경우가 생기고,

사유축(巳酉丑) 금국(金局)을 생(生하)는 글자는 진술미토(辰戌未土)가 있어 36개의 경우가 생기고, 전체적으로 72가지의 경우가 생깁니다.

술인묘오(戌寅卯午)의 경우, 인오술(寅午戌) 삼합(三合)하여 화국(火局)을 이루는데 묘목(卯木)은 목생화(木生火)로 불을 생(生)하므로 아무 거

리낌 없이 삼합(三合)이 성립한다고 봅니다.

유사미축(酉巳未丑)의 경우, 사유축(巳酉丑) 삼합(三合)하여 금국(金局)을 이루는데, 미토(未土)는 토생금(土生金)으로 토(土)를 생(生)하는 성분이므로 무난히 삼합(三合)이 성립된다고 봅니다.

### ▶ 삼합으로 이루는 오행을 중간에 끼인 글자가 설기(洩氣) 하는 경우

인미오술(寅未午戌)의 경우, 인오술 삼합(寅午戌 三合)으로 화국(火局)을 이루는데, 미토(未土)는 화생토(火生土)로 화(火)의 성분을 설기(洩氣 : 빼내버림)하지만, 사오미 방합(巳午未 方合)을 이루는 관계이고, 화(火)를 품고 있는 토(土)이기에(丁乙己), 삼합(三合)이 성립한다고 봅니다.

인오진술(寅午辰戌)의 경우, 인오술 삼합(寅午戌 三合)으로 화국(火局)을 이루는데, 진토(辰土)는 화생토(火生土)하여 화(火)의 성분을 설기(洩氣 : 빼내버림)하고, 진토(辰土)는 습기를 가진 습토(濕土)이므로(乙癸戊), 미토(未土)가 있는 경우보다는 인오술 삼합(寅午戌 三合)의 힘이 조금 더 떨어지지만 그래도 삼합(三合)이 성립한다고 봅니다.

### ▶ 삼합으로 이루는 오행이 중간에 끼인 글자를 극하는 경우

축유인사(丑酉寅巳)의 경우, 사유축 삼합(巳酉丑 三合)하여 금국(金局)을 이루는데, 인목(寅木)이 금국(金局)을 깨뜨리지 못하므로 합(合)의 힘이 떨어지기는 해도 삼합(三合)이 성립한다고 봅니다.

제3장 합(合)과 충(冲)

### ▶ 중간에 끼인 글자가 삼합으로 이루는 오행을 극하는 경우

    인오자술(寅午子戌)의 경우라면 인오술(寅午戌)이 있으나 자수(子水)가 가로 막고 있어서(水剋火, 子午沖) 합(合)이 어렵다고 보여 지며, 유오사축(酉午巳丑)의 경우는 오화(午火)가 있어서(火克金) 합(合)이 어렵고, 해묘유미(亥卯酉未)의 경우는 해묘미(亥卯未)가 삼합(三合)하여 목국(木局)을 이루는데 중간에 유금(酉金)이 있어서(金克木) 합(合)이 어렵다고 봅니다.

    ⓒ 세 글자만 있으면 무조건 성립한다.

○○○○　　○○○○
亥 酉 卯 未　　戌 午 子 辰

亥卯○未　亥○卯未　亥未○卯　亥○未卯
卯亥○未　卯○亥未　卯未○亥　卯○未亥
未亥○卯　未○亥卯　未卯○亥　未○卯亥

    해묘미 삼합(亥卯未 三合)으로 예를 든다면 12가지 경우가 발생합니다. 물론 나머지 지지(地支) 한 글자에 의해서 144가지의 경우가 생깁니다. 사주 전체로 볼 적에는 576가지의 경우가 생기게 됩니다.

    중간에 끼인 지지의 성분을 불문하고 삼합(三合)이 성립한다고 봅니다.

❸ 두 글자가 있고 천간에 한 글자의 본기가 투출하면 성립한다.

    ㉠ 반합(半合)이 성립하고,

      지지에 없는 삼합자의 본기가 천간에 투출하면 성립한다.

322

　　○○○戊　　壬○○○
　　辰午寅子　　戌卯未申

　지지(地支)에 인오술 삼합(寅午戌 三合) 중에 인(寅)과 오(午)가 붙어있어 반합(半合)이 성립하고, 인오술(寅午戌) 중 술(戌)은 지장간(地藏干)에 신정무(辛丁戊)가 있으므로 본기(本氣)인 무토(戊土)가 천간(天干)에 나타나 있으므로 삼합(三合)이 성립한다고 봅니다.

　지지(地支)에 해묘미 삼합(亥卯未 三合) 중에 묘(卯)와 미(未)가 반합(半合)을 이루고 있고, 해(亥)의 지장간(地藏干)은 무갑임(戊甲壬)이므로 본기(本氣)인 임수(壬水)가 천간(天干)에 나타나 있으므로 삼합(三合)이 성립한다고 봅니다.

　인오술(寅午戌) 세 글자가 모여야 삼합(三合)이 되는데, 인오 반합(寅午 半合)에서 술(戌)의 본기(本氣)인 무토(戊土)가 천간(天干)에 있어 삼합(三合)이 된다고 보는 견해에 있어서, 술토(戌土)와 무토(戊土)는 엄연히 다른 것이라는 것을 들어 삼합(三合)이 안 된다고 보는 견해도 있습니다. 술토(戌土)는 신금(辛金)과 정화(丁火)와 무토(戊土)가 모여서 이루어진 것이기 때문에 무토(戊土)와는 다릅니다. 또한 해수(亥水)는 무토(戊土)와 갑목(甲木)과 임수(壬水)가 모여 이루어진 것이기 때문에 임수(壬水)와는 다르다고 봅니다.

　ⓛ 지지에 두자가 있고, 천간에 왕지(旺地)의 본기가 투출하면 성립한다.

　　○○辛○　　○乙○○
　　戌丑巳申　　亥未辰巳

제3장 합(合)과 충(冲)

사유축 삼합(巳酉丑 三合)을 구성하는 사화(巳火)와 축토(丑土)가 지지(地支)에 있고, 유금(酉金)의 지장간(地藏干)이 경신(庚辛)인데 본기(本氣)인 신금(辛金)이 천간(天干)에 나타나 있으므로 삼합(三合)이 성립한다고 봅니다.

해묘미 삼합(亥卯未 三合)을 구성하는 해수(亥水)와 미토(未土)가 지지(地支)에 있고, 묘목(卯木)의 지장간(地藏干)은 갑을(甲乙)인데 본기(本氣)인 을목(乙木)이 천간(天干)에 나타나 있으므로 삼합(三合)이 성립한다고 봅니다.

그러나 유금(酉金)은 경금(庚金)과 신금(辛金)으로 이루어진 것이기 때문에 신금(申金)과는 다르고, 묘목(卯木)은 갑목(甲木)과 을목(乙木)으로 이루어진 것이기에 을목(乙木)과는 다르기 때문에 삼합(三合)이 이루어지지 않는다고 보는 견해도 있습니다.

## 3) 행운(幸運)에서의 삼합(三合) 성립

원국에서는 삼합이 아닌데, 행운에서 빠진 글자가 들어오면 성립한다.

| ○○○○행운 − ○ | ○○○○행운 − ○ |
|---|---|
| 寅午未巳　　戌 | 寅戌丑子　　午 |

행운(行運)이라고 하는 것은 대운(大運)과 세운(歲運)을 모두 포함합니다. 월운(月運)이나 일운(日運)도 포함이 됩니다. 사주에서는 삼합(三合)이 아닌데, 행운(行運)에서 그 빠진 글자가 들어오면 비로소 합(合)이 완전해진다는 것입니다.

삼합(三合) 세 글자 중에서 두 글자가 붙어 있는 경우도 있고 떨어진 경우도 있을 것입니다. 반합(半合)이 되는 경우와 반합(半合)도 되지 않는 경우가 있을 것입니다.

예를 들어 삼합(三合) 세 글자 중에서 두 글자가 붙어 있는 경우, 사주에서 인오 반합(寅午 半合)이 있는데, 행운(行運)에서 술토(戌土)가 들어온다면 삼합(三合)이 성립하여 그 행운이 있는 동안 화국(火局)을 형성한다고 봅니다. 사주에 인술(寅戌)이 있으면 이는 사주에서 합(合)과는 아무런 상관이 없는데, 행운(行運)에서 오화(午火)가 오면 삼합(三合)이 성립하여 그 행운 기간 동안 화국을(火局) 형성한다는 것입니다.

▶ 삼합(三合)이 되었는데 천간(天干)의 기운(氣運)이 화국(化國)을 이루는데 도움을 주지 않고 거부한다면, 삼합(三合)은 하되 화국(化局)으로는 형성되지 않는다는 말에 대해서

| 時 | 日 | 月 | 年 | |
|---|---|---|---|---|
| 庚戌 | 壬午 | 壬寅 | 壬辰 | 사주 |

지지(地支)에서 인오술 삼합(寅午戌 三合)하여 화국(火局)을 형성하였습니다. 그러나 천간(天干)의 기운은 3개의 임수(壬水)와 1개의 경금(庚金)으로 이루어져 강력한 수기(水氣)를 형성하고 있습니다.

어떤 분은 지지(地支)가 인오술(寅午戌)로 똘똘 뭉쳐 삼합(三合)이 형성되었으나 천간(天干)에서 그 화국(火局)을 거부(拒否)하므로 삼합(三合)은 하되 화국(火局)으로는 형성이 되지 않는다고 하십니다. 그러나 삼합

(三合)이란 지지(地支)의 상황을 나타내는 것이고, 천간(天干)과의 관계는 사주를 풀어 가는 과정에서 발생하는 문제라 생각합니다.

### ▶ 삼합(三合)의 형성으로 인한 변화(變化)

삼합이 되어서 좋을 수도 있고 나쁠 수도 있습니다.

| 時 | 日 | 月 | 年 | |
|---|---|---|---|---|
| 丙<br>辛 | 丙<br>戌 | 丙<br>午 | 壬<br>寅 | 사<br>주 |

이런 사주가 있다면 지지(地支)에 인오술 삼합 화국(寅午戌 三合 火局)으로 되어서 천간(天干)의 강한 화기(火氣)를 도와 천지간(天地間)이 불바다가 되는 형국(形局)이니 좋다고만은 못하겠습니다.

| 時 | 日 | 月 | 年 | |
|---|---|---|---|---|
| 庚<br>申 | 戊<br>寅 | 庚<br>午 | 甲<br>戌 | 사<br>주 |

이런 사주가 있다면 무토(戊土)가 천간(天干)에서 허약(虛弱)한데, 인오술 삼합(寅午戌 三合)으로 화국(火局)을 형성하여 무토(戊土)를 도와주므로 좋은 경우라고 생각해 볼 수 있습니다.

### ▶ 행운(行運)에서 변화(變化)를 살펴보면

사주에 두 글자가 붙어 있고, 행운에서 한 글자가 들어와 삼합(三合)을 형성할 수도 있습니다. 삼합(三合)으로 이루어진 국세(局勢)가 사주에 힘을 실어주어 좋게 작용할 수도 있고, 허약(虛弱)한 일주(日柱)를 설기(洩氣)시키거나 극(剋)을 하여 나쁘게 작용할 수도 있습니다.

사주에서 인오술(寅午戌)이 있어서 화국(火局)이 되어있는데, 만약에 대운(大運)에서 자수(子水)가 들어온다면 자오충(子午沖)이 발생되어서 화국(火局)이 깨어지게 됩니다. 인오술 삼합(寅午戌 三合)이 사주에서 좋게 작용하고 있었다면 행운에서 온 자수(子水)는 나쁜 작용을 하는 것이고, 인오술 삼합(寅午戌 三合)으로 인해서 아무것도 못하고 있었던 상황이라고 한다면 고마운 충돌이라고 해야 할 것입니다.

## 4) 삼합의 성립은 엄격하게

삼합(三合)이 되는 경우를 살펴보았습니다. 여기서 삼합(三合)의 성립을 어느 정도까지로 하여야 하는가? 하는 것이 하나의 문제점이라고 보여 집니다. 학자들의 견해가 다양하니 추명(推命)하는데 있어서 일목요연(一目瞭然)함이 없을뿐더러, 일반인(一般人)들은 합(合)이라는 그 말의 좋은 점만을 취하여 아전인수격(我田引水--자기 편한대로)격으로 해석(解析)을 하고, 또 추명(推命)을 하는 이들은 이를 역이용(逆利用)하여 견강부회(牽强附會--억지로 갖다 끼워 맞추다)하니 명리(命理)의 그 참 뜻을 잊었습니다. 살펴보았듯이 합(合)이라 하여 무조건(無條件) 좋은 것도 아니요, 또한 충(沖)이라 하여 무조건(無條件) 나쁜 것만도 아닙니다.

한번 뿐인 이 세상 살아가다 보면, 좋은 일 궂은 일 다 있으련만 어찌 그것을 숙명이라는 말로써 바람이 부는 대로 일렁거리는 망망대해(茫茫大海)의 일엽편주(一葉片舟)처럼 어찌 그저 그렇게 받아들이시겠습니까?

운명개척자(運命開拓者)라는 블로그를 사용하시는 선배님의 '운명개척자(運命開拓者)'라는 그 이름이 명리(命理)를 배우는 진정(眞正)한 의미

(意味)임을 다시 한 번 되새겨 봅니다. '근취저신 원취저물(近取諸身 遠取諸物)' 가깝게는 자기 몸에서 진리(眞理)를 찾고, 멀리서는 각각의 사물에서 진리(眞理)를 찾아야 한다는 말입니다. 말 한마디에서도 그 뜻을 찾을 수 있었다니 참으로 감사할 따름입니다.

'직관(直觀)'이라는 말이 있습니다. 바로 본다. 똑바로 본다는 말입니다. 있는 그대로 본다는 뜻과는 다르다고 생각합니다. 밖으로 드러난 현상을 보고서 그 본질(本質)을 꿰뚫어 보는 것을 말한다고 생각합니다. 추명(推命)을 함에 있어서 정확(正確)함을 기본으로 하여야 만이 그것을 바탕으로 인생살이에 있어 길잡이를 삼을 수 있지 않을까 합니다.

넋두리가 길었습니다. 결론적으로 삼합(三合)의 성립(成立) 범위(範圍)를 보자면, 오행(五行)이 그 기본정신(基本精神)이고, 합충(合冲)은 그 변화(變化)의 원동력(原動力)이라 했습니다. 합충(合冲)에 편중(偏重)된다면, 사주(四柱) 원국(原局)을 훼손(毁損)함이 될 수 있으니 삼합(三合)의 성립을 엄격하게 하고 싶습니다.

일단 합(合)은 붙어있어야 한다고 봅니다. 그리고 세 글자가 있어야 된다고 보고 싶습니다. 생왕묘(生旺墓)가 순차적(順次的)으로 있든 그렇지 않든, 삼합(三合)을 이루는 세 글자가 붙어 있으면 삼합(三合)이 성립(成立)되는 조건(條件)으로 삼겠습니다.

일의 진행면에서 보면, 생지(生地)에서 일을 벌이고, 왕지(旺地)가 일을 확장(擴張) 발전(發展)시키고, 묘지(墓地)에서 일을 마무리를 합니다. 그러나 역할(役割)분야에서 보면, 생지(生地)는 역마(驛馬)이니 영업이나, 정보수집, 수색대로서의 역할을 할 수 있고, 왕지(旺地)는 장성(將星), 도화(桃花)로서 주관(主觀)과 뚜렷한 개성(個性)으로 뭇 사람들과 관계나 뚝심으로 난관(難關)을 헤쳐 나가고 발전(發展)시키는 역할이 있고, 묘지(墓地)는 화개(華蓋)로서 종합하고 포용하는 역할로 정보분석이나, 관리 감독이나, 회계 등의 역할이 있을 것입니다.

따라서, 삼합(三合)의 성립요건(成立要件)으로서 생왕묘(生旺墓)의 순서(順序)에 상관없이 세 글자가 붙어 있으면 성립(成立)한다고 보는 것이 타당(妥當)하다고 생각합니다.

## ② 방합(方合)

같은 방위(方位)와 계절(季節)에 속해 있는 3개의 지지(地支)가 함께 모여 강력한 세력을 이루고 있을 때 이를 방향(方向)의 합(合), 방합(方合)이라고 한다. 계절을 의미해 계절합(季節合)이라고도 합니다.

| 方合 | 化局 | 方位 | 季節 |
|------|------|------|------|
| 寅卯辰 | 東方木局 | 東 | 春 |
| 巳午未 | 南方火局 | 南 | 夏 |
| 申酉戌 | 西方金局 | 西 | 秋 |
| 亥子丑 | 北方水局 | 北 | 冬 |

지지
방합표

지지 방합도
(地支 方合圖)

제3장 합(合)과 충(冲)

　방합(方合)은 같은 방위(方位)와 같은 계절(季節)의 집합(集合)으로 나타납니다. 삼합(三合)의 정신(精神)은 기(氣)의 조화(調和)가 중심(中心)이요, 방합(方合)의 정신(精神)은 세(勢)의 결집(結集)이 중심(中心)입니다. 따라서 방위(方位)와 계절(季節)이라는 동질적(同質的)인 집단(集團)의 결집력(結集力)이 방합(方合)이라는 말입니다.

　또한 삼합(三合)은 기(氣)의 조화(調和)가 중심(中心)이므로 기(氣)가 흐르는 것(流)을 나타내지만, 방합(方合)은 세(勢)의 결집(結集)이 중심(中心)이므로 기(氣)가 막히는 것(滯)으로 볼 수 있습니다.

　세력(勢力)이 늘어날수록 조화(調和)와 균형(均衡)이 깨어질 가능성(可能性)이 높아지는 자기모순(自己矛盾)에 빠져 들 수 있습니다.

| 목국(木局) | 寅(戊丙甲) | 卯(甲乙) | 辰(乙癸戊) |
|---|---|---|---|

　인(寅)에서 다음 화국(火局)의 병화(丙火)가 발생(發生)합니다. 그런데 화(火)라는 오행이 생(生)하는 데 토(土)가 간여를 합니다. 묘(卯)는 목(木)의 왕지(旺地)로서 순수(純粹)한 목(木)입니다. 겨울을 주도했던 수(水)는 표면적으로는 드러나지 않으나 수생목(水生木)의 작용으로 목(木)을 돕습니다. 진(辰)은 목국(木局)과 화국(火局)의 교체기로서 토(土)가 중재를 합니다. 동시에 수생목(水生木)으로 숨어서 목(木)을 생하던 수기(水氣)가 토(土) 속에서 휴식을 합니다. 수(水)는 여름 화국(火局)을 지나 가을 신금(申金)에서 다시 깨어납니다.

| 화국(火局) | 巳(戊庚丙) | 午(丙己丁) | 未(丁乙己) |
|---|---|---|---|

사(巳)에서 다음 금국(金局)의 경금(庚金)이 발생합니다. 그런데 금(金)이라는 오행이 생(生)하는 데 토(土)가 간여를 합니다. 오(午)는 화(火)의 왕지(旺地)입니다. 그런데 오화(午火)에는 기토(己土)가 들어 있습니다. 봄을 주도했던 목(木)은 표면적으로는 드러나지 않으나 목생화(木生火)의 작용으로 화(火)를 돕습니다. 미(未)는 화국(火局)과 금국(金局)의 교체기로서 토(土)가 중재를 합니다. 동시에 목생화(木生火)로 숨어서 화(火)를 생하던 목기(木氣)가 토(土) 속에서 휴식을 합니다. 목(木)은 가을 금국(金局)을 지나 겨울 해수(亥水)에서 다시 깨어납니다.

| 금국(金局) | 申(戊壬庚) | 酉(庚辛) | 戌(辛丁戊) |

신(申)에서 다음 수국(水局)의 임수(壬水)가 발생합니다. 그런데 수(水)라는 오행이 생(生)하는 데 토(土)가 간여를 합니다. 유(酉)는 금(金)의 왕지(旺地)입니다. 순수(純粹)한 금(金)입니다. 여름을 주도했던 화(火)는 표면적으로는 드러나지 않으나 화생토(火生土) 토생금(土生金)의 작용으로 금(金)을 돕습니다. 오화(午火)에 기토(己土)가 들어 있는 이유가 여기에 있습니다. 술(戌)은 금국(金局)과 수국(水局)의 교체기로서 토(土)가 중재를 합니다. 동시에 화생토(火生土) 토생금(土生金)으로 숨어서 금(金)을 생(生)하던 화기(火氣)가 토(土) 속에서 휴식을 합니다. 화(火)는 겨울 수국(水局)을 지나 봄 인목(寅木)에서 다시 깨어납니다.

| 수국(水局) | 亥(戊甲壬) | 子(壬癸) | 丑(癸辛己) |

제3장 합(合)과 충(冲)

해(亥)에서 다음 목국(木局)의 갑목(甲木)이 발생합니다. 그런데 목(木)
이라는 오행이 생(生)하는데 토(土)가 간여를 합니다. 자(子)는 수(水)의
왕지(旺地)입니다. 순수(純粹)한 수(水)입니다. 가을을 주도했던 금(金)은
표면적으로는 드러나지 않으나 금생수(金生水)의 작용으로 수(水)를 돕
습니다. 축(丑)은 수국(水局)과 목국(木局)의 교체기로서 토(土)가 중재를
합니다. 동시에 금생수(金生水)로 숨어서 수(水)를 생(生)하던 금기(金氣)
가 토(土) 속에서 휴식을 합니다. 금(金)은 봄 목국(木局)을 지나 여름 사
(巳)에서 다시 깨어납니다.

진술축미(辰戌丑未)의 토(土)는 다른 오행의 생(生)에 간여하고 계절의
순환을 중재하고 다른 오행을 간직하고 보존하는 역할을 합니다.
오행(五行)의 기운(氣運)은 사계절 내내 동시에 존재합니다. 다만 계
절에 따라 각 기운(氣運)의 주(主)와 종(從), 강약(强弱)이 다를 뿐입니다.
예를 들자면, 봄은 목국(木局)으로서 목기(木氣)가 주도하는 계절입니
다. 수(水)는 계절의 주도권을 목(木)에게 넘겨주었지만 목(木)을 생(生)
하는 역할을 하고 있으며, 화(火)는 목국(木局)의 시작과 동시에 깨어나
성장해 갑니다. 금(金)은 목(木)에 극(克)을 당하여(木 세력이 강하면 金이 극
(剋)을 당합니다) 휴식하는 시기입니다.

# ❸ 지지의 합(地支合)

《초학기(初學記)》에서 하늘과 땅과 동서남북을 가리키는 말이라고 합
니다.
지지(地支)의 육합(六合)은 그 근거를 달이 지구를 한 바퀴 돌면서 생

기는 월건(月建)과 지구가 태양을 한 바퀴 돌면서 생기는 황도(黃道)와의 상호조합에서 찾습니다. 태양이 지나가는 황도(黃道)의 방위와 각 월을 기준으로 정한 것입니다.

예를 들어 해와 달이 해(亥)의 방향에서 서로 만나게 되면 북두칠성의 자루부분[柄]은 인(寅)의 방향을 가리키게 됩니다. 이것을 인해(寅亥)의 상합(相合)이라고 합니다.

태양이 황도(黃道)의 해궁(亥宮)에 있으면 계절이 인월(寅月)이 되고(寅亥合木), 술궁(戌宮)에 있으면 묘월(卯月)이 되며(卯戌合火), 유궁(酉宮)에 있으면 진월(辰月)이 되고(辰酉合金), 신궁(申宮)에 있으면 사월(巳月)이 되고(巳申合水), 미궁(未宮)에 있으면 오월(午月)이 되고(午未合), 오궁(午宮)에 있으면 미월(未月)이 되고(午未合), 사궁(巳宮)에 있으면 신월(申月)이 되고(巳申合水), 진궁(辰宮)에 있으면 유월(酉月)이 되며(辰酉合金), 묘궁(卯宮)에 있으면 술월(戌月)이 되고(卯戌合火), 인궁(寅宮)에 있으면 해월(亥月)이 되며(寅亥合木), 축궁(丑宮)에 있으면 자월(子月)이 되고, 자궁(子宮)에 있으면 축월(丑月)이 되는 것입니다(子丑合土).

자(子)와 축(丑)이 맨 밑에서 합(合)하여 토(土)가 되는 것은 토지 곧 땅을 형상화한 것이고, 오(午)와 미(未)가 맨 위에 있으면서 합(合)하는 것은 하늘을 형상화한 것입니다. 그리고 밑에서 차례로 인(寅)과 해(亥)가 합(合)하여 목(木)이 되는 것은 봄을 형상화한 것이고, 묘(卯)와 술(戌)이 합(合)하여 화(火)가 되는 것은 여름을 형상화한 것이고, 진(辰)과 유(酉)가 합(合)하여 금(金)이 되는 것은 가을을 형상화 한 것이고, 사(巳)와 신(申)이 합(合)하여 수(水)가 되는 것은 겨울을 형상화한 것이다. 자축합토(子丑合土)의 지기(地氣)는 상승하고, 오미(午未) 일월(日月)의 천기(天氣)는 하강하여 천지(天地)의 사이에 목화금수(木火金水)로 대

제3장 합(合)과 충(沖)

표되는 사시(四時) 춘하추동(春夏秋冬)의 순환이 차례로 이루어지는 것
입니다.

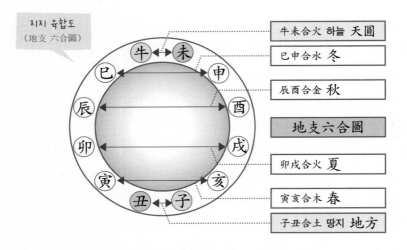

지지 육합도
(地支 六合圖)

牛未合火 하늘 天圓

巳申合水 冬

辰酉合金 秋

地支六合圖

卯戌合火 夏

寅亥合木 春

子丑合土 땅지 地方

- 자축합화 토(子丑合化 土) 子水와 丑土가 합하면 음양조화에 의해 자수
  가 土로 변하여 더 큰 土가 된다.
- 인해합화 목(寅亥合化 木) 寅木과 亥水가 합하면 음양조화에 의해 亥水
  가 木으로 변하여 더 큰 木이 된다.
- 묘술합화 화(卯戌合化 火) 卯木과 戌土가 합하면 음양조화에 의해 둘 다
  火로 변한다.
- 진유합화 금(辰酉合化 金) 辰土와 酉金이 합하면 음양조화에 의해 辰土
  가 金으로 변하여 더 큰 金이 된다.
- 사신합화 수(巳申合化 水) 巳火와 申金이 합하면 음양조화에 의해 둘 다
  水로 변한다.
- 오미합화 화(午未合化 火) 午火와 未土가 합하면 음양조화에 의해 未土
  가 火로 변하여 더 큰 火가 된다.

12지지(地支) 중에서 2개가 서로 합하여 새로운 오행(五行)으로 변화하는 것입니다. 지지합(地支合)은 삼합(三合)의 변화보다 그 힘이 적다고 보시면 됩니다.

지지합(地支合)이 성립하기 위해서는 나란히 붙어 있어야 합니다. 두 지지(地支) 사이에 다른 지지(地支)가 끼어 있으면 합(合)이 성립되지 않으며, 합(合)만 하고 있는지 합(合)을 하여 화(化-변해버림)했는지를 파악해야 합니다. 합(合)과 충(沖)이 혼합되어 있으면 합(合)을 우선 하지만 주변 상황에 따라 판단해야 합니다.

- **생합**(生合) : 인해합화 목(寅亥合化 木)과 진유합화 목(辰酉合化 金)은 생(生)하여 주는 관계에서 이루어진 합으로 거의 합화(合化)가 성립합니다.
- **극합**(剋合) : 묘술합화 화(卯戌合化 火)과 사신합화 수(巳申合化 水)는 극(剋)하는 관계에서 이루어진 합(合)으로, 합(合)만 하는 경우가 많으며 합화(合化)는 거의 성립 안한다고 봅니다.
- **자축합화 토**(子丑合火 土)는 주변 환경에 따라 토(土)로 화(化)할 수도 있고, 수(水)로 화(化)할 수도 있습니다.
- **오미합화 화**(午未合化 火)는 주변 환경에 따라 화(火)로 화(化)할 수도 있고, 합(合)만 하는 경우가 있습니다.

- **합**(合)**의 응용** : 어느 궁(宮)과 어느 궁(宮)이 합(合)을 하는지, 어떤 육친끼리 합(合)하고 있는지, 어떤 의미의 지지(地支)가 합(合)을 하는지, 합화(合化)가 된 경우 길(吉)의 의미인지, 흉(凶)한 의미인지로 화(化)했는지를 파악해야 합니다.

제3장 합(合)과 충(沖)

● 지지합(地支合)의 적용 : 근묘화실(根苗花實)이라는 말에 근거하여 지
  지합(地支合)의 적용을 살펴보면 다음과 같습니다.
  ▶ 일지(日支)와 월지(月支)의 합(合) : 부모와 배우자 간에 서로 정(情)
    이 많으며, 흉(凶)한 작용인 경우 간섭이 심한 경우가 많습니다.
  ▶ 일지(日支)와 시지(時支)의 합(合) : 자손과 정(情)이 많으며 서로 의
    지하고, 때로는 자손의 모든 생활을 간섭하는 경우가 많습니다.

## ❹ 지지충(地支沖)

### 1) 육기(六氣)

음양운동(陰陽運動)과 오행운동(五行運動), 그리고 천간(天干)과 지지(地
支)를 정리하는 마음에서 육기(六氣)부분을 최대한 간략하게 그러나 상
세히 실었습니다. 독자 여러분도 그런 마음으로 이 육기(六氣)편을 읽어
주시면 감사하겠습니다.

합(合)과 충(沖)은 중화(中和)의 근거(根據)이며 변화(變化)의 동력(動
力)이라했습니다. 이와 맞물려 생각할 것이 오운육기(五運六氣) 개념(概
念)입니다.

천간(天干)과 지지(地支)는 오행(五行)이 각각 그 본기(本氣)입니다. 천
간(天干)에서는 합화(合化)에 의하여 변화(變化)의 운(運)이 형성(形成)되
며, 지지(地支)에서는 충돌(衝突)에 의하여 변화(變化)의 기(氣)가 형성(形
成)됩니다. 즉, 오운육기(五運六氣)란 천간(天干) 합화(合化)와 지지(地支)
충돌(衝突)에 의하여 변화(變化) 형성(形成)되는 운기(雲氣)입니다.

천간(天干) 합화(合化)에 의해 변화(變化)된 운(運)이 오운(五運)이고, 지지(地支) 충돌(衝突)에 의해 변화(變化)된 기(氣)가 육기(六氣)입니다.

정리하자면, 육기(六氣)라 하는 것은 기(氣)가 물질로 변화되면서, 만물(萬物)이 이루어지는 모습으로, 기본 오행(五行)이 충돌(衝突)로 인해 변화(變化)되는 기운(氣運)이라는 말입니다.

그러므로 육기(六氣)도 오운(五運)의 경우와 같이 그 기본은 목화토금수(木火土金水)입니다. 그 성질(性質)에 있어서는 기본적으로 아무런 차이(差異)가 없습니다. 단지, 오운(五運)과 육기(六氣)는 변화(變化)하는 면에서 차이가 있습니다.

## 오운(五運)과 육기(六氣)의 천지운동(天地運動)

한마디로 우주(宇宙)의 운동(運動)이란? 하늘에서는 오운(五運)이, 땅에서는 육기(六氣)가 서로 교합(交合)하여 변화(變化)하는 것입니다. 따라서 하늘만의 변화(變化)는 단순(單純)합니다. 형체(形體)가 없고, 토(土)가 2개이고, 선후천(先後天) 두 개로 나뉘기 때문입니다. 땅의 변화(變化)는 오운(五運)에 육기(六氣)가 더해져 변화무쌍(變化無雙)합니다. 형체(形體)가 있고, 토(土)가 4개이고, 사시질서(四時秩序)가 있기 때문입니다. 즉 우주(宇宙)의 변화(變化)는 이렇게 하여서 일어나는 바, 오운(五運)은 천기(天氣)로써 이루어지고 육기(六氣)는 지기(地氣)로써 이루어지는 것이므로 이것을 일러 천지운동(天地運動)이라고 하는 것입니다. 그러므로 육기(六氣)의 연구(研究)도 오운(五運)과 함께 중요한 것이며 나아가 오운(五運)과 육기(六氣)가 결합(結合)하여 지어내는 변화(變化) 모습이 우리가 눈으로 보는 현실세계(現實世界) 즉 유형세계(有形世界)인 것입니다.

### 🌀 육기(六氣)의 발생(發生)

하늘에 있는 오행성단(五行星團)에서 나온 오행기운(五行氣運)이 허공에서 만나 서로 영향을 주어 변화(變化)된 것을 오운(五運)이라고 하였습니다. 우주의 에너지인 오운(五運)은 우주(宇宙)의 유일(唯一)한 곤토(坤土)인 지구로 집중(集中)되는데, 지구(地球)에서는 다섯 가지 기운(氣運)과 지구(地球) 자체(自體)의 기운(氣運)인 토(土)가 합쳐져서 총 여섯 가지(土 2개, 木火金水 각 1개) 기운(氣運)이 작용(作用)하게 됩니다. 이를 육기(六氣)라고 하며, 육기(六氣)는 각각 음양(陰陽)으로 분화(分化)되므로 총 12개가 되어 12지지(地支)를 구성하게 됩니다.

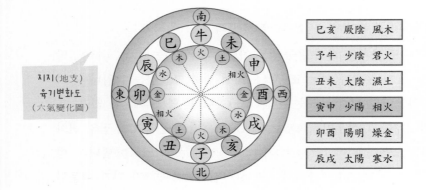

지지(地支)
**육기변화도**
(六氣變化圖)

| 巳亥 厥陰 風木 |
| 予牛 少陰 君火 |
| 丑未 太陰 濕土 |
| 寅申 少陽 相火 |
| 卯酉 陽明 燥金 |
| 辰戌 太陽 寒水 |

도시화(圖示化)하면 다음 그림과 같습니다.

지지(地支)
**육기변화도**
(六氣變化圖)

| 巳 | 子 | 丑 | 寅 | 卯 | 辰 |
|---|---|---|---|---|---|
| 亥 | 午 | 未 | 申 | 酉 | 戌 |
| 궐음풍목<br>厥陰風木 | 소음군화<br>少陰君火 | 태음습토<br>太陰濕土 | 소양상화<br>少陽相火 | 양명조금<br>陽明燥金 | 태양한수<br>太陽寒水 |

살펴보면, 지지(地支) 12글자 子丑寅卯辰巳吾未辛酉戌亥가 충돌(衝突)로 인한 변화(變化)를 통하여 육기(六氣)의 운동이 나타나게 됩니다.

사해충(巳亥沖)은 궐음풍목(厥陰風木)
자오충(子午沖)은 소음군화(少陰君火)
축미충(丑未沖)은 태음습토(太陰濕土)
인신충(寅申沖)은 소양상화(少陽相火)
묘유충(卯酉沖)은 양명조금(陽明燥金)
진술충(辰戌沖)은 태양한수(太陽寒水)

### 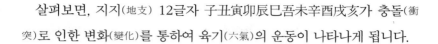 육기(六氣)의 방위(方位)

육기(六氣)의 방위(方位)는 오행(五行)과 같습니다.

인묘목(寅卯木)은 동방(東方)
사오화(巳午火)는 남방(南方)
신유금(申酉金)은 서방(西方)
해자수(亥子水)는 북방(北方)
진술축미토(辰戌丑未土)는 사유방(四維方)

목화토금수(木火土金水)는 오행(五行)의 개념(槪念)과 같고, 오행(五行)가 다른 점은 방위적(方位的)인 면에서는 토(土)가 하나 늘어났다는 것이고, 변화면(變化面)에서는 화(火-相火)가 하나 더 있다는 사실입니다.

목화토금수(木火土金水)와 상화(相火)를 합하여 육기(六氣)가 성립(成

立)되며, 이것이 실제로 운행(運行)하고 변화(變化)하는 육기(六氣)로서,
천간(天干)에 있어서의 오운(五運)과 같은 것입니다.

### 상화(相火)의 발생의 원인은 지축(地軸)의 기울기

변화(變化)의 측면에서 오행(五行)과 달리 상화(相火)가 생겼는데 그
원인은 지구의 지축(地軸)의 기울기 때문입니다.

육기(六氣)는 지구에서 작용하는 것이므로 지구의 영향을 받을 수밖
에 없습니다. 우리가 잘 알고 있듯이 지구는 지축(地軸)이 23.5도 동북
쪽으로 기울어져 있습니다. 동북쪽은 양(陽)의 방향이므로, 지구는 음
(陰)보다 양(陽)의 영향을 더 많이 받게 됩니다. 그러므로 지구(地球)인
토(土)가 실제 변화작용을 할 때는 열(熱)을 받은 상태인 상화(相火)로
작용하게 됩니다.

화(火)와 상화(相火)는 차이가 있습니다. 화(火)는 위로 솟구치는 목
(木) 기운(氣運)을 분열(分列)시키는 작용을 하고, 상화(相火)는 만물이
성숙(成熟)하는 것을 돕고 살찌게 하는 열(熱)입니다.

이를 내열(內熱)과 외열(外熱)의 대립으로 볼 수도 있고, 끝없는 욕심
의 발로(發露)로도 볼 수 있습니다. 우리의 일상에 비유하자면 내세(內
勢)의 반발(反撥)과 외세(外勢)의 간섭(干涉)이 대립(對立)하는 것으로 볼
수도 있다는 뜻입니다.

### 육기(六氣)의 개념의 변화

천간(天干)의 오행(五行)이 개념을 변화함으로 오운(五運)이라는 새로
운 개념이 생겼습니다. 지지(地支)인 육기(六氣)도 그 기본 개념이 변화
(變化)함으로 새로운 개념이 나타났습니다. 우주(宇宙)의 운동(運動)은
변화(變化)하는 내용(內容)을 보면 간지(干支)가 변화(變化)함으로써 일

어나는 운동(運動)인 것입니다.

다시 말하면 춘하추동(春夏秋冬)의 계절(季節)이나 동서남북(東西南北)의 방위(方位) 중심의 오행(五行)의 변화(變化)를 관찰하는 것은 오행(五行)의 기본법칙(基本法則)이고, 스스로 그러한 변화(變化)를 일으키는 변화작용(變化作用)의 주체(主體)를 중심(中心)으로 보는 것, 이것이 바로 오운육기(五運六氣)인 것입니다. 즉 주체(主體)가 어떤 작용(作用)으로 어떻게 변화(變化)를 일으키는가 하는 것입니다.

그럼 하나하나 풀어 보겠습니다. 육기삼음삼양운동도(六氣三陰三陽運動圖)를 보시면서 읽으시면 이해(利害)하시는데 도움이 됩니다.

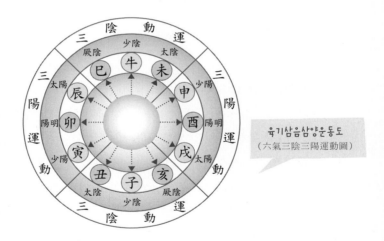

육기삼음삼양운동도
(六氣三陰三陽運動圖)

먼저, 오운(五運)과의 비교를 해 보겠습니다.

오운(五運)은 다섯 단계의 과정을 거쳐 한 단계의 대화작용이 완성됩니다.

341

> 일토(一土), 이음(二陰-), 이양(二陽)의 운동을 합니다.
> 일토(一土)는 갑기토(甲己土)입니다.
> 이음(二陰)은 을경금(乙庚金), 병신수(丙辛水)입니다.
> 이양(二陽)은 정임목(丁壬木), 무계화(戊癸火)입니다.

육기(六氣)는 여섯 단계의 과정을 거쳐 한 단계의 대화작용이 완성됩니다.

> 삼음운동(三陰運動)과 삼양운동(三陽運動)으로 구분됩니다.
> 三陰運動은 厥陰風木, 少陰君火, 太陰濕土입니다.
> 三陽運動은 少陽相火, 陽明燥金, 太陽寒水입니다.

#### ▶ 사해궐음풍목(巳亥厥陰風木)

궐음풍목(厥陰風木)이란 물(物)이 생(生)하려 하지만 역부족(力不足)하여 생(生)하지 못하는 것을 말합니다. 바위굴 안에 갇혀있다는 뜻입니다. 그래서 양기(陽氣)가 생겼습니다만, 뛰쳐나가고자 하는 것이 양기(陽氣)임에도 불구하고 갇혀서 옴짝달싹 못하고 있습니다.

해수(亥水) 속에서 목(木)이 있지만, 아직 견고(堅固)한 수(水)의 내부(內附)에 있습니다. 이것이 바로 해목(亥木)입니다, 나오려는 뜻만 있고 그 기(氣)가 불급(不及)하여서 나올 수가 없는 것입니다.

#### ▶ 자오소음군화(子午少陰君火)

소음군화(少陰君火)란 양(陽)이 실력(實力)은 충분하나 아직 그 맹위(猛

威)를 발휘(發揮)하지 못한다는 말입니다.

해수(亥水)에서 생긴 양(陽)이 자수(子水)속에서 더 힘을 길러 자립(自立)할 수 있는 능력을 충분히 갖추었습니다. 양(陽), 즉 해목(亥木)이 힘을 기르는 모습이 화(火)요, 자립할 수 있는 능력을 갖춘 대장부가 되어 군(君)이라 이름하여 군화(君火)입니다. 자수(子水)가 원체 강하게 압박하므로, 자립할 능력은 있으나 아직 그 능력을 펼치지 못하고 있습니다.

해수(亥水)에서 생긴 양(陽)이 계속 양운동(陽運動)을 하는 것은 바깥 세상에 뛰쳐나가 활개를 치고 싶은 목적이 있기 때문입니다. 그러나 아직 자수(子水)속에서의 양운동(陽運動)일 뿐입니다. 그래서 본질(本質)은 양운동(陽運動)을 하고 있으나, 드러나 있는 현상(現狀)으로 보면 자수(子水)이므로 음(陰)입니다. 그래서 드러난 현상(現狀)은 소음(少陰)이요, 그 내용(內容)은 군화(君火)입니다.

### ▶ 축미태음습토(丑未太陰濕土)

태음습토(太陰濕土)란 양(陽)이 이제는 실력도 충분하고, 뛰쳐나오기 일보직전의 상태입니다.

해수(亥水)와 자수(子水)를 거쳐 자라온 양(陽)이 변화(變化)를 가져야 때가 되었습니다. 삼음(三陰)만을 떼어다 놓고 보자면, 궐음(厥陰)에서 생한 음(陰)이 소음(少陰)에서 가장 왕성(旺盛)하였고, 태음(太陰)은 노쇠(老衰)하였습니다. 양(陽)이 자립(自立)하는 일만 남았습니다. 자립(自立)하려고 짐 보따리도 싸놨습니다.

태(太)라는 글자는 '지극히 작으면서도 지극히 큰 것'이라는 말입니다. 음(陰)이 삼단 변화(變化)를 하는데, 궐음(厥陰), 소음(少陰), 태음(太陰)으로 이를 삼음(三陰)이라 합니다. 음(陰)은 궐음(厥陰) 해(亥)에서 시작, 소음(少陰) 자(子)를 거쳐 태음(太陰) 축(丑)으로 자랍니다.

태음(太陰)은 형(形)의 준비단계인 해자축(亥子丑)을 기본으로 하는 삼음(三陰)의 말단(末端)입니다. 동시에 사실상의 형(形)인 인묘진(寅卯辰)의 기본(基本)입니다. 그래서 태음(太陰)은 기본(基本)으로서의 말단(末端)이면서, 사실상 형(形)이 생(生)하는 기본점(基本點)인 것입니다. 이와 같이 태음(太陰)은 음(陰)이 가장 큰 곳이지만, 형(形)으로서는 가장 작은 곳입니다. 그러므로 태음(太陰)이라 한 것입니다. 형(形)으로서는 가장 작지만, 기본(基本)으로서는 가장 큰, 조금만 더 응고(凝固)하면 수(水)의 형(形)을 가지고, 조금만 더 분열(分列)하면 화(火)의 형(形)을 가지는 것을 말합니다.

습토(濕土)라는 것은, 우주운동(宇宙運動)인 수화운동(水火運動)에서 바라볼 때, 조금만 더 응고(凝固)하면 수(水)의 형체(形體)를 나타내지만, 반면(反面)으로는 조금만 더 분열하면 화(火)의 상(象)을 나타내는 것입니다.

우주(宇宙)의 운동(運動)은 음양운동(陰陽運動)입니다. 궐음(厥陰), 소음(少陰), 태음(太陰)이 끝난다는 것은 삼음운동(三陰運動)이 끝난다는 말입니다. 그러나 방위(方位)로 볼 때에는 분명히 동남(東南)으로의 물생운동(物生運動)의 과정이므로 양생운동(陽生運動)입니다. 그럼에도 불구하고 삼음운동(三陰運動)이라 하는 것은, 동남(東南)으로의 양운동(陽運動)을 한다고 하는 것은 그 본질면(本質面)을 논(論)한 것이나, 음운동(陰運動)이라하는 것은 작용면(作用面)을 말하는 것이기 때문입니다. [本質 - 作用]

그러므로 삼음(三陰)은 다 음(陰)으로써 표시하면서 그 내용은 양(陽)인 풍목(風木), 군화(君火), 습토(濕土)로서 그 반대면을 표시하는데 변

344

화(變化)는 반드시 현상면(現狀面)과 내용면(內容面)이 서로 상반(相反)된 상(象)을 나타내기 때문입니다. [內容 – 現狀]

다시 말하면, 궐음풍목(厥陰風木), 소음군화(少陰君火), 태음습토(太陰濕土)는 본질면(本質面)에서는 양운동(陽運動)므로 그 내용(內容)이 양(陽)인 풍목(風木), 군화(君火), 습토(濕土)라 하지만, 작용면(作用面)에서는 음운동(陰運動)이기 때문에 그 현상(現狀)은 궐음(厥陰), 소음(少陰), 태음(太陰) 이렇게 음(陰)으로 나타냅니다.

▶ 인신소양상화(寅申少陽相火)

소양상화(少陽相火)란, 밖으로 뛰쳐나온 양(陽)이 뻗어 나가기 시작한다는 말입니다.

궐음풍목(厥陰風木), 소음군화(少陰君火), 태음습토(太陰濕土)를 거쳐 온 양(陽)은 자립(自立)을 하고 마음껏 활개치고 뻗어나갑니다.

상화(相火)라는 것은 군화(君火)를 도와주는 화(火)란 뜻입니다. 궐음(厥陰)에서 양(陽)이 목(木)으로 자라고, 소음(少陰)에서의 양(陽)이 화(火)로 그 실력을 갖추었습니다. 태음(太陰)에서 노쇠(老衰)한 태음(太陰)의 변화(變化)를 보고 자립한 만반의 준비를 다했습니다. 여기서 독립을 하고 마음껏 뛰어 나갑니다. 군화(君火)의 뜻을 펼치므로 상화(相火)라 하였습니다.

▶ 묘유양명조금(卯酉陽明燥金)

양명조금(陽明燥金)이란 양(陽)이 계속 뻗어나가다 보니, 이제는 뻗어나갈 수 있는 기운, 즉 본체(本體)가 고갈되고 말라버렸다는 말입니다.

삼음(三陰)인 궐음풍목(厥陰風木), 소음군화(少陰君火), 태음습토(太陰濕

제3장 합(合)과 충(沖)

土)에서 갈고 닦은 밑천을 가지고, 소양상화(少陽相火)에서 사용하고, 양명조금(陽明燥金)에서 계속 사용하다 보니 밑천이 다 떨어졌습니다. 고갈되어 메마르게 됩니다.

### ▶ 진술태양한수(辰戌太陽寒水)

태양한수(太陽寒水)이란 마지막 남은 본체(本體)의 한 방울의 기운마저도 다 써버려 양(陽)이 최대로 분열하여 밑천이 똑 떨어졌습니다. 이제는 다시 모아야 하는 상태입니다. 그래서 모으기 시작하는데, 이것은 수(水)의 본질입니다.

태(太)라는 글자는 '지극히 작으면서도 지극히 큰 것'이라고 말씀을 드렸습니다. 양(陽)이 해수(亥水)에서부터 축토(丑土)까지 작용(作用)하여, 즉 궐음풍목(厥陰風木), 소음군화(少陰君火), 태음습토(太陰濕土)의 삼음(三陰) 작용을 마침으로서, 형(形)이 생기도록 하는 준비단계를 마칩니다. 소양상화(少陽相火), 양명조금(陽明燥金)을 거쳐 태양한수(太陽寒水)가 됨으로써, 양(陽)의 형(形)이 최대로 분열(分列)했습니다. 양(陽)도 이제는 진기가 다 빠져 버리고 노쇠(老衰)해졌습니다. 즉, 드러난 모습(現狀)은 가장 큰 양(陽)이지만, 그 반면에 양(陽)의 본체(本體)면에서는 다 말라비틀어지고 쪼그라들고 하여 가장 작은 양(陽)입니다. 마치 커다란 풍선속에 있는 공기가 빠져나가서 대기로 흩어지는 것은 양(陽)이 분열(分列)하는 것이고, 공기가 빠져 나가는 만큼 풍선이 오그라드는 것은 본체(本體)가 작아지는 것입니다. 이제 변화(變化)를 가져야 할 시기입니다. 빠져 버린 기운을 모아야 할 때가 온 것입니다. 그래서 모으기 시작합니다. 음양운동(陰陽運動)에서 보면 모으는 것은 수(水)의 본질(本質)입니다. 그래서 나타난 현상(現狀)은 태양(太陽)이지만, 그 내용(內容)은 한수(寒水)입니다.

346

육기의 개념에 대해서 살펴보았습니다. 덧붙여 말씀 드리자면, 양(陽)이 해수(亥水)에서 사화(巳火)의 대화작용(對化作用)을 받아 풍목(風木)의 내용(內容)을, 자수(子水)에서 오화(午火)의 대화작용(對化作用)을 받아 군화(君火)의 내용(內容)을, 축토(丑土)에서는 미토(未土)의 대화작용(對化作用)을 받아 습토(濕土)로 내용(內容)을 가졌습니다.

또한 인목(寅木)에서는 신금(申金)의 대화작용(對化作用)을 받아 상화(相火)로서 내용(內容)을 가졌고, 묘목(卯木)에서는 유금(酉金)의 대화작용(對化作用)을 받아 조금(燥金)의 내용(內容)을, 진토(辰土)는 술토(戌土)의 대화작용(對化作用)을 받아 한수(寒水)의 내용(內容)을 가지게 되었습니다.

해수(亥水), 자수(子水), 축토(丑土)에서의 양(陽)은 양운동(陽運動)은 하였으나 이것은 본질적인 면이고, 나타난 현상은 음작용(陰作用)입니다. 그래서 궐음풍목(厥陰風木), 소음군화(少陰君火), 태음습토(太陰濕土)라 합니다.

덧붙여서,

사화(巳火)는 해수(亥水)의 대화작용으로 궐음풍목(厥陰風木)으로,
오화(午火)는 자수(子水)의 대화작용으로 소음군화(少陰君火)로,
미토(未土)는 축토(丑土)의 대화작용으로 태음습토(太陰濕土)로,
신금(辛金)은 인목(寅木)의 대화작용으로 소양상화(少陽相火)로,
유금(酉金)은 묘목(卯木)의 대화작용으로 양명조금(陽明燥金)으로,
술토(戌土)는 진토(辰土)의 대화작용으로 태양한수(太陽寒水)로

제3장 합(合)과 충(沖)

또 그런 과정을 가집니다.

해수(亥水)에서 진토(辰土)까지의 과정(科程)을 양(陽)이라는 주체(主體)를 가지고 봤다면, 사화(巳火)에서 술토(戌土)까지의 과정(科程)은 음(陰)이라는 주체(主體)를 가지고 보면 됩니다. 그리고는 음양(陰陽)을 한 통속에 넣고, 해수(亥水)에서 술토(戌土)까지 보면 음양운동(陰陽運動)이, 이 안에 있고, 수화운동(水火運動)이 있으며, 우주운동(宇宙運動)이 있습니다.

### 🎴 육기(六氣)의 운동원리

오운(五運)은 대화작용(對化作用)을 하였지만, 육기(六氣)는 대화작용(對化作用)과 자화작용(自化作用)을 합니다.

인묘진(寅卯辰), 사오미(巳午未), 신유술(申酉戌), 해자축(亥子丑)은 각각 봄, 여름, 가을, 겨울이고, 또한 동서남북(東西南北) 사방(四方)입니다. 사계(四季)나 사방(四方)이란 것도 하나의 개념이므로 본중말(本中末)의 원칙(原則)이 작용합니다.

다시 말하면 한 개의 물(物)이나 사(事)는 그 존재한다는 자체부터가 벌써 어떤 중심이 있어서 그 중심으로부터 본말(本末)이나 시종(始終)이 성립된 후에 존재하는 것입니다.

그러므로 자오묘유(子午卯酉)는 지지(地支)에서 4대 중심(中心)이 됩니다.

> 해(亥)와 축(丑)은 자(子)의 본말(本末), 시종(始終)이며,
> 인(寅)과 진(辰)은 묘(卯)의 본말(本末), 시종(始終)이며,
> 사(巳)와 미(未)는 오(午)의 본말(本末), 시종(始終)이며,
> 신(申)과 술(戌)은 유(酉)의 본말(本末), 시종(始終)입니다.

그런즉 동서남북(東西南北)이나 춘하추동(春夏秋冬)의 경우도 같습니다.

인신사해(寅申巳亥)를 자오묘유(子午卯酉)의 상(相)이라 하는데, 인신사해(寅申巳亥)의 도움을 받아서 자오묘유(子午卯酉)가 사시(四時)를 주재(主宰)한다는 뜻입니다.

> 해수(亥水)는 자수(子水)의 준비(準備)이며,
> 인목(寅木)은 묘목(卯木)의 준비(準備)이며,
> 사화(巳火)는 오화(午火)의 준비(準備)이며,
> 신금(申金)은 유금(酉金)의 준비(準備)를 하는 보좌역입니다.

진술축미(辰戌丑未)는 자오묘유(子午卯酉) 사정방(四正方)의 유위(維位)이며, 중위(中位)라 하는데, 공평하고 정당하게 얽어맨다고 하는 말입니다. 이 뜻은 투쟁만 일삼는 목화금수(木火金水)가 모두 진술축미(辰戌丑未)에 얽혀져 있다는 말입니다.

> 자(子)가 생(生)하려면 먼저 축토(丑土)가 보호조절하고,
> 묘(卯)가 분열(分列)하려면 먼저 진토(辰土)가 보호조절하고,
> 오(午)가 수렴(收斂)하려면 먼저 미토(未土)가 보호조절하고
> 유(酉)가 수장(收藏)하려면 먼저 술토(戌土)가 보호조절을 합니다.

### 육기(六氣)의 대화작용(對化作用)

실제로 변화(變化)할 때 오운(五運)이 서로 반대되는 것끼리 대화작용

(對化作用)을 하는 것처럼, 육기(六氣)도 서로 반대되는 것끼리 대화작용(對化作用)을 하며 영향을 줍니다. 사화(巳火)를 예로 들면, 사화(巳火)는 성질이 정반대인 해수(亥水)와 영향을 주고받습니다. 사화(巳火)와 해수(亥水)가 대화작용(對化作用)을 하면 힘의 세기가 비슷하여 목(木)이 됩니다.

육기(六氣)의 모든 변화원리는 12지지(地支)로 파악하게 됩니다. 육기(六氣)는 땅기운이고 12지지(地支)가 땅의 변화질서(變化秩序)를 나타내기 때문에 12지지(地支)로서 육기(六氣)를 배합하게 됩니다.

### 🌀 육기(六氣)의 자화작용(自化作用)

'천생지성(天生地成)'이라 하여, 하늘은 만물(萬物)을 낳는 작용(作用)을 하며, 땅은 만물(萬物)을 기르고 성숙(成熟)시키는 역할(役割)을 합니다. 그러므로 불완전(不完全)한 변화(變化)를 하던 오운(五運)은 육기(六氣)에 이르러서 완전(完全)한 변화작용(變化作用)을 합니다. 이는 오운(五運)과 육기(六氣)에서 변화(變化)를 일으키는 작용을 하고 있는 토(土)의 개수를 통해 알 수 있습니다.

오운(五運)을 보면 토(土)가 2개(甲己)입니다. 그러므로 음(陰)에서 양(陽)으로 변화(變化)할 때는 갑토(甲土)가 작용하고, 양(陽)에서 음(陰)으로 변화(變化)할 때는 기토(己土)가 작용하게 됩니다. 이것은 낮과 밤의 음양변화(陰陽變化)만을 할 때는 전혀 문제가 되지 않습니다. 그러나 하루는 아침, 점심, 저녁, 밤의 네 단계로 크게 구성되어 있습니다. 그러므로 각각의 변화(變化)를 매개(媒介)하기 위해서는 토(土)가 네 개가 필요하게 됩니다. 즉, '생장염장(生長斂藏)'의 완벽(完璧)한 순환(循環)은 토(土)가 네 개(辰戌丑未)인 육기(六氣)에서 이루어짐을 알 수 있습니다. 이것을 스스로 변화(變化)를 일으킨다고 하여 육기(六氣)의 자화작용(自化作用)이라고 합니다.

오행(五行)이 오운(五運)으로 변화(變化)할 때 대화작용(對化作用)을 하면서 이루어 졌습니다. 오단계를 거치며 하나의 대화과정(對化科程)이 끝납니다.(甲己合土, 乙庚合金, 丙辛合水, 丁壬合木, 戊癸合火)

모든 변화(變化)는 본중말(本中末)운동을 할 수 있는 기반위에서 변화(變化)해야하는데 그런 기반(基盤)이 없는 변화(變化)는 불완전(不完全)한 변화(變化)입니다.

오행(五行)의 갑을(甲乙) 목(木), 병정(丙丁) 화(火), 무기(戊己) 토(土), 경신(庚辛) 금(金), 임계(壬癸) 수(水)에 있어서, 또는 오운(五運)의 갑기(甲己) 토(土), 을경(乙庚) 금(金), 병신(丙辛) 수(水), 정임(丁壬) 목(木), 무계(戊癸) 화(火) 등은 모두 본말(本末)로만 되어 있어 중(中)이 없기 때문에 모순(矛盾)대립(對立)을 조절(調節)할 능력이 없는 것입니다. 무기(戊己) 토(土)가 중앙에 있어서 조절(調節)의 기본을 이루고는 있지만 구체적인 변화(變化)현상(現狀)은 아닌 것입니다.

오행(五行)이 육기(六氣)로 변화할 때 대화작용(對化作用)을 하면서 이루어지는데, 오운(五運)과 다르게 하나의 단계마다 하나의 대화과정(對化科程)이 이루어집니다.

이러한 하나의 대화과정(對化科程)은 스스로 변화(變化)를 일으킨다고 하여 육기(六氣)의 자화작용(自化作用) 이라고 합니다. '생장염장(生長斂藏)'의 완벽(完璧)한 순환(循環)은 토(土)를 중심으로 이루어집니다.

자축인(子丑寅)이 목(木)을 생(生)하고
묘진사(卯辰巳)가 화(火)를 생(生)하고
오미신(午未申)이 금(金)을 생(生)하고
유술해(酉戌亥)가 수(水)를 생(生)합니다.

자인(子寅), 묘사(卯巳), 오신(午申), 유해(酉亥)가 본말(本末)이 되어서 각각 진술축미(辰戌丑未)를 중(中)으로 함으로써 본중말(本中末)운동을 하고 있는 것입니다.

### 🍀 식물이 자라는 과정과 육기(六氣)의 대화, 자화작용(對化,自化作用)

육기(六氣)의 변화가 실제 어떻게 작용하는지 식물의 성장(成長)을 통해 알아보도록 하겠습니다.

● 해(亥) 음력 10월 水(五行) → 사해궐음풍목(巳亥厥陰風木)

음력 10월이 되면 날씨는 춥고, 해수(亥水)의 응축(凝縮)하려는 기운이 씨앗을 압박하게 됩니다. 해수(亥水) 속에 있는 양(陽)은 반발하게 되는데, 이때의 양(陽)이 반발하는 것을 일러 목(木)이라고 합니다. 그러나 양(陽)은 아직 힘이 역부족입니다. 씨앗 속에서 작용만 하고, 겉으로 드러나지는 못합니다. 그래서 해목(亥木)을 '씨앗 속의 목(木)'이라고도 합니다. 해수(亥水)는 사화(巳火)의 대화(對化)작용을 받아 목(木)으로 작용하게 됩니다.

● 자(子) 음력 11월 水(五行) → 자오소음군화(子午 少陰 君火)

음력 11월은 동지(冬至)가 있는 날씨로 더욱 추워집니다. 추운 날씨는 씨앗을 더욱 압박하므로 씨앗 속의 양(陽)은 더 크게 반발하게 됩니다. 이때의 반발하는 모습을 화(火)라 합니다. 음(陰)인 자수(子水) 중의 화(火)이기에 실력(實力)은 충분하나 아직 그 맹위(猛威)를 발휘하지 못합니다. 그래서 자수(子水)는 오화(午火)의 대화(對化)작용을 받아 화(火)로 작용하게 됩니다.

● 축(丑) 음력 12월 土(五行) → 축미태음습토(丑未 太陰 濕土)

일양시생(一陽始生)하는 동지(冬至)를 지나 양기(陽氣)가 서서히 발산하려고 하는 때가 되었습니다. 속에서 반발하던 양(火)는 극한에 이르러 껍질을 뚫고 밖으로 뛰쳐나오려고 합니다. 그러나 껍질이 단단히 싸고 있으므로 뚫고 나오지 못합니다. 그래서 땅에 심습니다. 그러면 흙(土)은 토극수(土克水)를 하여 껍질(水)의 힘을 약화시킵니다. 이틈을 타서 속에 있던 양(陽)이 탈출하게 됩니다. 이렇게 탈출하는 양(陽)을 인묘목(寅卯木)이라고 합니다. 축토(丑土)는 미토(未土)의 대화(對化)작용을 받아 토(土)로 작용하게 됩니다.

● 인(寅) 음력 1월 木(五行) → 인신소양상화(寅申少陽相火)

씨앗을 물속에 넣고 발아시키면 물에 거품이 이는 것을 볼 수 있습니다. 이것은 새싹이 생길 때 열이 발생하는 것으로 새싹이 형체를 만드는 것을 도와주는 상화(相火)에 해당합니다. 그래서 수생목(水生木)할 때의 처음 모습은 열이 발생하는 것입니다. 그러므로 인목(寅木)은 신금(申金)의 대화(對化)작용을 받아 상화(相火)로 작용하게 됩니다.

● 묘(卯) 음력 2월 木(五行) → 묘유양명조금(卯酉陽明燥金)

싹(木)이 껍질을 뚫고 나왔지만 연약한 새싹이 겨우내 딱딱하게 얼었던 흙을 뚫고 나오려면 겉 표면이 딱딱해야 하고, 또 자기의 형체(形體)를 가져야 만이 나무를 유지할 수 있습니다. 기운(氣運)만 가지고 올라가면 나무를 유지할 수가 없습니다. 초목을 보면 처음에는 부드럽게 나오다가 조금 지나면 딱딱해집니다. 그래야 을목(乙木)이 씩씩하게 자랄 수 있습니다. 나무가 형체(形體)를 가지려면 금기운(金氣運)을 받아야하

제3장 합(合)과 충(沖)

므로, 이를 위해서 유금(酉金)의 대화(對化)작용을 받아 스스로 단단한
금(金)의 성질을 갖게 됩니다. 그래야 씩씩하게 자라는 묘목(苗木)이 될
수 있습니다.

● 진(辰) 음력 3월 土(五行) → 진술태양한수(辰戌太陽寒水)

식목일에 나무를 심고나면 얼마 지나지 않아 나무가 급속히 자라는
것을 볼 수 있습니다. 이를 위해 나무는 땅 속에서 물을 퍼 올려 형체가
잘 늘어날 수 있도록 자신을 촉촉히 적셔서 부드럽게 해줍니다. 그래서
이때는 식물을 키우는 물이 가장 많이 필요할 때이므로 진토(辰土)는
술토(戌土)의 대화(對化)작용을 받아 진수(辰水)로 작용합니다.

● 사(巳) 음력 4월 火(五行) → 사해궐음풍목(巳亥厥陰風木)

진월(辰月)의 수(水) 작용을 받아 쑥쑥 자라납니다. 해수(亥水)의 대화
작용(對化作用)을 받아 분열(分列)을 늦추어 목(木)의 형(形)을 유지시킵
니다.

● 오(午) 음력 5월 火(五行) → 자오소음군화(子午少陰君火)

음력 5월이 되면 식물은 여름의 따가운 햇살을 받으며 힘차게 자랍
니다. 양기(陽氣)가 최대로 분열(分列)을 합니다. 자수(子水)와 대화작용
(對化作用)을 하여 양기(陽氣)가 망실(亡失)되는 것을 막으면서, 오화(午
火)는 화(火)그대로 작용하여 강력한 분열(分列)을 합니다.

● 미(未) 음력 6월 土(五行) → 축미태음습토(丑未太陰濕土)

미(未)는 오행(五行)도 토(土)이고, 육기(六氣)도 토(土)입니다. 꽃은

354

생장을 성숙으로 전환시키는 토(土)에 해당합니다. 미토(未土)의 꽃이
피면 열매를 맺기 위해 영양분이 꽃으로 집중되어 성장을 멈추게 됩
니다.

● 신(申) 음력 7월 金(五行) → 인신소양상화(寅申少陽相火)

음력 7월이 되면 꽃이 지면서 작은 열매를 맺게 됩니다. 이렇게 맺어
진 열매는 양력 7,8월의 뜨거운 햇볕을 받아 내면을 충실하게 합니다.
그래서 신금(申金)은 인목(寅木)의 대화(對化)작용을 받아 열매를 익히는
열대야의 열기인 상화(相火)로 작용합니다.

● 유(酉) 음력 8월 金(五行) → 묘유양명조금(卯酉陽明燥金)

12지지를 1년에 배속하면 1월은 인월(寅月)이 됩니다. 그러므로 햇곡
식을 수확하여 제사를 지내는 추석(음력 8월 15일)은 유월(酉月)에 해당
합니다. 그러나 이때의 열매 속의 씨는 아직 핵(核)이 형성되지 않아 새
로운 생명을 낳을 수는 없습니다.

● 술(戌) 음력 9월 土(五行) → 진술태양한수(辰戌太陽寒水)

씨앗을 반으로 나눠보면 겉은 딱딱하므로 음(陰)에 해당하고 속은 부
드러우므로 양(陽)에 해당합니다. 새로운 생명을 낼 수 있는 핵이 형성
되려면 씨는 압박을 더 받아야 됩니다. 늦가을의 추운 날씨는 씨앗 속
의 양(陽)을 더욱 수축하여 씨핵을 형성합니다. 그래서 유금(酉金)의 수
축작용을 이어받은 술토(戌土)는 진토(辰土)의 대화(對化)작용을 받아 시
멘트를 굳히듯이 사물을 응고시키는 수(水)로 작용을 합니다.

제3장 합(合)과 충(沖)

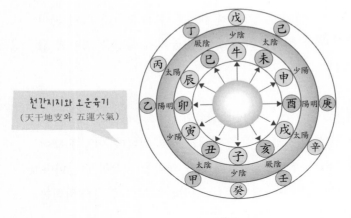

천간지지와 오운육기
（天干地支와 五運六氣）

## 2) 지지충(地支沖)

　지지충(地支沖)이란 지지(地支)끼리 서로 충돌(衝動) 하는 것을 말합니다. 여섯 개의 충(沖)이 있으므로 육충(六沖)이라고 하며, 일곱 번째 글자와 상충(相沖)하므로 칠충(七沖)이라고도 합니다.

　충돌(衝突)한다는 말은 무슨 의미(意味)인가 하면, 서로 반대쪽에는 상반(相反)된 기운(氣運)이 있어 이 기운(氣運)이 충돌(衝突)을 일으킨다는 뜻입니다. 즉 방위(方位)개념에서 나온 것입니다. 동서남북(東西南北) 대칭(對稱)이 충(沖)인 것입니다.


　지지(地支) 12글자를

> 자(子) 축(丑) 인(寅) 묘(卯) 진(辰) 사(巳)
> 오(午) 미(未) 신(申) 유(酉) 술(戌) 해(亥)

위와 같이 두 줄로 배열(配列)하여 아래위로 조합(組合)하면 됩니다.

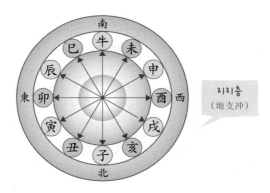

자오충(子午沖), 축미충(丑未沖), 인신충(寅申沖)
묘유충(卯酉沖), 진술충(辰戌沖), 사해충(巳亥沖)

양지(陽支)는 양지(陽支)끼리, 음지(陰支)는 음지(陰支)끼리 충(沖)을 합니다.

## 🌀 생왕묘(生旺墓)와 지지충(地支沖)

생지(生支) : 인(寅), 신(申), 사(巳), 해(亥)
왕지(旺支) : 오(午), 자(子), 유(酉), 묘(卯)
묘지(墓支) : 술(戌), 진(辰), 축(丑), 미(未)

지지충(地支沖)을 살펴보니

인신충(寅申沖), 사해충(巳亥沖)은 생지(生地)끼리의 충(沖)이고
자오충(子午沖), 묘유충(卯酉沖)은 왕지(旺地)끼리의 충(沖)이고
진술충(辰戌沖), 축미충(丑未沖)은 묘지(墓地)끼리의 충(沖)입니다.

357

| 지지충<br>(地支沖) | 寅申沖 | 巳亥沖 | 생지충(生地沖) | 역마충(驛馬沖) |
|---|---|---|---|---|
| | 子午沖 | 卯酉沖 | 왕지충(旺地沖) | 도화충(桃花沖) |
| | 辰戌沖 | 丑未沖 | 묘지충(墓地沖) | 화개충(華蓋沖) |

　생지충(生地沖), 왕지충(旺地沖)은 양(陽)과 양(陽), 음(陰)과 음(陰)끼리 서로 극(剋)하는 관계의 충(沖)이며, 묘지충(墓地沖)은 양(陽)과 양(陽), 음(陰)과 음(陰)끼리의 토(土)들 사이의 충(沖)입니다.

### 충(沖)과 극(剋)

　충(沖)과 극(剋)은 비슷한 것 같지만 서로 다릅니다. 예를 들어, 수화상전(水火相戰)이 벌어졌을 때 쌍방(雙方)의 힘이 같다고 하면, 극(剋)의 경우는 수극화(水剋火)로 수(水)의 극(剋)이 일방적(一方的)이라 할 수 있지만, 충(沖)의 경우는 서로가 서로를 충(沖)한다고 보아야 합니다. 다시 말해 일방적(一方的)이지는 않다는 것입니다.

### 지지충(地支沖)은 중(重)하고, 천간충(天干沖)은 경(輕)하다.

　지지충(地支沖)이 천간충(天干沖)보다 훨씬 엄중(嚴重)하고 복잡(複雜)한 것은 천간충(天干沖)은 지지(地支)의 지장간(地藏干) 등의 도움으로 어느 정도 완화(緩和)시킬 수 있지만 지지충(地支沖)은 뿌리 자체가 뽑혀 회복(回復)될 가망(可望)이 훨씬 희박(稀薄)하기에 그렇습니다.

### 천간(天干)은 합(合)이 중(重)하고, 지지(地支)는 충(沖)이 중하다.

　합(合)과 충(沖)은 중화(中和)의 근거(根據)이며 변화(變化)의 동력(動力)이라했습니다. 천간(天干)과 지지(地支)는 오행(五行)이 각각 그 본기

(本氣)입니다. 천간(天干)에서는 합화(合化)에 의하여 변화(變化)의 운(運)이 형성(形成)되며, 지지(地支)에서는 충돌(衝突)에 의하여 변화(變化)의 기(氣)가 형성(形成)됩니다. 그러므로 변화(變化)를 일으키는 그 중심적(中心的)인 요소(要所)는 천간(天干)에서는 합(合)이요, 지지(地支)에서는 충(冲)이라는 말입니다.

## (1) 충(忠)의 설명

### ▶ 인신충(寅申冲)

| 寅(戊丙甲) | 申(戊壬庚) |
|---|---|

갑목(甲木)은 무토(戊土)를 극(剋)하고, 임수(壬水)는 병화(丙火)를 극(剋)하고, 병화(丙火)는 경금(庚金)을 죽이려고 하고, 경금(庚金)은 또 갑목(甲木)을 못 잡아먹어서 안달이다. 그래서 인신충(寅申冲)을 가장 극심하게 봅니다. 결과적으로는 인목(寅木)이 깨어집니다. 그러나 여기에서도 월령(月令)을 목(木)이 장악하고 있다던지 어디에선가 불이 도와주고 있다면 신금(申金)도 다시 생각해 봐야 할 것입니다.

그리고 사주에 인신충(寅申冲)이 있는 경우에는 신체적으로도 어딘가에 충(冲)을 맞은 곳이 있을 가능성도 생각해 봅니다. 즉 금목(金木)은 물질의 형상을 하고 있기 때문입니다. 특히 인신충(寅申冲)은 지지(地支)에 있으므로 신체의 아래 쪽에 그러한 문제가 발생할 수 있다는 이야기도 가능합니다. 또한 인목(寅木)은 신경계가 되므로 신경적으로 문제가 있을는지도 모릅니다.

## ▶ 사해충(巳亥沖)

| 巳 (戊庚丙) | 亥 (戊甲壬) |
|---|---|

수화(水火)가 서로 싸우고 있는 형상이지만 역시 만만하지 않습니다. 일단 임수(壬水)가 병화(丙火)를 극(剋)하겠지만, 무토(戊土)가 임수(壬水)를 다시 반격하게 됩니다. 그러면 해(亥) 중의 갑목(甲木)이 나서서 무토(戊土)를 극(剋)하게 되는데, 다시 사(巳) 중의 경금(庚金)이 나서서 갑목(甲木)을 쳐버리게 됩니다. 이렇게 온통 치고 받기 때문에 사해충(巳亥沖)이 발생하면 그 결과는 쉽사리 예측을 하기가 어려운 것입니다.

사해충(巳亥沖)도 인신충(寅申沖)과 마찬가지로 그 작용이 만만치 않은 것으로 생각됩니다. 인신충(寅申沖)이 신체적인 문제나 결함을 생각하게 한다면 사해충(巳亥沖)은 주로 정신적인 문제로 충돌이 일어난다고 생각을 해볼 수가 있는 것입니다. 흔히 하는 말로 '심란(心亂)하다'는 이야기가 해당합니다. 이 말은 신체적으로는 아무런 문제가 없지만 정신적으로 불안정한 형태가 되기 때문에 안정이 되지 않는 것을 말하는 것입니다. 주로 여성들에게 많은 일종의 망상이라고 생각이 되는데, 신체적인 문제도 큰일이지만, 정신적인 문제는 더욱 큰일입니다. 그래서 사해충(巳亥沖)도 사주 내에서는 없기를 원합니다.

## ▶ 자오충(子午沖)

| 子(壬癸) | 午(丙己丁) |
|---|---|

자오충(子午沖)은 대왕끼리의 충돌입니다. 일단은 자수(子水)가 오화(午火)를 이기는 것으로 되어있는데, 좀 복잡한 것은 오(午) 중에 들어있는 기토(己土)가 문제이기 때문입니다. 기토(己土)가 적어도 10 정도의 영역을 장악하고 있으므로 자수(子水)는 마음대로 오화(午火)에게 덤벼들 수가 없는 것입니다. 그래서 오화(午火)는 이것을 믿게 되고, 또 성질이 급한 불이기 때문에 한판 붙어볼 마음이 잔뜩 있는 것입니다. 그래서 충돌이 되는 것인데, 자수(子水)로써도 싸움이 만만하다고 볼 수 없기 때문에 매우 주의를 해야 하는 입장이 됩니다. 적어도 이렇게 되어야 충(沖)이라고 하는 것입니다.

사주에 이러한 충돌이 들어있는 경우에는 한가하게 쉴 수 있는 암시는 적고, 분주하게 돌아다니면서 시달리는 암시가 있다고 보겠습니다. 특별한 경우가 아니고서는 이런 충(沖)이 사주 안에서 발생하지 않기를 원하는 것이 보통입니다.

▶ **묘유충**(卯酉沖)

卯 (甲乙)　　　　　酉 (庚申)

이 경우에는 일단 유금(酉金)이 승리를 거두는 것으로 볼 수가 있겠습니다. 묘목(卯木) 속에는 유금(酉金)을 이길 수 있는 정화(丁火)가 없기 때문에 일단 유금(酉金)의 일방적인 승리로 보는 것이 합당합니다. 그런데 묘목(卯木)도 만만치는 않아서 만약에 월령이 묘월(卯月)이라고 한다면 목(木)의 안방인 이점을 십분 발휘하게 될 것이고, 그래서 한바탕 붙어 볼만 하다고 생각할는지도 모릅니다. 또 주변에 오화(午火)라도 붙어서 지원을 해준다면 묘목(卯木)은 전혀 꿀리지 않고 싸움을 받아줄 마음이 생깁니다. 그래서 이 경우에는 상황에 따라서 변수가 있다고 보는 것입니다.

## ▶ 진술충(辰戌沖)

辰 (乙癸戊)        戌 (癸辛己)

토(土)끼리 충(沖)하면 붕충(朋沖)이라고 부릅니다. 붕충(朋沖)이라는 말은 바로 친구끼리의 충(沖)이라는 의미입니다. 그래서 그 피해도 가장 적은 것으로 이해를 하면 되는데, 진술(辰戌)의 지장간(地藏干)에 들어 있는 성분들은 모두 손상을 당하는 것으로 이해를 하면 되겠습니다. 그러니까 토(土)가 필요한 상황에서는 충(沖)을 하면 오히려 활동성이 발생하게 되는데, 반대로 지장간(地藏干) 속에 들어있는 것을 사용해야 하는 입장이라면 충돌이 발생함으로써 속에 들어있는 것을 전혀 못쓰게 되어버릴 수도 있으므로 주의해서 관찰해야 합니다.

## ▶ 축미충(丑未沖)

丑 (癸辛己)        未 (丁乙己)

진술충(辰戌冲)과 마찬가지의 의미가 됩니다. 다만 진술충(辰戌冲)은 양대양(陽對陽)이고 여기에서는 음대음(陰對陰)이라는 점만 차이가 나게 됩니다. 그래서 그 작용도 역시 같은 것으로 보면 되겠습니다. 토충(土冲)은 항상 그 내부에 감추어져 있는 물질이 내 사주에서 어떤 영향을 미치고 있는가에 주의를 모아야 합니다. 가령 축토(丑土) 속에 들어있는 신금(辛金)이 용신(用神)이라고 한다면 미토(未土)를 만나서 충돌을 일으키게 된다면 미토(未土) 속에 있는 정화(丁火)에게 깨어지게 되는 비극이 발생합니다. 물론 다른 곳에서 신금(辛金)이 존재하고 있다면 축토(丑土) 속에 들어있는 신금(辛金)이야 깨어지더라도 별 상관이 없겠지만, 문제는 다른 곳에는 없고, 오로지 지장간(地藏干)에만 들어있는 상황이라고 한다면 이것은 매우 심각한 문제가 발생하게 됩니다. 즉 '용신파괴(用神破壞)'가 되기 때문입니다.

이러한 비극은 발생하지 말기를 원하지만 운명이라고 하는 것은 그렇게 간단하지가 않아서 원국에서는 없다고 하더라도 행운(行運)에서 미토(未土)가 들어와서 축토(丑土)를 충(冲)하게 되는 경우도 있기 때문에 항상 안심을 할 수가 없는 것입니다. 단지 상생(相生)의 법칙(法則)으로만 논한다면 토(土)가 하나 더 들어왔기 때문에 금(金)이 용신(用神)인 상황이라고 하면 오히려 용신(用神)이 생조(生助)를 받기 때문에 좋은 운(運)이라고 할는지도 모르지만 이것은 천만의 말씀이 되는 것입니다.

## (2) 충(冲)이 되고 안 되고

지지충(地支冲)은 뿌리끼리의 충돌이라 그 파장이 매우 크며, 서로 충(冲)하는 지지(地支)는 서로 붙어 있어야 하며, 다른 지지(地支)가 사이에 끼어 있으면 충(冲)은 성립하지 않습니다.

| 時 | 日 | 月 | 年 | |
|---|---|---|---|---|
| 甲 申 | 庚 子 | 己 卯 | 庚 午 | 사 주 |

일지(日支)에 자수(子水)가 있고 년지(年支)에 오화(午火)가 있으나 중간에 묘목(卯木)이 있어서 자오충(子午沖)이 되지 않는 경우입니다.

| 時 | 日 | 月 | 年 | |
|---|---|---|---|---|
| ○ 子 | ○ 午 | ○ ○ | ○ ○ | 사 주 |

일지(日支)와 시지(時支)에 서로 붙어 자오(子午)가 있으므로 서로 충(沖)이 됩니다. 팔자에서 인간이 느끼는 시간을 분리하면 충(沖)은 원래 동시에 일어나지만, 자(子)에 의해서 오(午)가 먼저 충(沖)을 당하고, 그 다음 오(午)에 의해서 자(子)가 충(沖)을 당합니다. 꼭 선후(先後)를 분리하자면 그렇다는 말입니다.

| 時 | 日 | 月 | 年 | |
|---|---|---|---|---|
| ○ ○ | 戊 子 | ○ 午 | ○ ○ | 사 주 |

일간(日干) 무토(戊土) 입장에서 자(子)는 재성(財星)이므로 돈이고, 오(午)는 인성(印星)이므로 인맥(人脈)으로 볼 수 있겠습니다. 따라서 자오충(子午沖)의 현상은 사람 잃고 돈 잃고 그렇습니다. 선후(先後)를 따지자면, 인성(印星) 오(午)가 먼저 깨지는데, 자(子)가 원인이 됩니다. 돈 때문에 사람을 잃으니 돈은 버는데 정당한 수단으로 돈을 벌지 않은 셈입니다. 그 후에 재성(財星) 자(子)가 깨지는데, 이제는 사람 때문에 돈을

잃습니다. 사람 때문에 돈을 잃는 가장 큰 이유는 사기를 당하는 것이므로 조심을 해야 합니다. 사람 마음 아프게 하고 돈 벌었는데, 사기 당해 날리는 셈입니다. .

### (3) 충(冲)의 천간(天干)에 대한 작용

충(冲)이 천간(天干)에 대해서는 어떠한 작용을 하는가를 보면, 양간(陽干)은 월지(月支)에서 받은 기(氣)와 깔고 앉은 지지(地支)를 통하여 그 힘을 가늠하고, 음간(陰干)은 천간(天干) 토(土)와 지지(地支)에서 동일한 오행(五行)을 보아 세력(勢力)을 취합니다.

| 時 | 日 | 月 | 年 | |
|---|---|---|---|---|
| 壬<br>申 | 己<br>丑 | 丁<br>亥 | 乙<br>巳 | 사<br>주 |

이 경우 사해충(巳亥冲)으로 사(巳)에 뿌리를 내리는 정(丁)은 세력을 잃게 됩니다. 해(亥)에 뿌리를 내리는 을(乙)도 세력을 잃습니다. 세력을 잃은 음간(陰干)은 힘의 강약을 논하는 기준에서는 아무 힘도 없다고 보면 됩니다. 처음부터 정(丁)과 을(乙)이 세력이 없었던 게 아니라, 있다가 없어지는 과정을 겪습니다. 기(己)는 사(巳)를 잃더라도 축(丑)으로부터 세력을 얻습니다.

임(壬)은 해(亥)가 깨어지고 깔고 앉은 신(申)으로부터 뿌리를 얻고 있습니다. 뿌리를 가진 재성(財星) 임수(壬水)와 일지(日支)에서 뿌리를 얻은 기토(己土) 일간(日干)이 둘 다 뿌리를 갖추고 있으나 재성(財星)이 보다 힘이 강합니다.

365

중요한 것은 지지(地支)는 오행(五行)의 의미와 계절의 의미를 가지고 있습니다. 특히 월(月)에 배속되는 지지(地支)는 그러한 성향이 더욱 강하게 나타납니다. 충(冲)은 오행(五行)의 결과이지 계절의 결과는 아닙니다. 그러므로 월지(月支)에 해당하는 오행(五行) 해(亥)가 품고 있는 무갑임(戊甲壬)은 모두 깨지더라도 해(亥)가 의미하는 초겨울이라는 계절의 의미는 지속됩니다.

계절의 기(氣)를 중요시하는 양간(陽干) 임수(壬水)는 비록 해(亥)라는 글자가 깨진다 하더라도 왕(旺)이라는 기(氣)를 얻습니다. 왕(旺)이라는 기(氣)를 얻은 임수(壬水)는 생(生)하여 주는 신금(辛金)을 깔고 앉았으니 몹시 왕(旺)하다고 판단합니다. 결론적으로 지지(地支)에서 세력을 얻은 일간(日干) 기토(己土)는 도저히 이 재성(財星)인 임수(壬水)의 힘을 감당하기 어렵습니다. 이 사주는 용신이 어찌되었든 부자가 되기 위해서는 각고의 노력을 하여야 합니다.

월(月)은 깨져도 계절이 남습니다. 때문에 음간(陰干)은 깨진 월(月)로부터 세력을 얻을 수 없지만, 양간(陽干)은 비록 월(月) 깨지더라도 월령(月令)으로부터 기(氣)를 받을 수 있습니다. 일지(日支)와 년지(年支), 시지(時支)는 그렇지 않습니다. 깨어지면 계절의 위치도 점하지는 못하기에 양간(陽干)에 기(氣)를 미치지 못합니다.

| 時 | 日 | 月 | 年 | |
|---|---|---|---|---|
| 壬<br>子 | ○<br>午 | ○<br>戌 | ○<br>辰 | 사<br>주 |

이 경우 임수(壬水)는 월(月)에서 뿌리를 얻지 못하고, 시지(時支) 자수(子水)는 오화(午火)에 깨어졌으므로 힘이 없다고 보면 됩니다.

진술충(辰戌冲)과 축미충(丑未冲)의 토(土) 끼리의 충(冲)은 지장간(地藏干)은 깨어지나 토(土)는 남습니다.

진술충(辰戌冲)을 살펴 보겠습니다.

| 辰 [乙癸戊] | 戌 [辛丁戊] |
|---|---|

위에서 을목(乙木)과 신금(辛金)이 서로 싸워 을목(乙木)과 신금(辛金)이 깨어집니다. 계수(癸水)와 정화(丁火)가 서로 싸워 깨어집니다. 이렇게 지장간(地藏干) 서로가 순서대로 인과관계를 맺습니다. 다른 지지 충(地支冲도) 마찬가지입니다. 그러나 술토(戊土) 두 개는 깨지지 않습니다.

축미충(丑未冲)을 살펴보겠습니다.

| 丑 [癸辛己] | 未 [丁乙己] |
|---|---|

위에서 계수(癸水)와 정화(丁火)가 서로 충(冲)이 되어 깨어집니다. 신금(辛金)과 을목(乙木)이 서로 충(冲)이 되어 깨어집니다. 기토(己土) 두 개는 그대로 남았습니다.

제3장 합(合)과 충(冲)

　　다른 지지(地支)는 충(沖)이 되면 지장간(地藏干) 포함 모든 오행(五行)
이 깨어지나, 토(土)의 충(沖)은 지장간(地藏干)은 깨어져도 토(土)는 남
습니다. 이것이 의미하는 바는 천간(天干) 토(土)는 지지(地支)에서 진술
충(辰戌沖), 축미충(丑未沖)으로 충(沖)을 맞아도 이로부터 세력을 상실하
는 법이 없다는 것입니다.

　　진토(辰土)가 갑목(甲木)의 뿌리역할을 할 경우, 가령 갑목(甲木)이 다
른 지지(地支)에 마땅한 뿌리가 없는 상태에서 진토(辰土)에 뿌리를 내
리고 있는 상황이라고 하면 약하기는 하지만 뿌리가 상당히 되는 상황
입니다. 그런데 만약 술토(戌土)가 옆에서 충(沖)을 한다면 토(土)가 서
로 충(沖)하는 상황이므로 토(土)가 동(動)하게 됩니다. 그렇게 되면 토
(土)의 성분은 그대로 있고, 그 속에 들어있는 성분들은 모두 부서지게
되는 상황이 발생합니다. 그렇게 될 경우에 진토(辰土) 중의 을목(乙木)
과 계수(癸水)도 부서진다는 결론이 나오게 되는데, 결국 갑목(甲木)이
의지를 하고 있던 약한 뿌리들도 모조리 뽑혀버린다는 이야기입니다.
이렇게 되어서는 갑목(甲木)도 위태롭게 되는 결과를 맞이합니다. 이런
경우에 봉착을 하게 된다면 충돌은 더구나 금물입니다.

## (4) 충(沖)과 지장간(地藏干)의 관계

| 時 | 日 | 月 | 年 | 여 |
|---|---|---|---|---|
| ○<br>○ | 甲<br>○ | ○<br>丑 | ○<br>未 | 사<br>주 |
| | | 癸<br>辛<br>己 | 丁<br>乙<br>己 | |

이 구조에서 여명이 삶의 전반기에 남자와 헤어졌다고 했을 때 축토(丑土) 중 신금(辛金)이 관성(官星)이 되고 남자가 됩니다. 명분은 재성(財星)의 충(沖)으로 헤어진 것이니, 재성(財星)은 돈이고 조건입니다. 조건이 안 맞아 헤어진 것입니다. 그러나 그 속내를 파보면 신금(辛金) 관성(官星)이 깨진 건 을목(乙木) 겁재(劫財) 때문입니다. 을목(乙木)은 겁재(劫財)이고 또 다른 나입니다. 내가 이 남자를 감당할 수 없고 싫어서 깨진 것입니다. 이처럼 충(沖)된 지지(地支)의 지장간(地藏干)을 파 보면 그 속사정을 알 수가 있습니다.

## (5) 충(沖)과 합(合)이 서로 엉켜있을 경우

사주의 명식에는 지지(地支)에 해당하는 글자는 불과 네 자 뿐이지만 사주에 따라서 전개되는 온갖 상황들은 참으로 천차만별입니다. 그러한 상황들 중에서는 반드시 충(沖)되는 상황과 합(合)되는 상황이 서로 엉켜있는 경우도 있습니다.

보통 원국에서 합충(合沖)이 서로 엉켜 있는 경우에는 년주(年柱)부터 시주(時柱)로 가면서 순서별로 적용을 시키면 됩니다. 그러니까 년(年)과 월(月)이 충(沖)되어 있고 또 월(月)과 일(日)이 합(合)되어 있다면 처음에는 충(沖)이 생겼다가 합(合)으로 인해서 충(沖)이 해소된 것으로 보자는 이야기가 있습니다.

그러나 각자 자신의 몫만큼의 역할을 할 것입니다. 그러니까 충(沖)은 충(沖) 만큼의 작용을 할 것이고, 합(合)은 합(合) 만큼의 작용을 할 것이라 봅니다. 즉 순서대로 질서정연하게 나타난다고 보기가 어렵다는 이야기입니다.

충(沖)을 자극하는 운(運)을 만나면 충(沖)이 강화되고, 합(合)을 유도

하는 운(運)을 만나면 합(合)쪽으로 힘이 발생되는 것이 가장 타당하지
않을까 싶습니다. 그 영향력은 일간(日干)을 중심으로 해서 가까운 쪽에
서부터 많이 받게 될 것이라는 생각을 하게 됩니다.

### ▶ 합(合)을 해소하는 충(沖)

합(合)을 원하는 경우에 충(沖)을 하면 나쁜 상황으로 전개될 것이고,
합(合)을 싫어하는 경우에 충(沖)을 하면 오히려 원하는 상황을 맞이하
게 될 것입니다. 이것은 그 작용이 문제가 되는 것이 아니라 내가 어떤
입장에 있느냐가 중요하다고 보겠습니다. 만약에 사주에서 가장 중요
한 글자가 합(合)이 되어서 자신의 몫을 다하지 못한다고 할 경우에 그
합(合)해 오는 글자를 충(沖)하는 지지(地支)가 있다면 병(病)이 들어 있
는 상황에서 약(藥)을 만난 것과도 같다는 말을 할 수 있을 것입니다.
이런 경우의 충(沖)은 매우 반가운 것입니다.

### ▶ 충(沖)을 해소하는 합(合)

충(沖)을 원할 적에, 그 녀석과 합(合)을 하는 글자를 만나면 충(沖)되
는 글자가 딴 짓을 하게 되어서 충(沖) 작용을 하지 않을 가능성이 많아
집니다. 이것은 원하지 않는 것입니다.

반대로 충(沖)을 꺼리게 되는 상황에서, 합(合)되는 글자가 그 충(沖)
하는 것과 합해서 다른 것으로 변해버린다면 매우 반가울 뿐입니다.

이런 상황이 발생하는 사람은 억수로 재수가 좋은 사람일거고, 앞의

상황이 발생하는 사람은 되는 일이라고는 하나도 없는 지독히도 운이 없는 사람이라고 할 수 있습니다.

## (6) 충(沖)의 효과

보통은 충(沖)이라고 하면 흉한 이미지를 갖습니다. 팔자 속에 충(沖)이 있으면 그 주인공은 한가하질 못하고 분주하다고 말하기도 합니다.

충(沖)의 작용력은 변화와 변동을 나타내는데, 일반적으로 주거, 직장, 직업, 인간관계 등에서 발생합니다. 사주구성에 따라 긍정과 부정으로 각각 나타납니다.

좋은 관계는 깨지면 좋지 않지만, 부담만 되고 장애가 되는 나쁜 관계는 응당 재빨리 깨뜨리는 편이 좋습니다. 그러므로 팔자에 충(沖)이 있다고 하여 무조건 나쁘다, 좋지 않다 그렇게 말할 수 없습니다. 다만, 충(沖)을 통하여 좋지 않은 관계로부터 벗어난다고 하더라도 깨지는 건 깨지는 것이기에 그에 따르는 아픔은 있습니다.

일반적으로 충(沖)을 가진 사람은 시원스런 맛이 있습니다. 남들이 어떻게 할까 고민하는 사이에 그 우유부단의 시간을 확 깨뜨리고 질러 버립니다. 좋은 충(沖)이라면 담대한 배포와 해결사적인 면모를 보이고, 나쁜 충(沖)이라면 사사건건 시비요 트집을 잡으며 인내심 없이 들이대는 좌충우돌의 면모를 보입니다.

충(沖)의 작용력은 불안정한 상태와 여러 변화가 강하게 나타납니다.

❶ 환경 불안정 및 변화
❷ 직업, 사업, 직장, 학업, 재물, 건강 등의 불안정 및 변화
❸ 가정생활과 의식주의 불안정 및 변화

제3장 합(合)과 충(沖)

## (7) 충(沖)의 응용 방법

① 어느 宮과 어느 宮이 沖하는지 살펴봅니다.

② 가족관계에서(六親) 서로 부딪치는 가족이 누구인지를 파악합니다.

③ 어떤 의미의 십신(十神)이 충(沖)하는지 파악합니다.

④ 일간(日干, 나)에게 도움을 주는 지지(地支)가 충(沖)이 되어 도움을 주지 못하는지, 또는 해(害)가 되는 지지(地支)가 충(沖)되는지를 파악합니다.

⑤ 합(合)과 충(沖)이 혼합되어 있으면 합(合)을 먼저 보게 되나, 주변 상황에 따라 다르게 나타나기 때문에 사주전체를 보고 판단해야 합니다.

## (8) 지지충의 적용 1

① **자오충**(子午沖) 몸과 마음이 불안정하며 고달픈 경향이 있습니다.(子水가 강하면 심장병, 午火가 강하면 신장염 조심)

② **축미충**(丑未沖) 매사에 막힘과 지체됨이 많아 일이 잘 안풀립니다.(비장 기능이 민감하여 체증이나 배탈이 잦음)

③ **인신충**(寅申沖) 다정다감하며 단독으로 일을 벌이다가 실패하는 경우가 많습니다(寅木이 강하면 축농증, 申金이 강하면 중풍, 교통사고로 팔다리 조심)

④ **묘유충**(卯酉沖) 까다롭고 신경계통이 예민하여 걱정이 많습니다(卯木이 강하면 호흡기 계통(폐), 酉金이 강하면 간질환, 신경계통 조심).

⑤ **진술충**(辰戌沖) 주관과 고집이 강하며 고독한 경향이 있습니다(위장 기능이 민감하여 체증이나 배탈이 잦다. 피부질환)

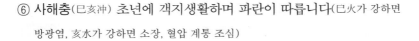

⑥ 사해충(巳亥沖) 초년에 객지생활하며 파란이 따릅니다(巳火가 강하면 방광염, 亥水가 강하면 소장, 혈압 계통 조심)

## (9) 지지충의 적용 2

### ① 년지(年支)와 월지(月支)의 충(沖)

조부모와 부모의 환경이 불안정하여 부모나 나에게 실제적 도움을 주지 못하며, 부모와의 인연이 희박하고 형제와 불화합니다. 초년에 고향을 등지거나 어려움이 많고 조모와 모친 간에 불화가 심합니다.

### ② 월지(月支)와 일지(日支)의 충(沖)

부모의 실제적 덕을 보기 어렵습니다. 심신이 불안정하여 정신에 미혹이 많습니다. 성질이 급하고 마음이 초조해지며, 건강이 좋지 않은 점이 있습니다. 학문 중단, 직업 불안정, 가정 불안정이 심하여, 배우자와의 불화나 이별이 있을 수 있으며, 거의 중년까지 고독한 삶을 살기 쉽습니다. 또한 모친과 배우자 간에 정이 없고 타향에서 살기 쉽습니다.

### ③ 일지(日支)와 시지(時支)의 충(沖)

자손에게 덕을 베풀기 어렵고 인연이 박하며 말년이 고독합니다. 자손과 불화가 있어서 동거하기 어렵고, 말년에는 배우자와도 불안정한 상태가 되기 쉽습니다. 노후생활에 변동이 심하고, 노후의 정신적인 불안도 심할 것입니다.

## (10) 대운(大運)에서의 충(沖)

사주 내에 지지충(地支沖)이 없어도, 대운(大運)을 맞이하여 사주의 지지(地支)가 충(沖)이 되면 투쟁, 시비 거리가 생깁니다.

대운(大運)과 연지(年支) 내지는 월지(月支)와 충(沖)은 부모나 조부모와 의견 충돌이 있습니다.

대운(大運)과 일지(日支)의 충(沖)은 심신이 불안정하여 정신에 미혹이 많습니다. 가정도 불안정하게 됩니다.

대운(大運)과 시지(時支)의 충(沖)은 노년기에 주거의 불안정이나 정신적 안정을 얻기 힘들고 자녀와의 충돌, 불화가 있게 됩니다.

대운(大運)과 세운(歲運)과의 지지충(地支沖)은 그 해 1년간만 충(沖)이 되고 불안, 사고, 패재(敗財) 등의 불행을 뜻합니다.

## ❺ 사생(四生), 사왕(四旺), 사고(四庫)

사생, 사왕, 사고

|  | 四生 | 四旺 | 四庫 |
|---|---|---|---|
| 봄(春) | 寅 | 卯 | 辰 |
| 여름(夏) | 巳 | 午 | 未 |
| 가을(秋) | 申 | 酉 | 戌 |
| 겨울(冬) | 亥 | 子 | 丑 |

### 1) 사생(四生)

사맹(四孟)이라고도 합니다. 사생(四生)은 각 계절의 시작이듯이 사물에 대한 새로운 시도와 개척의 의미가 강합니다. 그래서 사주에 사생(四生)의 기운이 강(强)하면, 매사에 의욕이 강하고 발명이나 개발 등의 창의력이 좋고 설계 등에 소질이 많습니다. 매사에 진취적이고 활동적이므로 개척자, 선구자적 삶을 살게 됩니다. 새로운 일을 시도하길 좋아하고 분주다사(奔走多事)하게 살아갑니다. 그래서 사생(四生)은 역마(驛馬)입니다.

## 2) 사왕(四旺)

사전(四專), 사정(四正)이라고도 합니다.

각 계절의 중심달에 해당하는 지지(地支)입니다. 사왕(四旺)은 각 계절의 중심이듯이 강력한 힘으로 사물을 다스려 나가고자 합니다. 그래서 사주에 사왕(四旺)이 강하면 부러질지언정 굽히지 않으며, 닭 모가지가 될지언정 소꼬리가 되지 않습니다. 한 시대를 풍미하는 영웅호걸이나 열사, 투쟁가가 많습니다.

그러나 사주구성이 나쁘고, 사왕(四旺)이 지나치게 강하면, 쓸데없이 목에 힘주며 허세와 과시욕이 강하게 나타납니다. 그리고 지배욕, 독점욕, 우월감이 강하게 나타나므로 인간관계에서 마찰 대립은 불가피하게 되고 자연히 원만할 수가 없습니다. 예로부터 영웅호걸은 주색(酒色)을 즐긴다고 했습니다. 사왕은 장성(將星)이요 도화(桃花)이기도 합니다.

## 3) 사고(四庫)

사묘(四墓)라고도 합니다.

각 계절의 마지막 달에 해당하는 지지(地支)입니다. 사고(四庫)는 각 계절의 마지막 달로 사물을 결실하여 저장하고 보관하는 의미가 강합니다. 그래서 사주에 사고의 기운이 강하면 인생의 온갖 경험이 열매를 맺어 종교와 학문 그리고 예술로 승화되어 나타나므로 종교, 학자, 예

술가가 많습니다. 그리고 땅 속이 깊은 것처럼 속이 깊어 여간해서 속
을 드러내지 않습니다.

사고(四庫)는 각 계절의 마지막 달이자 다음 계절을 준비하여 맞아들
이는 달이기도 합니다. 그래서 환절기를 겪듯이 새로운 생을 맞이하기
위하여 세상의 모든 부귀영화(華)를 덮고(蓋), 참된 영적 진화를 위해
몸부림치는 수도(修道)의 과정이기도 합니다. 그래서 사고(四庫)는 화개
(華蓋)입니다.

子丑寅卯辰巳午
子丑寅卯辰巳午未申
子丑寅卯辰巳午未申酉戌亥
子丑寅卯辰巳午未申酉戌亥亥
子丑寅卯辰巳午未申酉戌亥
子丑寅卯辰巳午未申酉戌亥
子丑寅卯辰巳午未申酉戌亥

제**3**부

# 사주 세우기

사주(四柱)란 네 기둥이라는 뜻으로서 사람이 출생한 연월일시(年月日時)를 말합니다. 다시 말하면 출생한 연주(年柱)와 월주(月柱)와 일주(日柱)와 시주(時柱)를 말하는데 간지(干支)가 각각 두자씩이므로 사주팔자(四柱八字)라고 합니다.

# ❶ 년주 세우는 법

년주(年柱)는 태어난 해를 말합니다.

### ◐ 60 갑자(甲子)의 배치

천간과 지지를 한 글자씩 배합해 나가면 60개의 간지(干支)가 생기는데 그 중 첫 간지인 갑자(甲子) 따서 총칭으로 '육십갑자(六十甲子)'라 합니다.

**60갑자표**
**(六十甲子表)**

| 甲子 | 乙丑 | 丙寅 | 丁卯 | 戊辰 | 己巳 | 庚午 | 辛未 | 壬申 | 癸酉 |
|---|---|---|---|---|---|---|---|---|---|
| 甲戌 | 乙亥 | 丙子 | 丁丑 | 戊寅 | 己卯 | 庚辰 | 辛巳 | 壬午 | 癸未 |
| 甲申 | 乙酉 | 丙戌 | 丁亥 | 戊子 | 己丑 | 庚寅 | 辛卯 | 壬辰 | 癸巳 |
| 甲午 | 乙未 | 丙申 | 丁酉 | 戊戌 | 己亥 | 庚子 | 辛丑 | 壬寅 | 癸卯 |
| 甲辰 | 乙巳 | 丙午 | 丁未 | 戊申 | 己酉 | 庚戌 | 辛亥 | 壬子 | 癸丑 |
| 甲寅 | 乙卯 | 丙辰 | 丁巳 | 戊午 | 己未 | 庚申 | 辛酉 | 壬戌 | 癸亥 |

2014년 3월에 태어났다면, 이 사람의 년주(年柱)는 갑오(甲午)입니다. 갑오년(甲午年)에 태어났다는 말입니다.

명리학에서는 한 해의 시작을 입춘(立春)이라는 절기(節氣)가 들어오면서부터입니다. 즉 입춘(立春)이라는 절기(節氣)가 들어서야 한 해가 시작되고 1월이 시작된다는 말입니다.

## ☯ 명리학에서의 월(月)

명리학에서는 절기(節氣)로서 월(月)의 출발점을 삼습니다.

|  | 寅月 | 卯月 | 辰月 | 巳月 | 午月 | 未月 |
|---|---|---|---|---|---|---|
| 月 | 正 | 二 | 三 | 四 | 五 | 六 |
| 節氣 | 立春입춘 | 驚蟄경칩 | 淸明청명 | 立夏입하 | 亡種망종 | 小暑소서 |
| 中氣 | 雨水우수 | 春分춘분 | 穀雨곡우 | 小滿소만 | 夏至하지 | 大暑대서 |

|  | 申月 | 酉月 | 戌月 | 亥月 | 子月 | 丑月 |
|---|---|---|---|---|---|---|
| 月 | 七 | 八 | 九 | 十 | 十一 | 十二 |
| 節氣 | 立秋입추 | 白露백로 | 寒露한로 | 立冬입동 | 大雪대설 | 小寒소한 |
| 中氣 | 處暑처서 | 秋分추분 | 霜降상강 | 小雪소설 | 冬至동지 | 大寒대한 |

만약 양력으로 2014년 2월 3일 태어났다면, 음력으로는 2014년 1월 4일이 됩니다. 그러나 입춘이 2월 4일 들어오므로 아직 새로운 해가 시작된 것이 아닙니다. 그러므로 이 사람은 년주(年柱)가 갑오년(甲午年)이 아니라 전해인 계사년(癸巳年)이 됩니다.

만약 양력으로 2013년 2월 2일 태어났다면, 음력으로는 2012년 12월 22일 됩니다. 그러나 입춘이 2월 4일 들어오므로 아직 새로운 해가 시작된 것이 아닙니다. 그러므로 이 사람은 년주(年柱)가 계사년(癸巳年)이 아니라 전해인 임진년(壬辰年)이 됩니다.

두 가지 예를 들었습니다. 하나는 음력이 전년도 12월이고 하나는 음력이 1월달입니다. 그러나 한 해의 기준점은 양력도 아니고 음력도 아닙니다. 그저 입춘(立春)이라는 절기(節氣)입니다. 꼭 명심하셔야 합니다. 명리학에서는 절기(節氣)를 기준으로 삼아 해를 정하고 달을 정합니다.


## ❷ 월주(月柱) 세우는 법

앞서도 말씀드렸듯이 명리학은 절기(節氣)로서 그 기준을 잡습니다. 그 절기(節氣)가 당도해야만 그 달이 시작되는 것입니다.


예를 들어, 양력 2014년 4월 30일 태어났다고 가정한다면, 음력으로는 2014년 4월 2일입니다. 양력도 4월달이고 음력도 4월달입니다. 그러나 4월의 시작을 알리는 입하(立夏)라는 절기는 5일 후인 양력 5월 6일에 들어오기에 아직 사월달이 아닙니다. 그러므로 이 사람의 월주는 갑오년(甲午年)의 3월인 무진월(戊辰月)이 됩니다.


하나 더, 앞서 살펴보았듯이, 만약 양력으로 2014년 2월 3일 태어났다면, 음력으로는 2014년 1월 4일이 됩니다. 그러나 입춘이 2월 4일 들어오므로 아직 새로운 해가 시작된 것이 아닙니다. 그러므로 이 사람은 년주(年柱)가 갑오년(甲午年)이 아니라 전해인 계사년(癸巳年)이 됩니다.

이때 이 사람의 월주는 무엇이 될까요? 입춘이 도달하지 않았기에 이 사람의 사주는 아직 계사년이고, 달은 계사년(癸巳年)의 12월인 을축월(乙丑月)이 됩니다.

## 1) 월을 계산하는 공식

| | 1월 | 2월 | 3월 | 4월 | 5월 | 6월 | 7월 | 8월 | 9월 | 10월 | 11월 | 12월 |
|---|---|---|---|---|---|---|---|---|---|---|---|---|
| 甲己年 | 丙寅 | 丁卯 | 戊辰 | 己巳 | 庚辰 | 辛未 | 壬申 | 癸酉 | 甲戌 | 乙亥 | 丙子 | 丁亥 |
| 乙庚年 | 戊寅 | 己卯 | 庚辰 | 辛巳 | 壬辰 | 癸未 | 甲申 | 乙酉 | 丙戌 | 丁亥 | 戊子 | 己亥 |
| 丙辛年 | 庚寅 | 辛卯 | 壬辰 | 癸巳 | 甲辰 | 乙未 | 丙申 | 丁酉 | 戊戌 | 己亥 | 庚子 | 辛亥 |
| 丁壬年 | 壬寅 | 癸卯 | 甲辰 | 乙巳 | 丙辰 | 丁未 | 戊申 | 己酉 | 庚戌 | 辛亥 | 壬子 | 癸亥 |
| 戊癸年 | 甲寅 | 乙卯 | 丙辰 | 丁巳 | 戊辰 | 己未 | 庚申 | 辛酉 | 壬戌 | 癸亥 | 甲子 | 乙亥 |

월간조견표

> 갑기년두 병인월 (甲己年頭 丙寅月)
> 을경년두 무인월 (乙庚年頭 戊寅月)
> 병신년두 경인월 (丙辛年頭 庚寅月)
> 정임년두 임인월 (丁壬年頭 壬寅月)
> 무계년두 갑인월 (戊癸年頭 甲寅月)

> 天干이 甲이나 己로 시작하는 년은 1월이 丙寅月이고
> 天干이 乙이나 庚으로 시작하는 년은 1월이 戊寅月이고
> 天干이 丙이나 辛으로 시작하는 년은 1월이 庚寅月이고
> 天干이 丁이나 壬으로 시작하는 년은 1월이 壬寅月이고
> 天干이 戊나 癸로 시작하는 년은 1월이 甲寅月이다.

　만세력이 있어 잘 살펴보시면 잘 아시겠지만, 그래도 알아두시면 참으로 유용할 때가 많습니다.

　명리학(命理學)에서는 월주(月柱)는 타주(他柱)에 비해 상대적(相對的)

으로 비중(比重)을 크게 둡니다. 월주(月柱)에서 지지(地支)를 월지(月支)
라고 하는데 월령(月令)이라고 말하기도 합니다.

월령(月令)은 국가(國家)에 비유하자면, 국민으로부터 전권(全權)을 위
임(委任)받은 중앙정부(中央政府)입니다. 개인(個人)에게 비유(比喩)하자
면 가족의 살림살이를 도맡고 있는 어머니의 영역(領域)입니다.

월령(月令)은 또한 사령(司令)이라고도 하며, 제강(提綱)이라고도 합니다.

사령(司令)이란 지휘관(指揮官), 감독관(監督官), 우두머리 등의 뜻이며,
제강(提綱)이란 중요(重要)하고도 근본적(根本的)인 강령(綱領)을 통괄(統
括)한다는 뜻으로 보면 됩니다. 그만큼 월지(月支)의 중요성(重要性)을
강조하고 있는 것입니다.

사실 원국(原局) 여덟 글자보다 더 중요(重要)하다고 하는 행운(行運)
의 출발점(出發點)이 바로 월지(月支)입니다.

## ❸ 일주(日柱) 세우는 법

그 사람의 태어난 날을 일주(日柱)로 삼습니다. 만세력에는 매일의 간
지(干支)가 기록되어 있습니다.

하루의 시작의 기준도 있습니다. 바로 자시(子時)입니다.

| | | |
|---|---|---|
| 子時 : 23:00~01:00 | 辰時 : 07:00~09:00 | 申時 : 15:00~17:00 |
| 丑時 : 01:00~03:00 | 巳時 : 09:00~11:00 | 酉時 : 17:00~19:00 |
| 寅時 : 03:00~05:00 | 午時 : 11:00~13:00 | 戌時 : 19:00~21:00 |
| 卯時 : 05:00~07:00 | 未時 : 13:00~15:00 | 亥時 : 21:00~23:00 |

지금이야 우리는 하루를 24시간으로 나누어 쓰지만, 명리학에서는 하루를 12시로 나누기에 위와 같습니다.

여기서 우리가 간과해서는 아니 될 문제입니다. 우리나라에서 지금 쓰고 있는 시간은 일본 동경을 기준으로 한 동경시라는 것입니다. 대체적으로 우리나라는 일본 동경보다 대략 30분이 늦습니다. 그러므로 우리나라의 실제시간은 지금 우리가 사용하는 시간보다 30분을 앞당겨야 합니다.

다시 말하면, 지금 우리가 쓰고 있는 동경 표준시가 7시라면, 30분 정도가 늦은 우리나라는 30분 후에 7시가 됩니다. 그러니까 실제 시간은 6시 30분 정도입니다.

> 지금 사용하는 시간 - 30분 = 실제 우리나라 시간

다시 말하자면 우리나라가 현재 11시라면 실제 시간은 10시 30분입니다. 그러므로 실제적인 기상학적인 11시가 되려면 30분이 더 있어야 됩니다.

오시(午時)가 11:00부터 13:00까지 이니까 우리나라의 기상학적 오시가 되려면 지금 사용하는 시간보다 30분 늦은 11:30분이 되는 것입니다.

| 일본의 시간 | 우리나라 시간 | 태양의 고도에 따른 우리나라 실제시간 |
|---|---|---|
| 11:00 | 11:00 | 10:30 |
| | 11:30 | 11:00 |

사주를 뽑음에 있어서 잊지 말고 적용을 해야 합니다.

### 🌀 야자시(夜子時) 조자시(朝子時) 라는 이설(異說)

야자시(夜子時) 이론(理論)이란 자시(子時)를 둘로 나누어서, 오후 23:30분부터 00:30분 까지는 야자시(夜子時)라 하고, 00:30분부터 01:30분까지는 조자시(朝子時)라 하는 것을 말합니다.

야자시(夜子時)와 조자시(朝子時)는 본래 기문서(奇門書)와 택일(擇日)에 천간(天干)을 씀과 지리분금서(地理分金書)에 한 말에 근거한 이론이고, 또한 현 사회에서 사용하는 24:00 를 기준으로 하루를 나누어 사용하는데 그 바탕을 두고 있습니다.

밤 11시 30분 즉 23:30부터 00:30까지를 야자시(夜子時)라 하고, 00:30부터 01:30은 조자시(朝子時)로 나누어서 쓰는 것을 말합니다.

> 갑오(甲午)년 계유(癸酉)월 병술(丙戌)일을 정확히 표현하자면
> 양력 2014년 9월 11일 23:30분에 시작하여
> 양력 2014년 9월 12일 23:29분 까지입니다.

야자시(夜子時)설에 의하면, 00:00시를 기준(우리나라 기준 00:30분)으로 하루가 바뀌는데 그 바탕을 둠으로써 하루에 두 개의 자시(子時)가 생기는 것입니다.

양력 2014년 9월 12일 00:30분 - 01:30분은 조자시(朝子時)이고, 양력 2014년 9월 12일 23:30분 - 2014년 9월 13일 00:30분은 야자시(夜子時)가 됩니다.

2014년 9월 11일 23:45분은 23:30분에 자시(子時)로 바뀌었지만, 아직 하루가 바뀐 것이 아니므로 갑오(甲午)년 계유(癸酉)월 을유(乙酉)일

야자시(夜子時)생이고, 2014년 9월 12일 00:45분은 갑오(甲午)년 계유(癸酉)월 병술(丙戌)일 조자시(朝子時)생이 됩니다. 또한 2014년 9월 12일 23:45분은 갑오(甲午)년 계유(癸酉)월 병술(丙戌)일 야자시(夜子時)생입니다.

입춘(立春)을 기준으로 한 해가 바뀐다고 보는 입장에서는 역시 새로운 기(氣)가 시작(始作)되는 자시(子時) 진입 즉시 하루의 기(氣)가 바뀌는 것으로 보는 것이 논리적(論理的)으로 합당하다고 봅니다.

## ❹ 시주(時柱) 세우는 법

지구의 자전과 공전의 관계에서 생하는 기상상의 시간은 일정한 법칙에 의해 움직이는 것이므로 그 법칙의 시간은 변할 수 없습니다.

그러나 정한 시간은 인간 생활의 편의에 따라 인위적으로 그 표준을 정하게 되므로 생활환경의 변천에 따라 인위적으로 시간의 표준을 바뀌게 되었습니다.

四柱에서는 인위적인 시간을 사용하는 것이 아니고, 기상학상의 과학적인 시간을 사용해야 되므로 시간의 변경은 있을 수 없습니다.

따라서 四柱에서 말하는 정오(正午)는 어느 지역에서나 그 지역의 낮의 중간을 말하며 자정(子正)은 그 지역의 밤의 중간을 말합니다. 그럼으로 중국의 자시(子時)와 한국의 자시(子時)가 같을 수 없고 동경의 정오(正午)와 서울의 정오(正午)는 일치할 수 없습니다.

하루의 시작은 자시(子時)입니다.

자시(子時)는 23시부터 01:00까지입니다. 우리나라의 실제시간은
22:30분부터 00:30분까지입니다.

**시간조견표**

| | 子時 | 丑時 | 寅時 | 卯時 | 辰時 | 巳時 | 午時 | 未時 | 申時 | 酉時 | 戌時 | 亥時 |
|---|---|---|---|---|---|---|---|---|---|---|---|---|
| 甲己年 | 甲子 | 乙亥 | 丙寅 | 丁卯 | 戊辰 | 己巳 | 庚辰 | 辛未 | 壬申 | 癸酉 | 甲戌 | 乙亥 |
| 乙庚年 | 丙子 | 丁亥 | 戊寅 | 己卯 | 庚辰 | 辛巳 | 壬辰 | 癸未 | 甲申 | 乙酉 | 丙戌 | 丁亥 |
| 丙辛年 | 戊子 | 己亥 | 庚寅 | 辛卯 | 壬辰 | 癸巳 | 甲辰 | 乙未 | 丙申 | 丁酉 | 戊戌 | 己亥 |
| 丁壬年 | 庚子 | 辛亥 | 壬寅 | 癸卯 | 甲辰 | 乙巳 | 丙辰 | 丁未 | 戊申 | 己酉 | 庚戌 | 辛亥 |
| 戊癸年 | 壬子 | 癸亥 | 甲寅 | 乙卯 | 丙辰 | 丁巳 | 戊辰 | 己未 | 庚申 | 辛酉 | 壬戌 | 癸亥 |

갑기일두 갑자시 (甲己日頭 甲子時)

을경일두 병자시 (乙庚年頭 丙子時)

병신일두 무자시 (丙辛年頭 戊子時)

정임일두 경자시 (丁壬年頭 庚子時)

무계일두 임자시 (戊癸年頭 壬子時)

天干이 甲이나 己로 시작하는 일은 子時가 甲子時이고,

天干이 乙이나 庚으로 시작하는 일은 子時가 丙子時이고,

天干이 丙이나 辛으로 시작하는 일은 子時가 戊子時이고,

天干이 丁이나 壬으로 시작하는 일은 子時가 庚子時이고,

天干이 戊나 癸로 시작하는 일은 子時가 壬子時이다.

정치적 시대적 형편에 따라 시간의 표준을 인위적으로 변경시킨 우
리나라의 변경 시간은 다음과 같습니다.

● 구한국 대한제국시대

　　오전11시 오시초 오후11시 자시초

● 1910년(경술) 음7월 25일 자시 (한일 합병 후부터)

　　오전11시30분 오시초 오후11시30분 자시초(동경표준으로 30분 빨라짐)

● 1954년(갑오) 음2월 17일 자시부터

　　오전11시 오시초 오후11시 자시초

● 1961년(신축) 음 6월 29일 자시부터

　　오전 11시 30분 오시초 오후 11시 30분 자시초

　　(자오선 변경으로 일정시와 같이 30분 빨라짐)

**시축** (썸머타임 적용)

　　1948년(무자) 음 4월 23일 자시부터 음 8월 10일 해시까지

　　1949년(기축) 음 3월  3일 자시부터 음 8월  2일 해시까지

　　1950년(경인) 음 2월 14일 자시부터 음 8월 12일 해시까지

　　1951년(신묘) 음 4월  1일 자시부터 음 8월  8일 해시까지

　　1954년(갑오) 음 2월 17일 자시부터 아국 시계 표준

　　1955년(을미) 음 3월 14일 자시부터 음 8월  6일 해시까지

　　1956년(병신) 음 4월 11일 자시부터 음 8월 25일 해시까지

　　1957년(정유) 음 4월  6일 자시부터 음 8월 28일 해시까지

　　1958년(무술) 음 3월 16일 자시부터 음 8월  8일 해시까지

　　1959년(기해) 음 3월 27일 자시부터 음 8월 17일 해시까지

　　1960년(경자) 음 4월  6일 자시부터 음 7월 27일 해시까지

# ❺ 대운(大運)

고서(古書)에 이르기를 명호불여운호(命好不如運好)라 했습니다. 즉, 네 기둥 여덟 글자인 원국명식(原局命式)이 아무리 좋더라도 운(運)이 따라 주지 않으면 의미(意味)가 없다는 뜻으로서 원국(原局)보다는 대운(大運) 을 상대적(相對的)으로 더 중시(重視)하는 말이기도 합니다.

다시 말해 원국명식(原局命式)의 구성(構成)이 탄탄하더라도 운(運)의 흐름이 원국(原局)과 어울리지 못하면 그 인생행로(人生行路)에 어려움 이 따를 것이고, 원국명식(原局命式)의 구성(構成)이 취약(脆弱)하더라도 운(運)의 흐름이 원국(原局)과 잘 조화(造化)되면 그 인생행로(人生行路) 가 무난(無難)할 것이라고 보는 것입니다.

원국명식(原局命式)도 좋고 대운(大運)도 좋다면 금상첨화(錦上添花)일 것입니다. 그렇기에 대운(大運)을 제5주(第五柱) 즉 다섯 번째 기둥이라 고도 합니다.

네 기둥 여덟 글자(四柱八字)의 운명을 타고난 인생이 한 평생 걸어가 는 노정(路程)을 대운(大運)이라고 표현할 수 있습니다. 대운(大運)은 10 년 주기로 변하며, 더 구체적으로는 천간(天干) 5년과 지지(地支) 5년으 로 나누어집니다.

먼저 사주(四柱)와 대운(大運)과의 상관관계를 살펴보면, 사주와 대운 을 연관 지어 온전히 파악할 줄 알아야 비로소 제대로 된 운명을 감정 할 수 있는 것이고, 사주와 대운이 서로 잘 만나 조화를 이룰 때 가장 이상적이고 행복한 삶을 누릴 수가 있습니다.

사주(四柱)가 타고날 때의 기본 적인 성향을 나타내는 선천운(先天運) 이라면, 대운(大運)은 살아가면서 겪는 환경으로서 후천운(後天運)을 나타낸다고 하였습니다.

예를 든다면, 사주팔자(四柱八字)는 자동차라고 본다면, 대운(大運)은 도로라고 봅니다. 자동차로 본다면 소형차도 있고 대형승용차도 있고 트럭도 있고 봉고차도 있습니다. 도로에는 비포장도로도 있고 포장도로도 있으며, 2차선 도로도 있고 8차선 도로도 있으며, 고속도로도 있고 뒷골목의 비좁은 도로도 있습니다.

따라서 소형차든 대형승용차든 트럭이든 봉고든 자동차를 몰고 목적지를 향해 떠납니다. 좋은 도로로 목적지까지 달리면 얼마나 좋겠습니까? 때로는 비포장도로로 때로는 넓은 8차선 도로로 달리게 될 것입니다.

태어날 때 정해 진 사주(四柱)가 시시각각 변하는 대운(大運)의 영향을 받아 사주 또한 변화(變化)가 일어나니 이것이 우리는 운명(運命)이라 하고, 운명(運命)이란 사주와 대운과의 상관관계에서 비롯된 결과인 것입니다.


## 1) 대운(大運)의 방향

> 天干이 陽인 해(年) — 甲, 丙, 戊, 庚, 壬
> 天干이 陰인 해(年) — 乙, 丁, 己, 辛, 癸

대운(大運)을 결정하는 기준은 월주(月柱)입니다.

대운(大運)을 적용(適用)함에 있어서 남녀(男女)를 구분(區分)하여 음양(陰陽)을 달리하고 있습니다.

태어난 년(年)의 천간(天干)을 기준(基準) 삼아, 양남음녀(陽南陰女)는
미래절(未來節)로 순행(順行)이고, 음남양녀(陰南南女)는 과거절(過去節)역
행(逆行)입니다.

양남음녀(陽南陰女)는 양(陽)의 해에 때어난 남자와 음(陰)의 해에 태
어 난 여자를 말하고, 음남양녀(陰南南女)는 음(陰)의 해에 태어 난 남자
와 양(陽)의 해에 태어 난 여자를 말합니다.

예를 들어, 갑자년(甲子年) 병인월(丙寅月)에 태어난 남자는 월주(月柱)
를 기준으로, 월주 다음 60甲子 순으로, 丁卯, 戊辰, 己巳, 庚午 … 순으
로 대운이 순행하고, 만약에 여자라면 월주(月柱)이전 60甲子 순으로
乙丑, 甲子, 癸亥, 壬戌 … 의 순으로 역행합니다.

을미년(乙未년) 무인월(戊寅月)에 태어난 여자는 월주(月柱)를 기준으
로, 월주 다음 60甲子 순으로, 己卯, 庚辰, 辛巳, 壬午 … 의 순으로 대운
이 순행하고, 만약에 남자라면 월주(月柱) 이전 60甲子 순으로 丁丑, 丙
寅, 乙亥, 甲戌 … 의 순으로 역행합니다.


## 2) 대운수(大運數)

대운(大運)은 인간의 운명에 10년마다 일어나는 변화를 말하는 것으
로, 대운(大運)이 언제 들어 올 것인가를 나타내는, 변화시간의 기준을
말합니다.

양남음녀(陽南陰女)는 태어난 날부터 다가오는 다음 달 절기(節氣)의
절입일(節入日 : 절기가 시작되는 날)까지 날짜를 세어 3으로 나누어 얻은
수(數 )가 대운수(大運數)가 되는데, 이 때 나머지가 2가 남으면 반올림
하여 1로 받아들이고, 나머지 1이 남으면 버립니다.(一捨二入)

예를 들면 甲子年 丙寅月에 태어난 남자라면, 생일부터 다음 달 절기인 경칩(驚蟄)의 절입일(節入日)까지 11일이 된다면, 11을 3으로 나누어 얻은 수 3에다가 나머지가 2이므로 반올림하면, 4가 되는데 이것이 대운수(大運數)입니다.

| ... | 34 | 24 | 14 | 4 |
|---|---|---|---|---|
| | 庚午 | 己巳 | 戊辰 | 丁卯 |

乙未년 戊寅月에 태어난 여자는, 생일부터 다음 달 절기인 경칩(驚蟄)의 절입일(節入日)까지 10일이 된다면, 10을 3으로 나누어 얻은 수 3에다가 나머지가 1이므로 버리면, 3이 되는데 이것이 대운수(大運數)입니다.

| ... | 33 | 23 | 13 | 3 |
|---|---|---|---|---|
| | 壬午 | 辛巳 | 庚辰 | 己卯 |

음남양녀(陰南陽女)는 태어난 날로부터 역순하여 지나온 절기(節氣), 즉 그 달의 절입일(節入日)까지 날짜를 세어 앞서와 같은 방법으로 계산한다.

甲子年 丙寅月에 태어난 여자라면, 생일부터 지나온 절기인 입춘(立春)의 절입일(節入日)까지 19일이 된다면, 19를 3으로 나누어 얻은 수 6에다가 나머지가 1이므로 버리면, 6이 되는데 이것이 대운수(大運數)입니다.

| ... | 36 | 26 | 16 | 6 |
|---|---|---|---|---|
| | 壬戌 | 癸亥 | 甲子 | 乙丑 |

乙未년 戊寅月에 태어난 남자는, 생일부터 지나온 절기인 입춘(立春)의 절입일(節入日)까지 20일이 된다면, 20를 3으로 나누어 얻은 수 6에다가 나머지가 2이므로 반올림하면, 7이 되는데 이것이 대운수(大運數)입니다.

| ... | 37 | 27 | 17 | 7 |
|-----|----|----|----|----|
|  | 甲<br>戌 | 乙<br>亥 | 丙<br>子 | 丁<br>丑 |

절입일(節入日)까지의 날 수가 3으로 나누어 지지 않는다면, 즉 절입 시간이 지난 당일이거나, 절입일(節入日) 다음날이거나, 날짜 수가 2이거나 할 때에는 대운수(大運數)를 1로 취급합니다.

## 더 자세한 구분

대운수(大運數)가 7이라는 말의 뜻은 태어나서 7년 이후에 첫 대운(大運)이 들어오고, 10년 마다 대운(大運)이 바꿔서 들어온다는 말입니다.

대운수(大運數)를 구할 때 절입일(節入日)까지의 날짜를 3으로 나누어 구합니다. 나머지가 1이면 버리고 2이면 반올림을 합니다.

만약에 절입일(節入日)까지의 날짜가 19일이라서, 3으로 나누면 6이라는 몫이 나오고 나머지가 1이 됩니다. 그러면 나머지 1을 버리고 대운수(大運數)가 6이 됩니다. 이 말은 태어나서 6년 후에 첫 대운(大運)이 들어온다는 말입니다.

그러나 정확히는 6년 하고도 1/3년이었습니다. 그러므로 이를 계산해 본다면 태어나서 6년 4개월이 지난 후에 첫 대운(大運)이 들어온다 하겠습니다.

만약에 절입일(節入日)까지의 날짜가 20일이라서, 3으로 나누면 6이라는 몫이 나오고 나머지가 2가 됩니다. 그러면 나머지 2를 반올림하면 대운수(大運數)가 7이 됩니다. 이 말은 태어나서 7년 후에 첫 대운(大運)이 들어온다는 말입니다.

그러나 정확히는 6년 하고도 2/3년이었습니다. 그러므로 이를 계산해 본다면 태어나서 6년 8개월이 지난 후에 첫 대운(大運)이 들어온다 하겠습니다.

# ⑥ 소운(小運)

운(運)의 행로(行路)를 살피는 데 있어서, 대운(大運)이 물론 중심이 되지만 소운(小運)을 참고하는 수도 있습니다. 그러나 이 소운법(小運法)은 대개 대운(大運)에 들기 전인 초년(初年)에만 참고로 볼 뿐입니다.

대운(大運)은 월주(月柱)로부터 시작되지만 소운(小運)은 시주(時柱)로부터 시작합니다. 역시 대운(大運)에서와 같이 양남음녀(陽男陰女)는 순행(順行)하고 음남양녀(陰男陽女)는 역행(逆行)합니다.

다음 사주의 경우를 예로 들어 보고자 합니다.

| 時 | 日 | 月 | 年 | 남 | | 時 | 日 | 月 | 年 | 여 |
|---|---|---|---|---|---|---|---|---|---|---|
| 甲寅 | 癸酉 | 戊辰 | 甲子 | | | 甲寅 | 癸酉 | 戊辰 | 甲子 | |
| 35 | 25 | 15 | 5 | 大運 | | 34 | 24 | 14 | 4 | 大運 |
| 壬申 | 辛未 | 庚午 | 己巳 | | | 甲子 | 乙丑 | 丙寅 | 丁卯 | |
| 4 | 3 | 2 | 1 | 小運 | | | 3 | 2 | 1 | 小運 |
| 戊午 | 丁巳 | 丙辰 | 乙卯 | | | | 辛亥 | 壬子 | 癸丑 | |

남자의 사주라고 보고 대운(大運)과 소운(小運)을 뽑았습니다.

양남음녀(陽南陰女)인 경우이므로 순행(順行)을 합니다. 대운(大運)은 월주(月柱) 무진(戊辰)을 기준으로 하여 앞으로 순행(順行)하므로 기사(己巳), 경오(庚午), 신미(辛未), 임신(壬申)의 순으로 진행하며, 소운(小運)은 시주(時柱)를 기준으로 하여 앞으로 순행(順行)하므로 을묘(乙卯), 병진(丙辰), 정사(丁巳), 무오(戊午)의 순으로 진행되었습니다.

대운(大運)이 태어나고 5년 후에 들어오므로 소운(小運)은 태어나서 4년까지만 정하면 됩니다.

여자의 사주이고, 대운수(大運數)가 4라고 하여 비교를 해보았습니다.

대운(大運)은 10년간의 길흉(吉凶)을 보는데, 천간(天干)은 대운(大運)의 수(數)로 부터 선 5년이요, 지지(地支)는 후 5년으로 보나 운(運)은 지지(地支)가 더 중(重)합니다.

예컨대 남녀를 불문하고 처음 들어오는 대운(大運)이 무오(戊午)이고 대운수(大運數)가 2라면, 2세부터 6세까지의 천간(天干) 무(戊)와의 길흉(吉凶)을 보고 7세로부터 11세까지는 오(午)와의 길흉(吉凶)을 살피는 것입니다.

그러나 운(運)은 지지(地支)가 중(重)하다 했는데, 동방운(東方運)이니 북방운(北方運)이니 하는 것을 미루어 보아도 알 수가 있습니다.

대체로 남방운(南方運) 위에 임계(壬癸)는 화(火) 위에 있는 수(水)이고, 북방운(北方運) 위에 있는 금(金)은 수(水) 위에 있는 금(金)이라 능력이 부족하다고 볼 수가 있겠습니다.

그러나 천간(天干)과 지지(地支)를 함께 살피고 년운(年運 : 그 해의 운 즉 歲運)을 참고하여 길흉(吉凶)을 판별해야 하는 것은 당연한 것이라 하겠습니다.

## 1권을 마치며

1권에서는 음양(陰陽)의 발생(發生)으로부터 오행(五行)이 발생되는 법칙을 설명하였습니다. 오행(五行)에서 천간(天干) 지지(地支)가 나타났습니다.

천간(天干) 지지(地支)는 오행(五行)의 모습이고, 오행(五行)은 음양(陰陽)의 모습입니다.

음양에서는 음양법칙(陰陽法則)을, 오행(五行)에서는 오행(五行)의 성격과 상생상극(相生相剋)을, 천간지지(天干地支)에서는 천간지지(天干地支)의 성격과 합충(合沖)으로 인한 변화(變化)를 잘 알고 있어야 합니다.

이것이 기본이므로 여기까지를 1권으로 하였습니다.

기본(基本)이 튼튼해야 여기서부터 무궁무진(無窮無盡)한 변화(變化)를 그려나갈 수 있습니다.

2권에서는 통변(通辯)을 위해 통근(通根)과 십신(十神)과 용신(用神)을 주요점으로 다룰까 합니다.

음양(陰陽), 오행(五行), 천간(天干), 지지(地支)가 따로따로가 아니라 하나인 점을 인식하고, 기본을 튼튼히 하여 일취월장하는 모습이 있으시길 빕니다.

저자소개

전 순 조

● 중앙대학교 법과대학 법학과 졸업
● 여산 동양철학연구소장

# 사람을 읽는 음양오행

초판 1쇄 인쇄  2014년 11월  5일
초판 1쇄 발행  2014년 11월 10일
저      자  전 순 조
펴  낸  이  임 순 재
펴  낸  곳
등      록  제11-403호
주      소  서울시 마포구 성산동 133-3 한올빌딩 3층
전      화  (02)376-4298(대표)
팩      스  (02)302-8073
홈 페 이 지  www.hanol.co.kr
e - 메 일  hanol@hanol.co.kr

값 18,000원  ISBN 979-11-5685-036-6